이것도 하나님 말씀인가?

이것도 하나님 말씀인가?
: 세미한 소리에 귀 기울이기

2024년 7월 25일 초판 1쇄 발행

지음 재클린 E. 랩슬리
옮김 정대준
편집 김지은
펴냄 김지호

도서출판 100
전　화　070-4078-6078
팩　스　050-4373-1873
소재지　경기도 파주시 아동동
이메일　100@100book.co.kr
홈페이지　www.100book.co.kr
등록번호　제2016-000140호

ISBN 979-11-89092-50-4 03230

그레그, 엠마, 샘에게

차례

감사의 글

나는 몇 년 동안 "구약성경 내러티브 안의 여성"이라는 과목을 목회를 준비하는 남녀 학생에게 가르쳐 왔다. 이어지는 내용은 그 과목에서 비롯된 것으로 셀 수 없는 대화의 흔적을 담고 있다. 그래서 나는 먼저 나의 학생들이 보여 준 성경 해석자로서의 열정, 통찰력, 솔직함, 헌신에 감사한다. 그들은 정의롭고 신실한 교회에 대한 내 생각과 소망을 헤아릴 수 없을 정도로 풍성하게 만들었다.

다수의 사람이 이 책의 원고 전체 혹은 일부를 읽고, 나의 실수와 내가 보지 못했던 해석상의 깊이와 연관성을 알려 주었다. 특히 나는 세심하게 신경 써 주고 조언을 아끼지 않은 조엘 카민스키, 캐롤 뉴섬, 팀 샌도발, 그리고 필리스 트리블에게 감사한다. 웨스트민스터 존 녹스 출판사의 재능 있는 직원들과 더불어 나의 편집자인 스테파니 에그노토비치는 나의 여러 표기 방식이 부적절하다는 점과 내용이 혼란스럽다는 점을 일러 주었다. 프린스턴 신학교의 참고도서 사서인 케이트 스크레부테니스는 보물 같은 사람이었는데, 감사하게도 부탁하기도 전에 항상 내가 원하는 것을 정확하게 제공해 주었다. 제레미 쉬퍼는 수년 동안 나의 연구 조교로 한결같이 일해 주고 있다. 많은 양의 지루하고 고된 작업을 흔쾌히 해 주었을 뿐만 아니라 책 내용에 관하여 활발하게 많은 대화를 나누었던 것에 대하여 그에게 고마움을 표현하고 싶다. 그는 훌륭한 대화 상대다. 또한 나는 색인을 준비해 준 크리스틴 헬름스에게 고마움을 전한다. 분명히 이들 중 아무도 전적으로 나의 책임인 이 책의 부족함에 대해서 비난받아서는 안 된다.

몇몇 기관이 이 프로젝트를 수행할 수 있게 여러 방면에서 지원해 주었다. 프린스턴의 신학 연구 센터 Center of Theological Inquiry 는 나의 첫 안식년 동안 관례대로 자애로운 환대를 베풀었다. 그리고 와배시 교수 및 학습 센터 Wabash Center for Teaching and Learning 는 이 책을 계속 쓸 수 있도록 유용한 여름 연구보조금을 지원했다. 또한 프린스턴 신학교는 수년 동안 다양한 방식으로 변함없이 지원해 주었다. 유연한 육아 휴직 정책, 듀프리 아동 센터 Dupree Center for Children 를 통한 우수하고 합당한 보육 시스템을 비롯하여 여러 가지 지원과 직원들의 헌신에 감사한다. 그뿐만 아니라 성경학과를 내가 일하는 집 my professional home 으로 부를 수 있어서 아주 기뻤다. 이들보다 더 좋은 혹은 더 지지해 주는 동료들과 일하는 것은 상상하기 힘들다. 여성들이 학계에서 종종 직면하는 여러 어려움과 관련된 보고가 많은데, 이를 고려한다면, 프린스턴 신학교 전체가 내가 번창하기를 바랐고 그 바람을 구체적으로 실현했음을 내가 항상 느꼈다는 것은 결코 작은 일이 아니다.

마지막으로, 그러나 가장 중요한데, 나의 남편 그레그 본인도 알듯이 그가 없었다면 이 책도 없었을 것이다. 무수한 시간 동안 내가 토요일이나 저녁에 일하는 것에 관해 물을 때면 그는 "할 일 해요, 여기

일은 내가 할게"라고 유쾌하게 대답해 주었다. 나는 그를 주시고, 우리 인생을 함께하게 하시고, 우리의 기쁨을 완전하게 한 샘과 엠마를 주신 하나님께 감사드린다.

약어표

AB	Anchor Bible
ATR	*Anglican Theological Review*
BDB	Brown, Francis, Samuel R. Driver, and Charles A. Briggs, *The New Brown-Driver-Briggs-Gesenius Hebrew and English Lexicon*. Peabody: Hendrickson, 1979.
BHS	*Biblical Hebraica Stuttagartensia*. Edited by K. Elliger and W. Rudolph. Stuttgart: Deutsche Bibelgesellschaft, 1983.
BibInt	*Biblical Interpretation*
BIS	Biblical Interpretation Series
BLS	Bible and Literature Series
BTB	*Biblical Theology Bulletin*
BZAW	Beihefte zur Zeitschrift für die Alttestamentliche Wissenschaft
CBC	Cambridge Bible Commentary
CBQ	*Catholic Biblical Quarterly*
CC	Continental Commentaries
FCB	Feminist Companion to the Bible

HALOT	Koeler, K., W. Baumgartner, and J. J. Stramm, *The Hebrew and Aramaic Lexicon of the Old Testament.* Translated and edited under the supervision of M. E. J. Richardson. 4 vols. Leiden. 1994–1999.
HSM	Harvard Semitic Monographs
JBL	*Journal of Biblical Literature*
JSOT	*Journal for the Study of the Old Testament*
JSOTSup	Journal for the Study of the Old Testament: Supplement Series
MT	Masoretic Text ("마소라 본문"으로 표기함)
NIB	The New Interpreter's Bible
NIV	New International Version
NICOT	New International Commentary on the Old Testament
NJPS	New Jewish Publication Society
NRSV	New Revised Standard Version
OBT	Overtures to Biblical Theology
OTL	Old Testament Library
SBLBSNA	Society of Biblical Literature Biblical Scholarship in North America
SBLSCS	Society of Biblical Literature Septuagint and Cognate Studies
SBLSymS	Society of Biblical Literature Symposium Series
ThTo	*Theology Today*
TOTC	Tyndale Old Testament Commentaries
VT	*Vetus Testamentum*

일러두기

• 고유명사 표기는 다음을 제외하고 개역개정을 따랐다.

  이집트, 파라오

• 성경 구절은 개역개정판에서 인용하였으나, 필요에 따라 수정하였으며, 수정 후 개역개정판과 의미가 많이 달라진 경우 개역개정판 본문을【 】안에 병기하였다.

  예: 동물 같아서【건장하여】

• 독자의 이해를 돕기 위해 옮긴이/편집자가 첨언한 부분은 다음과 같이 표시했다.

  옮긴이/편집자 주: ●

  내용 삽입: 〔 〕

  앞말 보충: 가운데 첨자

1장

서론

속삭이는 말씀

또 구약 여성에 관한 책이야?! 내가 아는 은퇴한 성공회 사제에게 이 책에 관한 계획을 설명하자 이렇게 반응했다. 이런 반응이 까다롭고 성마른 사람들에게만 국한된 것이 아닐 수 있기에, 처음부터 이 문제를 이야기하는 것이 현명할 듯싶다. 나는 당연히 이 책이 구약성경 여성들의 이야기에 관한 그저 또 한 권의 책이 아니길 바란다. 나의 궁극적 바람은 이 책이 몇몇 성경 이야기에 관해서 단지 네 가지 특수한 해석을 제시하는 것이 아니라, **어떻게** 여성들의 이야기를(그리고 결국에는 모든 성경 이야기를) 하나님께서 우리에게 주신 말씀으로 **충실하게** 읽을 것인가에 관한 하나의 안내를 제공하는 것이다.

이 책은 구약성경 내러티브 안의 여성들에 관한 신학교 수업을 가르친 경험에서 나온 산물이다. 이 수업에서 구약성경 여성들 이야기에 관한 여러 페미니스트의 해석을 읽었는데, 그것들은 대부분 재치 있고 학술적이며 미묘한 차이를 담고 있다. 나는 페미니스트 성경 연구를 오랫동안 접해서 익숙했고, 그래서인지 대체로 페미니스트 성경 연구에 신학적 쟁점이 없다는 점을 평소에는 별로 주목하지 않았는데, 이 수업을 진행하며 이 점이 매우 크게 다가왔다. 신학적 관심사들을 다룰 때, 논란이 되는 특정 성경 본문을 신학적으로 전유하는 것이 여성에게 해로웠으며 또 계속 해로울 것이라 주장하는 게 일반적이었다.

나와 학생들이 성경을 읽을 때 핵심으로 여겼던 신학적 물음들—어떻게 이 이야기가 우리에게 하나님 말씀인가?—같은 것은 거의 볼 수 없었다.[1] 그래서 우리는 이차 자료의 탁월한 해석에서 유익을 얻었지만, 어렵고 구성적인 신학 작업은 우리 스스로 해야 했다. 우리 생각에는 이러한 작업이 성경 읽기의 핵심이다. 그래서 여기 제시한 해석들, 사실상 읽기 전략들은 다음 두 가지 가정에 의존한다. 즉, 우리가 구약에서 읽는 내러티브들은 경전Scripture이며 하나님으로부터 온 말씀으로서 우리를 끌어들인다는 점과, 우리가 충실하게 읽으려면 비평적인 페미니스트 관점(자세한 내용은 아래에서)이 필요하다는 점이다.

나는 이 책에서 여성을 의미심장하게 다룬 구약의 네 이야기를 살펴보겠지만, 사실 이 책은 그 이야기들에 관한 것이 아니다. 오히려 그 이야기들은 실제 초점을 잡기 위한 사례 연구다. 이는 다음과 같은 세 가지 읽기 전략을 제시하는데, 그 이야기들뿐만 아니라 여성에 관한 다른 이야기를 비롯하여 일반적인 성경 이야기를 읽기 위한 것이다. (1) 여성의 말을 경청하기 (2) 내레이터의 관점에 주목하기

---

1. 나는 '하나님의 말씀'(word of God) 혹은 '말씀'(the Word)이라는 용어를 전문적인 좁은 의미로 사용하지 않는다. 나는 나의 개혁과적이고 성공회적인 배경에서 글을 쓰지만, 다양한 신앙 공동체가 성경 본문을 교회와 세상을 향한 하나님의 사랑과 뜻을 나타내는 역동적이며 생생한 표현으로 이해하는 방식을 설명하기 위해 이 문구들을 사용한다.

(3) 본문의 세계관에 주목하기. 이는 포괄적인 읽기 전략으로 의도된 것이 아니다―이 모든 영역에 주목한다고 해서 언제 어디서나 심오한 신학적 이해에 이르는 것도 아니고, 신학적 의미를 철저히 규명하는 것도 아니다. 게다가 모든 전략이 모든 개별 본문에 적합한 것도 아니다. 본문 자체가 그 본문에 가장 적합한 식의 읽기 전략을 형성해야 한다. 그러므로 나는 장마다 각 본문을 가장 효과적으로 밝혀 준다고 생각하는 알맞은 전략을 소개할 것이다.

이 책은 성경을, 특히 성경 속 이야기를 신학적으로 읽는 능력을 심화하는 몇 가지 길을 제시하고자 힘쓰는데, 대단하지는 않더라도 아직은 중요한 것이다. 이야기를 신학적으로 읽으면 특정한 문제가 생긴다. 왜냐하면 이야기는 율법과 동일한 방식으로 진리 주장을 하지는 않기 때문이다(물론 율법의 진리 주장도 자주 가정되는 것만큼 자명하지는 않지만). 이러한 읽기 전략을 제시하면서 내가 품은 가정과 동기는 이야기에서 하나의 도덕 주장이나 메시지를 추출할 수 있다는 게 아니다. 다만 우리가 주의를 기울인다면, 부드러운 음성에 귀를 기울인다면, 이야기 속에서 하나님이 우리를 만나신다는 것이다. 성령님은 본문의 생성과 해석의 모든 단계에서 역사하신다. 그리고 여기서 스케치한 읽기 전략은 성령님이 하고 계신 일에 주목하고 거기에 주파수를 맞추는 방법이다. 내가 여성의 이야기에 초점을 둔 까닭은 앞에서 설명한 바와 같이 내가 이 분야에서 관심이 절실히 필요하다고 느낀 부분 때문이기도 하지만, 이 책에서 나의 우선적인 목표는 특정한 읽기 습관―실제로는 마음의 습관―을 조성하는 것이다. 우리가 성경에서 하나님을 만날 때 완전히 민감하게 깨어 있도록 돕는 습관을 말이다.

이 장의 나머지 부분에서는 나의 접근법이 페미니스트 성경 연구의 광대한 흐름에 어떻게 부합하는지에 특히 유의하면서, 이 읽기 전략에 영향을 미치는 페미니스트 관점의 종류를 소개할 것이다. 또한 내러티브 윤리의 중요성, 독자로서 자신을 의식하는 성경 인류학, 신뢰의 해석학을 비롯하여 내가 제시한 읽기 전략을 뒷받침하는 몇 가지 가정을 설명할 것이다.

페미니스트 관점들

많은 페미니스트 신학자가 성경 본문에 대한 여러 다양한 접근법 중 어느 정도 '페미니즘적'이라 할 만한 것들을 분류하려고 시도해 왔다. 그래서 여기서 같은 문제를 고민하는 것은 유용하지 않을 것 같다.[2] 그러나 이 영역은 오랫동안 상당한 이견과 이데올로기, 방법론, 신학

2. 예컨대 다음을 보라. Carolyn Osiek, "The Feminist and the Bible: Hermeneutical Alternatives," in *Feminist Perspectives on Biblical Scholarship* (ed. Adela Yarbro Collins; SBLBSNA 10; Chico, CA: Scholars Press, 1985), 93–106; Katharine Doob Sakenfeld, "Feminist Biblical Interpretation," *ThTo* 46 (1989): 154–67; Mary Ann Tolbert, "Protestant Feminists and the Bible: On the Horns of a Dilemma," in *The Pleasure of Her Text: Feminist Readings of Biblical and Historical Texts* (ed. Alice Bach; Philadelphia: Trinity Press International, 1990), 5–23; 그리고 *A Feminist Companion to Reading the Bible: Approaches, Methods and Strategies* (ed. Athalya Brenner and Carole Fontaine; Sheffield: Sheffield Academic Press, 1997)의 두 에세이: Pamela J. Milne, "Toward Feminist Companionship: The Future of Feminist Biblical Studies and Feminism," 39–60; 그리고 Heather A. Mckay, "On the Future of Feminist Biblical Criticism," 61–83.

의 충돌로 점철되어 왔기에, 거칠게나마 유형을 분류하면 이 분야에 생소한 독자가 방향을 잡는 데 도움이 될 수도 있을 것이다. 페미니스트 성경 해석은 크게 세 범주의 접근 방식으로 분류될 수 있다. 첫 번째 접근법은 성경적으로 정당화되는 여성 억압을 문제로 인정하되, 문제를 본문 자체가 아니라 성경 해석에 두는 접근법이다. 이러한 입장에 선 페미니스트 학자를 '충성주의자'loyalist로 부른다. 두 번째는 접근법은 '수정주의자'revisionist가 취하는 방법인데, 본문의 가부장적 측면을 인정하되, 이를 결정적인 것으로 보지 않는 방식이다.[3] 수정주의자들의 접근법은 성경 안에서 '대항전통들'을 찾는 일을 포함한다. 즉, 지배적인 성경의 선율과 다른 소리를 내지만 이 소리를 들으려면 수고가 필요한, 음소거된 전통과 목소리를 찾는 일이다.[4] '수정주의자들'의 신학적 헌신은 그 접근법 자체가 다양한 입장과 어

---

3. 필리스 트리블(Phyllis Trible)은 페미니스트 성경 신학자들 중에서 이 소수 그룹의 중요한 인물이다(비록 그녀가 종종 '충성주의자'로 분류되기도 하지만 말이다—이 범주들에 대한 정의가 완전히 굳건한 것은 아니다). 그녀는 자신의 책 제목이기도 한 "공포의 텍스트"(texts of terror)라는 유명한 문구를 만들었다(*Texts of Terror: Literary-Feminist Readings of Biblical Narratives* [OBT; Philadelphia: Fortress Press, 1984]. 『공포의 텍스트: 성서에 나타난 여성의 희생』, 40주년 기념판, 김지호 옮김[고양: 도서출판 100, 2022]). 오시크(Osiek)는 이 범주들의 윤곽을 보여 주었고("Feminist and the Bible," 93–106), 마리-테레즈 바커(Marie-Theres Wacker)는 독일 페미니즘 학계의 맥락에서 이 범주들을 성찰했다("Feminist Exegetical Hermeneutics," in Luise Schottroff, Silvia Schroer, and Marie-Theres Wacker, *Feminist Interpretation: The Bible in Women's Perspective* [Minneapolis: Fortress, 1998], 36–62).

4. 예컨대 다음을 보라. Ilana Pardes, *Countertraditions in the Bible: A Feminist Approach* (Cambridge: Harvard University Press, 1992); Athalya Brenner and Fokkelien van Dijk-Hemmes, *On Gendering Texts: Female and Male Voices in the Hebrew Bible* (BIS 1; Leiden: Brill, 1993).

울릴 수 있기 때문에 꽤 다양하다. 세 번째 해석자 그룹은 성경의 권위를 완전히 거부한다('거부주의자'rejectionist).[5] 이들 세 그룹 사이에 일부 공통부분이 있긴 하지만, 이 책에서 제시하는 전략은 수정주의자의 가정 중 상당수를 공유하고 있고, '대항전통들'을 식별하는 작업에서 가장 많은 유익을 얻고 있다.

방금 스케치한 페미니스트 성경 학계 지형도에서 단층선들은 방법론적이라기보다 신학적이다. 달리 말하면, 그리스도교 전통과 페미니스트 학계 사이에서 벌어지는 균열은 한편으로 충성주의자와 수정주의자, 다른 한편으로 거부주의자와 나머지 사이의 중대한 불일치를 설명하는 데 도움이 된다. 페미니스트 성경 신학자 상당수가 그리스도교 전통의 형식으로든, 그리스도교 페미니스트 신학자들이 새롭게 다듬은 표현으로든 경전에 권위를 부여할 가능성조차 열어 두지 않는다.[6] 성경을 읽을 때 그리스도교적이면서 동시에 페미니스트

5. 셰릴 엑섬(J. Cheryl Exum)은 강한 의심의 해석학을 상정하는 이러한 관점의 대표자다(예를 들어 그녀의 "Feminist Criticism: Whose Interests Are Being Served?" in *Judges and Method: New Approaches in Biblical Studies* [ed. Gale A. Yee; Minneapolis: Fortress Press, 1995], 65-90을 보라). 포스트모던 접근법들(예를 들어, 해체, 이데올로기 비평)은 경전의 권위가 계속해서 작동하는 한 문제가 된다고 보는 경향이 있다.

6. 페미니스트적 의식에 비추어 본 성경 권위의 본질은 그리스도교 페미니스트 신학자(그리고 소수의 페미니스트 성경학자)에게 중요한 주제다. 예를 들어 다음을 보라. Letty M. Russell, *Household of Freedom: Authority in Feminist Theology* (Philadelphia: Westminster Press, 1987); Sandra M. Schneiders, *The Revelatory Text: Interpreting the New Testament as Sacred Scripture* (San Francisco: HarperSanFrancisco, 1991); Francis Watson, *Text, Church, and World: Biblical Interpretation in Theological Perspective* (Edinburgh: T & T Clark, 1994), 155-201; Phyllis A. Bird, "The Authority of the Bible," in *NIB*, 1:33-64. 또한 미국성경학회(SBL)의 페미니스트 신학적 해석학 분과에 소개된 논문들을 보라

적인 자리를 점하는 것은 점점 더 어려워지고 방어 준비를 취해야 하는 일이 되었다.[7] 나는 경전의 권위에 관하여 일관된 페미니스트 신학을 제안하려 하거나, 오늘날 페미니스트 성경학계를 낳았을 법한 비평의 해석사를 조사하려 하지 않을 것이다.[8] 비록 이런 일들이 학계와 교회 안에서 그리스도교 페미니스트의 힘 있는 목소리를 회복하는 더 큰 과제의 중요한 측면이긴 하지만, 대체로 성경학자의 작업이 아니라 그리스도교 페미니스트 신학자의 과제다. 그 대신 내가 제안하는 읽기 전략은 이 대화의 성경학적 측면에서 더 큰 과제에 기여하는 것이다. 성경의 독자(남녀 모두)가 여성의 경험과 그리스도교 신앙을 모두 긍정하는 본문의 작은 소리에 귀를 기울이면서 성경 전

(*Escaping Eden: New Feminist Perspectives on the Bible* [ed. Harold C. Washington, Susan L. Graham, and Pamela Thimmes; Sheffield: Sheffield Academic Press, 1998]); 더 최근 것으로는 Sarah Heaner Lancaster, *Women and the Authority of Scripture: A Narrative Approach* (Harrisburg: Trinity Press International, 2002)가 있다. 랭커스터는 페미니스트 신학의 발흥, 그리고 페미니스트 신학이 성경의 권위·계시 및 여성의 경험과 씨름하는 노력에 대한 훌륭한 개관을 제공한다(특히 11-42를 보라).

7. 일부 구약학자는 자기의식적으로 이 공간을 점한다. 예를 들어 캐서린 두웁 자켄펠드(Katharine Doob Sakenfeld)의 작업은 "문화적으로 단서가 주어진" 접근 방식을 반영한다. 그녀의 최근 저서 *Just Wives? Stories of Power and Survival in the Old Testament and Today* (Louisville: Westminster John Knox Press, 2003)를 보라.

8. 이 책에서 나의 작업은 존 톰슨이 몇몇 '공포의 텍스트'에 대한 전(前)비평적 해석사를 복원하는 작업에서 분명하게 밝힌 것과 유사한, 페미니스트 비평 내부의 관심사들로부터 동기를 부여받았다. 그는 전비평적 해석가들이 공포 본문을 읽을 때 일부 페미니스트 해석가들이 주장하는 것처럼 획일적으로 '가부장적'이지는 않았다는 점을 보여 주고자 한다(John L. Thompson, *Writing the Wrongs: Women of the Old Testament among Biblical Commentators from Philo through the Reformation* [Oxford: Oxford University Press, 2001], 특히 3-16을 보라).

체를 읽을 힘을 얻었다고 느끼기를 바라는 마음으로 말이다.[9]

그리스도교 신앙과 페미니스트 경험의 교차점은 여기서 내 작업을 뒷받침하는 관점인데, 이는 성경학 안에서 불온한 소수자들의 목소리를 기술하는 관점이다. 따라서 나를 추동하는 동기는 성경을 **규정하는** 특징이 가부장적 성격이라고 주장하는 다수자들, 즉 페미니스트 성경학계를 지배하는 사람들 그리고 교회를 지배하는 사람들과는 다른 대안적 목소리를 그들에게 제시하는 것이다. 이 지배적 관점에 따르면, 이 핵심 특징을 다루기 전에는 성경을 읽어 나갈 수 없을 것이다. 페미니스트 성경학계의 상당수는 이러한 점을 거의 신성불가침한 기본 가정으로 두고 있다. 이러한 가정은 성경을 다루는 수많은 페미니스트 학자의 정체성을 구축하는 동시에, 가부장제에 내재한 문제를 고려하는 것을 넘어서서 성경을 해석할 가능성을 희박하게 하는 역할을 해 왔다.

나는 두 가지 다른 가정에서 시작한다. (1) 성경을, 특히 여기서는 구약성경을 규정하는 특징은 그것이 복잡한 방식으로 하나님께로부터 교회를 위해 온 말이라는 점이다. (2) 해석의 임무는 이 말을 더 잘 듣고 잘 이해하는 것이다.[10] 이러한 가정에서 출발하여 작업하면,

9. 나는 '여성의 경험'이 논쟁의 여지가 있는 범주라는 점을 알고 있다. 출애굽기의 앞 장들과 관련된 이 생각에 관해서는 이 책 4장에서 논의한 내용을 보라. 또한 "The Will to Choose or Reject: Continuing Our Critical Work," in *Feminist Interpretation of the Bible* (ed. Letty M. Russell; Philadelphia: Westminster Press, 1985), 126-29에서 엘리자베스 쉬슬러-피오렌자(Elisabeth Schüssler-Fiorenza)가 논의한 것을 보라. 개신교 신학교에서 가르치고 있는 개신교 유럽계 미국인 여성이라는 나의 정체성이 성경 본문에 대한 나의 접근 방식을 형성하는 것은 분명하다.
10. 물론 히브리 성경은 회당 생활의 중심이기도 하지만, 나는 분명한 이유를 가지고 내 논평을 개신교 그리스도인인 나 자신의 맥락에 제한한다.

본문의 가부장적 성격을 숙고해 볼 수 있으며, 그뿐만 아니라 본문에서 벌어졌을 법한 또 다른 일을 숙고해 볼 수도 있어서 자신을 그리스도인이자 페미니스트로 생각하는 사람들이 본문에서 들음으로써 유익을 얻을 수 있다.

내가 페미니스트 성경학계의 현주소로 기술한 것은 예외가 없다는 의미로 한 게 아니다.[11] 그러나 페미니스트 성경학에 관한 최근 저술이자 중요한 저술 하나를 살펴보면, 성경을 규정하는 특징인 가부장제 중심성은 상당히 획일적이고 뻔한 결과로 이어지며 부정적인 의미 외에는 성경을 신학적으로 성찰하기 어렵게 만든다는 점을 볼 수 있다. 『성경 읽기를 위한 페미니스트 안내서: 접근법, 방법, 전략』은 아탈리아 브레너와 캐롤 폰테인이 편집한 책으로, 상호텍스트성에서 랍비적 해석에 이르는 주제에 관한 29개의 논문을 통해 페미니스트 성경학에 막대한 공헌을 했다.[12] 책의 첫 번째 부분인 「메타 비평」에는 페미니스트 성경 비평과 그것을 낳은 분야―페미니스트 비평과 성경학―의 관계를 숙고하는 논문들이 있다.

이 논문 중 몇 편을 간략히 살펴보면 성경이 가부장적이라는 평가가 어떻게 수많은 페미니스트 성경 비평의 목표를 깊숙이 형성하는지와, 어떻게 그러한 목표가 신학적 성찰을 포함하지 않는지, 혹은 더

---

11. 나의 사고는 전부 페미니스트 성경학 전통에 깊이 빚지고 있지만, 특히 공공연하게 고백적인 맥락에서 작업하고 문학적 접근이 유용하다고 생각하는 소수의 구약학자에게 빚지고 있다. 그중에서도 필리스 트리블과 캐서린 두웁 자켄펠드가 두드러지게 그런 사람들이다.

12. *A Feminist Companion to Reading the Bible: Approaches, Methods and Strategies* (ed. Athalya Brenner and Carole Fontaine; Sheffield: Sheffield Academic Press, 1997).

분명하게 말하자면 어떻게 배제하는지가 드러난다. 예를 들어 파멜라 밀른은 페미니스트 성경 비평과 더 넓은 영역인 페미니스트 비평 사이의 연관성이 부족하다고 한탄하며, 페미니스트 성경 연구가 '비신학적' 맥락에서 더 많이 수행되기를 희망한다.[13] 그녀는 더 광범위한 페미니스트 비평이 페미니스트 성경 비평에 상당한 의혹을 품는 것이 트리블처럼 성경의 "종교적 권위와 영적 가치를 옹호하는" 페미니스트 성경학자들의 노력에서 비롯된 것이라 추적한다.[14] 밀른은 1980년대에는 페미니스트 성경학계가 대개 신학적 헌신으로 특징지어졌지만, 지금은 상황이 상당히 바뀌어서 세속적, 학문적 맥락에서 더 많은 연구가 이루어지고 있고 페미니스트 성경 비평이 페미니스트 비평에 포괄될 가능성이 보이는 새로운 세 번째 단계가 동터 온다는 사실에 고무되었다.[15] 한마디로 말하면, 밀른은 페미니스트 성경학계의 미래를 비고백적인 행복한 수고로 본다.[16]

위의 책에 실린 다른 논문들도 비슷한 목표를 가지고 있다. 예컨대 헤더 맥케이는 "성경학에서 성중립적인, 또는 더 낫게는 양 젠더 모두에 우호적인 논의 분위기"를 추구한다.[17] 맥케이는 신학적 신념을 가진 페미니스트 성경학자들을 기본적으로 무시하는데, 왜냐하면 "그들이 성경과 관련하여 **진리여야 한다**고 믿는 것이 그들이 쓰는 내

---

13. Milne, "Toward Feminist Companionship," 44.
14. 같은 책, 45.
15. 밀른은 이 새로운 단계의 참여자로 에스더 푹스(Esther Fuchs), 셰릴 엑섬, 미키 발(Mieke Bal), 데이비드 클라인스(David Clines)를 거명한다.
16. 신학에 대한 일차적 헌신이 '고백적'인 반면, 페미니스트 이데올로기에 대한 일차적 헌신이 '비고백적'(nonconfessional)인 이유는 내가 볼 때 전혀 분명하지 않다.
17. McKay, "On the Future of Feminist Biblical Criticism," 62-63.

용을 제약하기 때문이다."[18] 맥케이의 견해는 페미니스트적이면서 사실상 고백적인 반응을 요구하고 있다. 첫째, 신학적 신념 때문에 본문에 가부장제라는 딱지를 붙이지 못하게 막거나 여성에게 해를 가하는 본문과 관련된 진리를 말하지 못하게 막을 필요는 없는데, 오히려 페미니스트의 신학적인 신념이 이를 **요구한다**. 둘째, 성경의 가부장제를 자기 연구의 출발점으로 삼는 페미니스트 성경학자도 그러한 자신의 신념이 자신에게 부과하는 제약하에 작업한다. 이 학자들을 어떻게든 편견에서 '자유로운' 사람으로 보는 것은 오류다. 대조적으로, 캐롤 폰테인은 자신의 그리스도교적 맥락에서 매우 자기의식적으로 활동하는데, 성경이 교회와 사회에서 여성 학대를 부추기고 뒷받침하는 방식에 관한 그녀의 논문은 읽기 고통스럽다.[19] 그러나 이 논문의 마지막 부분에서 그리스도인이자 페미니스트로서 성경을 읽으면서 본문에서 가부장제의 음울한 흔적과 결과 말고 다른 것을 발견하는 게 가능한지 의문이 남는다. 이 논문들의 일반적 추세는 명백하다. 페미니스트 분석이 성경의 가부장제 말고 (그 점을 인정하면서도) 다른 것에 초점을 맞출 수 있다는 생각은 지적으로나 도덕적으로 의심스럽다는 것이다.

나는 고백적 성경 해석이 1970년대와 1980년대로, 페미니스트 성경 비평의 '두 번째 단계'로 후퇴하는 게 아니라, 오히려 미래의 페미니스트 성경 비평에서 독특하지만 목소리를 내는 하나의 전통을 형성해야 한다고 확신하면서 이 책 작업에 착수한다. 페미니스트 성경

---

18. 같은 책, 66-67.
19. Carole Fontaine, "The Abusive Bible: On the Use of Feminist Method in Pastoral Contexts," in *Feminist Companion to Reading the Bible*, 84-113.

해석에서 신앙의 확신을 배제하는 경향은 우려스럽지만, 그렇더라도 지난 수십 년간 페미니스트 성경학의 중요성을 인정하는 것은 중요하다. 지난 20년 동안 페미니스트 학문의 폭발적 발전이 가져온 혜택은 의심할 여지가 없다. 구약에서 여성에 관한 많은 이야기는 한때 무시되었거나 피상적 혹은 여성 혐오적으로 읽혔지만, 내가 언급한 몇몇 페미니스트 학자들이 지속해서 비판적으로 성찰하며 주목함으로써 그 깊이와 복잡성이 조명되었다. 한 가지 흥미로운 결과는 구약의 여성과 그녀들의 이야기가 그 어느 때보다 흥미롭고 생명력 있게 보인다는 것이다. 하지만 이것이 함의하는바 더 문제가 되는 또 다른 결과도 있다. 가부장적 문화로 강력하게 형성된 고대 본문을 읽을 때 발생할 수밖에 없는 어려움이 복잡다단하게 드러나고 탐구되었다는 점이다. 위에서 내비쳤듯이, 어떤 독자들은 본문이 너무 획일적으로 가부장적 성격을 띠어서 오늘날 페미니스트에게 가치 있는 그 어떤 것도 복원할 수 없다고 본다. 더 큰 문제는 이러한 본문에 관한 가부장적 **해석**이 그리스도교 공동체 및 더 넓은 문화에서 유익은커녕 해가 된다는 점이다. 예를 들어, 에스겔과 호세아에서 은유로 사용된 여성에 대한 매도는 실제 여성에 대한 매도를 정당화하는 것으로 이해되어 왔다.[20]

'페미니스트'는 논쟁의 여지가 있는 용어다. 말하는 사람에 따라 다양하고 간혹 상반되는 의미를 담는 것 같다. 신학적·정치적 좌파나 우파라는 특정 맥락에서 '그리스도인'과 '페미니스트'라는 말을 함께 사용하면 모순어법을 낳는다. 그래서 이런 식으로 자기 정체성을 식

20. 이 비난은 의심할 여지 없이 많은 진실을 담고 있다. 그러나 이에 대한 비평으로는 Thompson, *Writing the Wrongs*, 3-16을 보라.

별하는 사람은 해결 불가능한 갈등 상황에 빠지게 된다. 자신을 페미니스트 그리스도인으로 규정하는 사람의 자리는 변하고, 사라지고, 때로는 위태롭다. 자신을 페미니스트로 칭하는 많은 그리스도인은 성평등이라는 페미니스트 원칙에 대한 믿음 **그리고** 하나님이 성경, 특히 구약을 통해 자신들과 교회에 말씀하고 계신다는 믿음을 동시에 유지할 수 있을지 궁금해한다. 하지만 많은 페미니스트 그리스도인은 또한 성평등 개념 자체가 성경에서 발견되어야 한다고 확언한다. 따라서 성경 이야기가 가부장적 성격을 지닌다는 점이 이제 널리 인정되면서, 경전의 권위를 거부하고 싶지 않다는 마음을 품고 구약을 읽는 수많은 그리스도인과 유대교인에게 심각한 신학적 수수께끼가 생겼다.

성경 이야기의 가부장적 성격에서 어떻게 긍정적인 **신학적** 의미를 찾을 수 있을까? 이 이야기들이 어떻게 하나님께로부터 오는, 오늘날 교회를 위한 말씀일 수 있을까? 페미니스트 성경학이 가진 무게와 영향력 때문에 성경이 여성의 삶에 부정적 영향만 끼친 것처럼 보이지 않도록, 우리는 성경이 역사를 통틀어 여성에게 엄청난 힘과 영감의 원천이기도 했다는 점을 상기할 필요가 있다.[21] 이 책은 여성이 성경을 읽고 그 안에서 영혼의 자양분을 공급하고 도전을 가하는 신성한 말씀을 발견하는 전통을 이어가고자 한다.

여성들에게 이것이 항상 쉬운 일은 아니라는 점이 고통스러운 현

---

21. 캐롤 뉴섬(Carol A. Newsom)과 샤론 린지(Sharon H. Ringe)는 다음 글에서 이러한 점을 말한다. "Introduction to the First Edition," in *The Women's Bible Commentary: Expanded Edition* (ed. Newsom and Ringe; Louisville: Westminster John Knox Press, 1998), xix. 『여성들을 위한 성서주석』(구약편/신약편), 이화여성신학연구소 옮김(서울: 대한기독교서회, 2015/2012).

실이다. 구약의 여성에 관한 내 수업에서 한 학생은 전날 밤 성경의 가부장적 성격에 순간적으로 압도되자, 역겨워서 성경을 방바닥에 던졌다고 말했다. 이처럼, 위에서 살펴본 페미니스트 학계가 제기한 비판적 문제들을 교회가 매우 심각하게 받아들여야 한다는 점은 이 책에서 이어질 모든 내용의 전제다. 새라 랭커스터가 말했듯이, 우리에게 필요한 것은 "성경의 권위를 긍정하면서도 동시에 성경이 여성에게 보여 주는 문제들에 관하여 진실한 말을 꺼낼 수 있도록 여성의 권위를 부정하지 않는 방법"이다.[22] 여성과 남성 모두 본문의 가부장적 성격에 정직하게 직면해야 하며, 독자들은 성경에 내재한 가치와 규범이 거의 항상 보편타당한 것으로 제시되더라도 얼마나 판명하게 남성적인지를 인식해야 한다. 여성의 삶과 경험의 특수성은 성경에 겨우 미미하게 표현되어 있을 뿐이며, 여성이 남성 활동의 대상이자 남성의 욕망과 계획에 종속되는 존재로 나타나는 경우는 드물지 않다. 요컨대 여성은 수많은 성경 본문에서 남성과 같은 완전한 인간 지위를 부여받지 못하고 있다. 성경의 가부장적 성격으로 인한 또 다른 결과는 **여성 독자들**이 이러한 가치와 규범을 자신의 이익과 젠더에 반하는 쪽으로 식별하도록 교묘하게 설득되어 이를 어느 정도 내면화한다는 점이다.[23]

하지만 성경의 이런 혼란스러운 측면으로 인한 어려움 때문에, 성

22. Lancaster, *Women and the Authority of Scripture*, 9.
23. Alice Ogden Bellis, *Helpmates, Harlots, and Heroes: Women's Stories in the Hebrew Bible* (Louisville: Westminster John Knox Press, 1994), 3-29와 Sharon H. Ringe, "When Women Interpret the Bible," in *Women's Bible Commentary*, 1-9의 논의를 보라.

경 내러티브를 읽는 독자가 '이건 가부장적 본문이야'라고 한탄하며, 그것이 마치 해석의 최종 결과 또는 유일하게 책임 있는 해석인 것처럼 환원적으로 자신의 해석을 끝마쳐야 한다는 귀결이 도출되지는 않는다. 많은 본문이 어떤 면에서는 가부장적이지만, **여전히 또 다른 면에 관한 것**이기도 하다. 암묵적인 가부장제든 심지어 가부장적 가치를 대놓고 긍정하는 것이든 내러티브의 모든 의미를 망라하지는 못한다. 하지만 일부 페미니스트 학자들은 이를 페미니스트 비평이 필연적으로 도달하게 되는 결론으로 본다. 극단적으로 말해서 페미니스트 학계 일부에서 작동하는 기준은 지난 몇 년 동안 쓰인 (페미니즘 문제에 높은 의식을 가진 사람들이 저술한) 작품만이 상대적으로 가부장적 영향에서 자유롭기 때문에 읽을 가치가 있다는 인상을 준다. 이러한 관점에서 볼 때, 본문이 구현할 수 있는ー미학적 또는 윤리적ー장점이 무엇이든 간에 이를 생산한 가부장적 문화의 오염으로 인해 장점이 상쇄된다. 오랜 세월 동안 다양한 공동체가 성경에 부여한 권위와 성경의 해석적 오용이 여성에게 끼친 좀체 사그라지지 않는 해로운 영향 때문에, 결국 성경은 이러한 점에서 특히 의심스러운 것으로 여겨져야 한다.

이렇게 성경을 포함하여 '가부장적'인 텍스트를 전면적으로 거부하는 것에 대해, 두 가지 반론은 분명 제기할 가치가 있다. 첫째, 가부장제는 획일적인 제도가 아니다. 가부장제를 그렇게 보는 것은 마치 의인화된 가부장제가 **의지를 발하여** 여성을 억압한다는 듯이 가부장제에 일종의 의식意識 같은 것을 부여한 것이다. 여기서 페미니스트 사상의 핵심 역설이 드러난다. 가부장제가 모든 것을 포괄하고 있어서 가부장제 바깥에 있는 것이 불가능하다면, 페미니스트 담론이 어떻게 가능한가?[24] 성경을 다루는 몇몇 페미니스트 학자가 제안한 것처럼, 가부장제가 작동하는 방식에 대한 보다 섬세한 이해가 필요하다.[25] 지난 세기 동안 문학 이론가들은 본문이 기능하는 방식을 더 복합적으로 이해해야 하며 본문 전체에 서로 다른 상충하는 목소리와 관점이 퍼져 있는데 대체로 매우 미묘하다고 강력하게 주장해 왔다.[26] 압도적으로 가부장적인 문화에서 생산된 다른 본문들과 마찬가지로 성경이 가부장적 주장에 저항하는 목소리를 새겨 넣은 방식에 많은 독자가 주목해 왔다.[27] 때로는 이러한 '저항의 목소리'가 음소거되어 독자가 이를 듣기 위해서 안간힘을 써야 하지만, 그럼에도 불구하고 이러한 목소리는 얽히고설켜 본문의 풍성함을 구성하는 부분이다.

24. Toril Moi, *Sexual/Textual Politics: Feminist Literary Theory* (London and New York: Routledge, 1985), 81.

25. 예를 들어 Pardes, *Countertraditions*, 1-6을 보라.

26. 특히 파르데스(Pardes)는 20세기 초반에 대화적 텍스트성(dialogic textuality)이라는 역동적인 이론을 선경지명 있게 발전시킨 러시아 이론가 미하일 바흐친(Mikhail Bakhtin)을 유용하게 환기시킨다. 창세기 31장에 나오는 라헬의 발화에 관한 나의 논의는 바흐친의 대화주의(dialogism) 사상을 바탕으로 할 것이다. 성경학과 관련된 그의 작업에 대한 유용한 소개는 Barbara Green, *Mikhail Bakhtin and Biblical Scholarship: An Introduction* (Atlanta: Society of Biblical Literature, 2000)을 보라.

27. 성경학에서는 특히 Pardes, *Countertraditions*와 Brenner and van Dijk-Hemmes, *On Gendering Texts*를 보라. 여러 면에서 특히 가부장적인 시대였던 19세기 영국 여성 소설에 내재된 저항의 목소리에 관한 상당한 연구가 이루어졌다(예를 들면, Sandra M. Gilbert and Susan Gubar, *The Madwoman in the Attic: The Woman Writer and the Nineteenth-Century Imagination* [New Haven: Yale University Press, 1979]; Elaine Showalter, *A Literature of Their Own: British Women Novelists from Bronte to Lessing* [Princeton: Princeton University Press, 1977]).

둘째, 가부장제 이데올로기를 인식하는 것은 중요하지만, 그 이데올로기를 식별하는 것으로 본문 해석을 모조리 마쳤다고 생각해서는 안 된다. 이데올로기 비평은 가부장제를 비롯한 여러 이데올로기가 본문에서, 본문을 통해 그 이데올로기의 가치를 영구화하는 방식에 주목하는 것인데, 우리의 성경 이해에도 중요한 기여를 한다.[28] 그러나 성경학에서 수행되는 이데올로기 비평은 그것이 본문의 편견, 특히 숨겨진 편견을 드러내면, 이데올로기를 고려하지 않은 다른 모든 해석은 왠지 도덕적으로 의심스럽거나 그저 순진하다는 인상을 종종 독자에게 심어 준다. 본문의 이데올로기적 성격을 인정한다고 해서 독자가 그 본문에서 흥미롭고 깨달음을 주고 추구할 가치가 있는 다른 해석을 발견할 가능성이 차단되는 것은 아니다.

내가 의미하는 바를 설명해 줄 만한 예가 있다. 창세기 2-3장에 기록된 에덴동산 이야기에는 부인할 수 없는 명백한 가부장적 요소가 있다(예컨대, 3:16에서 여자는 남자에게 명시적으로 종속된다). 그 나무 열매를 먹지 말라는 금령을 깬 여자의 역할을, 남성 저자들이 이 행위의 책임에서 벗어나고자 한 결과로 이해할 수도 있을 것이다.[29] 이 운명적인 행동에 대한 책임을 여성에게 전가함으로써 가부장적 세계관이 강화된다. 하지만 이 이야기는 가부장적 이데올로기가 짙게 깔려 있음에도 불구하고, 인간의 조건에 관한 가장 심오한 성찰도 담고

---

28. 예를 들어 Gale Yee, *Poor Banished Children of Eve: Woman as Evil in the Hebrew Bible* (Minneapolis: Fortress Press, 2003)을 보라.

29. 프란시스 왓슨(Francis Watson)은 매우 다른 읽기를 제안한다. "히브리 내레이터들은 그들이 살고 작업했던 모든 것을 아우르는 자명한 가부장적 맥락을 그럭저럭 초월할 수 있었는데, '태초에는 그렇지 않았다'고 주장하려 했기 때문이다"(*Text, Church, and World*, 194).

있다. 단지 가부장적 가치관을 새기는 데 그치지 않고, 인간이 어떻게, 왜 (다른 동물들과 같지 않지만) 하나님과 같으면서도 (다른 동물들과 같지만) 하나님과 다르게 되었는지를 근본적인 면에서 고찰하고 있다. 이 이야기가 전달되는 방식은 이러한 존재 범주들 사이에서 이도 저도 아니게 살아가는 인간이 처한 곤경의 양면성을 반영한다. 가부장제(또는 다른 이데올로기)에 초점을 두고 읽는 것은 필요한 일이고 따라서 추구할 만한 가치가 있지만, 다른 모든 읽기 방식보다 도덕적으로 우선적인 것은 아니다. 성경 본문의 '의미 초과'는 성경을 가부장적 가치를 담는 단순한 그릇이나 성 불평등을 영구화하는 데 사용되는 무기로 이해할 수 없게 만든다.

본문의 의도들

흔히 저자의 '의도'라고들 하는 것을 둘러싼 또 다른 문제가 있다. 페미니스트 학자가 아닌 더 전통적인 학자들이 보통 내놓는 반대 의견은 때때로 다음과 같이 표현된다. 성경 저자들은 명백한 문화적, 역사적 이유로 성평등에 조금도 관심이 없었기 때문에, 우리가 본문 안에서 이러한 관심을 읽어 내는 것은 저자의 의도에 위배되는 것임이 틀림없다. 하지만 성경 저자들이 우리와 같이 여성 평등에 관심을 두고 있으리라는 기대를 할 수 없다고 해서, 성경이 믿음의 여성들에게 가치가 없다는 의미는 아니다. 만일 우리가 성경의 가부장제 때문에 성경의 의미를 무가치하게 치부한다면, 그리고 이러한 논리를 따라 귀결에 이른다면, 우리는 금세기 전에 출판된 어떤 책도 읽지 않았을 것이고, 대다수 문헌을 가부장제의 오염으로 인해 무가치한 것으로 치부했을 것이다.

내가 대학생일 때 학교에 헌신적인 페미니스트인 영어 교수가 있었는데, 그녀는 원칙상 남성이 쓴 것을 더 이상 읽지 않았다. 그러한 독서 전략은 일부 가부장제의 영향으로부터 여성을 보호할 수는 있겠지만, 다른 면에서는 무한히 빈곤하게 만든다. 우선 하나 생각해 보자. 여성이 글을 썼다고 또는 쓴다고 해도 대부분 가부장제의 흔적으로 오염되어 있다. 글이 지닌 가부장적 성격이 글의 의미 잠재력까지 무가치하게 만드는 근거는 아니다. 사사기 19장처럼 어려운 글도 마찬가지다.[30] 비록 성경 저자들은 우리가 페미니스트 의식으로 여기는 것을 공유하지 않았지만, 그렇다고 해서 이것이 여성에 대한 돌봄의 윤리가 성경 본문에 존재하지 않았다는 의미는 아니다. 나는 이 책 3장에서 다음과 같이 주장한다. 즉, 내레이터가 이름 없는 여성의 이야기를 들려주는 방식을 통해 남성 등장인물들의 가치관과 행동이 도덕적으로, 신학적으로 파탄 났다고 교묘하게 비난하고 있으며, 독자인 우리가 그러한 파탄의 신학적 의미를 숙고하도록 촉구하고 있다고 말이다. 따라서 '공포의 텍스트'를 성경의 증언에 간직해 두어야 하는 이유 하나는 그 본문들이 고통스럽게 재현하는 특성이 있기 때문이다. 이 본문들은 우리에게 우리 자신을 드러내고, 하나님께서 인간 공동체와 모든 피조물을 위해 마련하신 것과 우리가 이런 선물을 가지고 만들어 낸 왜곡 사이의 거리를 폭로한다.

---

30. 엘렌 데이비스(Ellen F. Davis)는 모든 성경 본문이 교회를 교화할 수 있는 잠재력을 가지고 있다고 설득력 있게 주장한다("Critical Traditioning: Seeking an Inner Biblical Hermeneutic," *ATR* 82 [2000]: 733-51).

하지만 작가나 내레이터의 의식적 의도는 의미 식별에서 그저 한 영역에 불과하다. 성경 저자들의 **무의식적** 의도도 의식적 의도와 마찬가지로 흥미롭다. 여기서 나는 "무의식적 의도"라는 말을 정신분석학적 의미보다는 문학적 의미로 사용한다. 즉, 저자는 대개 문화적 가치들을 인지하지 못한 채 자신이 쓰는 글에 새긴다. 나는 이 책 2장에서 이를 보이기 위해 창세기 31장에 나오는 라헬의 발언을 본문에 무의식적 힘—여성을 억압하는 사회적 힘에 대한 여성의 경험과 저항에 관해 말하는 무의식적 힘—이 작용한 부분으로 볼 것이다. 출애굽기와 룻기의 이야기에도 여성이 중시하는 가치가 구원의 가치로 드러나는 또 다른 저항의 장소가 있다. 이들 이야기의 저자들은 '여성의 가치'를 새겨 넣으려 한 것일까? 우리가 그 답을 알 수는 없지만, 따지고 보면 이 물음은 딱히 중요한 것이 아니다. 오히려 분명하게 확인할 수 있는 것은 작가들(그들이 남성인지 여성인지 알 수 없더라도)이 호흡하는 문화적 분위기 속에 '여성의 가치'가 존재했고, 그래서 본문에 나타난다는 점이다. 여러 면에서 본문의 가장 흥미로운 측면은 저자가 의식적으로 인지하지 못한 채 본문에 들어간 내용이다.[31]

---

31. 소설가와 문학 이론가라는 두 역할을 동시에 하는 움베르토 에코는 이러한 현상에 대한 통찰력을 제공하고, 저자의 의도의 한계를 넘어서는 해석의 정당성을 제시한다. 그는 저자의 의도와 '본문의 의도'를 중대하게 구분한다—독자가 가장 관심을 갖는 것은 후자다. 다음을 보라. Umberto Eco, with Richard Rorty, Jonathan Culler, and Christine Brooke-Rose, *Interpretation and Overinterpretation* (ed. Stefan Collini; Cambridge: Cambridge University Press, 1992), 63-66; 68-74. 『작가와 텍스트 사이』, 손유택 옮김(파주: 열린책들, 2009).

윤리적, 신학적 관점

이 책에서 내가 제시하는 읽기 전략은 젠더 문제에 관심을 둔다. 읽기 전략을 통해 젠더 문제를 더 깊은 신학적 이해로 이어지도록 윤리적 성찰과 연결하려 할 것이다. 어떤 의미에서 윤리적 물음들은 페미니스트 학계가 오랫동안 주장해 왔듯이 성경의 젠더에 관한 모든 논의에 내재해 있다.[32] 그러나 위에서 내비쳤듯이, 성경에 대한 페미니스트 윤리적 성찰은 성경이 젠더 문제를 윤리적으로 성찰하기 위한 건설적 자원을 역사적으로도 제공하지 않았고 지금도 제공하지 않는다고 주장하는 해석학적 막다른 골목에 이르렀다. 나는 윤리적, 신학적 물음이 젠더 물음에 내재해 있을 뿐만 아니라 성경 자체가 그런 물음을 초래하기 때문에 중요하다고 보고, 다른 접근법을 취한다. 역사적, 미학적, 사회학적, 이데올로기적 비평은 다른 접근법과 더불어 유용한 해석 도구이지만, 성경은 독자들이 성경 이야기의 신학적, 윤리적 의미를 고찰할 것을 요구한다. 그렇다면 문제는 윤리적으로, 신학적으로 성찰할 때 성경이 젠더 문제에 관해서도 긍정적 기여를 한다고 볼 **수 있느냐**가 아니라, 우리가 **어떻게** 그러한 기여 가능성을 열어 두는 방식으로 읽을 것인가 하는 점이다.

이 책에서 내가 구상하는 윤리는 도덕 원칙을 추출하기 위해 성경을 조사하는 식의 윤리와 다소 다르다는 점이 아마 분명해질 것이다. 성경 내러티브에 대한 윤리적 성찰은 어떤 추상적 도덕 규칙에 따라

---

32. 1895년에 처음 출간되고 엘리자베스 캐디 스탠튼(Elizabeth Cady Stanton)이 편집한 *The Woman's Bible*은 일반적으로 페미니스트 성경 비평의 시초로 여겨지는데, 윤리적 문제를 상당히 노골적으로 다룬다.

등장인물을 '선'이나 '악'으로 판단하는 것에 머무르는 때가 부지기수다. 혹은 일부 형태의 이데올로기 비판이 근현대 윤리에 따라 담론 전체를 '선'으로, 혹은 더 잦게는 '악'으로 판단하기도 한다.[33] 대체로 나는 어느 등장인물이 본받을 만한지 아닌지, 어느 본문이 '선'인지 '악'인지 묻는 것에서 벗어나고자 한다. 물론 성경 본문은 이따금 이런 식의 평가를 초래한다— 예를 들어, 사사기 19장에서 내레이터는 독자로 하여금 이야기 속 등장인물에 대해 정밀하고 중요한 판단을 내리게끔 한다. 하지만 이런 식의 도덕적 평가는 추상적 원칙에 따라 이루어지는 게 아니라, 섬세하고 교묘한 내레이터가 독자를 특정한 식의 미묘한 윤리적 성찰로 이끌면서 부추긴 것이다. 대체로 내가 여기서 제안하는 식의 윤리적 성찰은 내러티브가 불러일으키는 복잡한 도덕 세계로 끌려 들어가도록 독자가 자신을 내맡길 것을 요청한다.

구약 내러티브 세계들에서는 손쉬운 도덕적 판단을 내리기 어렵고, 그런 판단은 대부분 과녁에서 벗어난다. 내가 구성하는 식의 윤리는 독자가 **이야기 속에 들어가는** 방식, 곧 **내러티브** 윤리와 더 관련이 있고, 이야기 바깥에서 등장인물에 대한 윤리적 판단을 내리는 독자와는 관련이 적다. 내가 이런 식으로 내러티브 윤리에 관해 생각하는 방식은 웨인 부스와 마사 누스바움의 작업에 큰 빚을 지고 있다.[34] 부스와 누스바움은 모두 본문에서 도덕 원칙을 추출하는 전통

33. 예를 들어, 선지자 에스겔은 여성 혐오적 이데올로기를 품고 있으므로 '악'하고, 에스겔 16장과 23장에서 계속되는 은유적 담론은 이를 드러내므로 '악'하다.

34. Wayne C. Booth, *The Company We Keep: An Ethics of Fiction* (Berkeley: University of California Press, 1988); Martha C. Nussbaum, *Love's Knowledge: Essays on Philosophy and Literature* (New York: Oxford University Press, 1990); 같은 저자, *Poetic Justice: The Literary Imagination and Public Life*

적인 윤리 접근 방식을 거부하고, 읽기가 어떻게 독자의 도덕적 성품을 형성할 수 있는지에 매우 관심을 둔다. 이성을 도덕적 사고의 가장 중요한 도구로 추켜세우는 지배적인 윤리 전통들과는 달리, 나는 이들의 연구를 바탕으로 이야기에 대한 독자의 감정적 반응(더 구체적으로는 독자의 공감 능력)이 윤리적으로 중요하다고 가정하는 읽기 전략을 제안한다.

윤리적으로 의미 있게 반응하는 데 성공할지 여부는 독자가 이야기 속 등장인물에게 얼마만큼 **공감**할 수 있는지에 달려 있다. 독자는 자신의 감정적 반응이, 이러한 이야기에 대해 윤리적으로 성찰하는 자신의 추론 능력과 서로 대화하도록 요청받는다. 이를 위해 독자는 가능한 한 다른 사람의 경험에 자기 자신을 몰입시키도록 노력해야 한다. 독자가 이야기에 공감적으로 참여하는 목적은 일반화할 수 있는 윤리 원칙을 추출하는 게 아니라, 개개인의 삶의 특수성에 깊이 관여함으로써 자신의 윤리적 능력을 풍부하게 하고 성숙시키는 것이다. 따라서 독자는 라헬, 문지방에 있는 여인, 이집트^{애굽}에서의 여인들, 룻, 나오미에게 공감하고, 그들이 사는 세계의 도덕적 복잡성 속으로 들어가야 한다.

독자가 이야기 바깥에 자리 잡는 게 아니라, 이야기 속에 참여자로 빨려 들어가는 것이 왜 중요한지에 대해 한 마디 더 언급할 필요가 있다. 우리는 이 책에서 선정한 이야기의 다양한 요소가 어떻게 함께 작용하여 독자를 이야기 **속으로** 끌어들이는지 살펴본다. 독자가 이야기 바깥에서 관찰자 입장을 취하면, 겉으로 보기에 '객관적인' 비평

(Boston: Beacon Press, 1995).『시적 정의: 문학적 상상력과 공적인 삶』, 박용준 옮김(서울: 궁리출판, 2013).

적 관점을 상정하여 등장인물이나 본문 자체의 도덕적 가치를 평가하기 쉽다. 이러한 외부의 입장은 평가 같은 것이 주로 지적인 차원에서 이루어지는 한, 지적으로 엄밀하다는 모양새를 갖춘다.

객관성은 여러 가지로 매력 있지만, 그럼에도 본문의 도덕 세계를 밋밋하고 얄팍하게 읽는 독해를 낳는다. 이러한 모델은 독자가 본문에서 도전받을 수 없다는 점에서 윤리적으로 민감하게 읽는 데 주로 방해가 된다—독자가 본문 바깥에서 재판관이자 비평가로 확고하게, 때로는 독선적으로 머물러 있다면, 성경은 독자의 세계 이해에 이의를 제기할 방법이 없다. 경전으로 읽는 본문은 독자를 경전 속 도덕 세계에 끌어들임으로써 도전을 가한다. 이 책을 특징짓는 윤리 이해는 윤리가 평가보다 **만남**에 관한 것이라는 에마뉘엘 레비나스의 견해와 같은 노선에 있다. 읽기는 윤리적 행위가 되는데, 읽기를 통해 내 정체성과 자기 이해에 근본적 도전을 제기하고 내가 타자 및 세계와 맺는 관계의 성격에 의문을 제기하는 **타인**an Other(이 경우에는 본문)과 만나기 때문이다. 요컨대 독자는 본문을 평가 **대상**이 아니라 **타인**으로, 대화자로 보도록 부추김당한다.[35] 윤리를 주로 본문과 독자의 만남 형태(그리고 본문이 하나님 말씀을 매개한다는 나의 신학적 가정

---

35. 레비나스의 두 가지 주요 철학 작품은 다음과 같다. *Totality and Infinity: An Essay on Exteriority* (trans. Alphonso Lingis; Pittsburgh: Duquesne University Press, 1998; 『전체성과 무한: 외재성에 대한 에세이』, 김도형·문성원·손영창 옮김[서울: 그린비, 2018])와 *Otherwise Than Being: or, Beyond Essence* (trans. Alphonso Lingis; Pittsburgh: Duquesne University Press, 1998; 『존재와 달리 또는 존재성을 넘어』, 문성원 옮김[서울: 그린비, 2021]). 레비나스의 사상에 대한 명확하고 간결한 소개는 다음을 보라. Colin Davis, *Lévinas: An Introduction* (Notre Dame, IN: Notre Dame University Press, 1996; 『처음 읽는 레비나스: 타자를 향한 존재론적 모험』, 주완식 옮김[파주: 동녘, 2014]).

에 따라, 궁극적으로 하나님과 독자의 만남)로 보는 이러한 이해가 이 책에서 여성 이야기에 대한 해석을 특징짓는다. 이러한 만남을 조성하기 위해 독자는 이야기 속으로 들어가 앞서 논한 식의 공감을 경험하도록 자신을 열어야 한다.

그렇다고 해서 이 책에서 제안하는 읽기가 평가적인 윤리적 물음을 절대 던지지 않을 것이라는 의미는 아니다. 앞서 언급했듯이, 사사기 19장에서 독자로 하여금 인물과 사건에 대해 특정한 판단을 내리게끔 하는 것은 내레이터다. 하지만 여기서도 내레이터의 교묘한 기술art은 특정 개인들에 대한 광범위한 판단보다는 우리 모두를 괴롭히는 폭력의 역학에 대한 깊고도 슬픈 성찰 같은 것에 이르게 하며, 이 폭력적인 사람들과 그리고 우리와 불가분한 관계에 있는 신의 파토스를 통렬하게 불러일으킨다. 그러나 이러한 본문에 규범적인 도덕 판단이 작용하더라도 평가는 쌍방으로 진행된다는 점을 항상 인식해야 한다. 즉, 본문과 등장인물이 독자의 면밀한 조사를 받는 것처럼, 독자는 본문의 면밀한 조사를 받아야 한다는 것이다.

독자의 인류학

성경 독자들은 이렇게 물을 수 있다. 이것이 신앙의 관점에서 볼 때 성경을 읽는 타당한 접근 방식인지 어떻게 알 수 있는가? 구약성경이 손쉬운 도덕 평가의 기회가 아니라 만남의 장이 되고자 한다는 점을 어떻게 알 수 있는가? 이 물음에 접근하기 위해서는 성경이 자기 독자를 그리는 방식, 다시 말해 구약이 인간의 도덕적 정체성을 구성하는 방식을 어느 정도 숙고해 볼 필요가 있다. 물론 구약성경의 글이 엄청 다양하다는 것은 하나의 도덕적 인류학으로 딱 집어 기술될 수 없다는 의미다. 다양한 본문과 전통은 다양한 인간관을 상정하고 있다. 그럼에도 성경이 독자의 윤리적 성찰 능력에 대해 어떻게 생각하는지는 계속 물을 만한 가치가 있다. 우리는 창세기 2-3장에 나오는 첫 인간들에 관한 성경 이야기를 부분적으로 살펴볼 텐데, 그 이유는 이 본문이 인간의 도덕적 분별력 문제를 명백히 전면에 놓고 있기 때문이다. 이 이야기는 신학적 인류학에 관한 지배적인 성경적 패러다임을 중요하게 확립한다. 따라서 구약 전체가 자기 독자의 도덕적 능력을 어떻게 그리는지 살펴보는 데 가장 중요한 본문일 것이다. 동산 이야기는 이어질 내용과 다른 방식으로도 관련된다. 즉, 동산 이야기는 구약에서 젠더에 관한 모든 고찰에 중요하다. 윤리와 젠더의 교차점을 살펴보고자 하는 책에서 바로 그 교차점을 전면에 두는 성경 본문을 검토하는 것은 적절한 일이다.

나는 이 이야기를 젠더와 관련해서 읽지만, 그렇다고 이 기초 본문에 관한 흔한 기존의 페미니스트적 해석, 즉 주로 여성 묘사에 초점을 둔 해석을 제공하진 않을 것이다. 그런 식의 읽기를 접할 수 있는 것이 이미 많이 나와 있고, 그중 일부는 매우 훌륭하며, 나는 여기서 그것들을 바탕으로 나 자신의 이해를 보여 줄 것이다.[36] 그래서 나는 페

36. 이 본문에 관한 2차 문헌은 방대해서 여기서 다 언급할 수 없다. 이 이야기에 관한 다소 상이한 견해와 관련 참고 문헌에 대해서는 다음을 보라. Reuven Kimelman, "The Seduction of Eve and the Exegetical Politics of Gender," in *Women in the Hebrew Bible: A Reader* (ed. Alice Bach; New York: Routledge, 1999), 241-69. 또한 *Eve and Adam: Jewish, Christian, and Muslim Readings on Genesis and Gender* (ed. Kristen Kvam, Linda Schearing, and Valarie Ziegler;

미니스트 분석이 상당히 확고하게 확립해 놓은 결론들에 근거한 몇 가지 가정을 상정할 것이다. 그러한 가정 중 하나는 이 이야기의 주된 내용이 고전적 그리스도교에서 정형화된 '타락'이 아니라는 것이고, 그래서 나는 인간 부부의 '죄'에 초점을 두지 않을 것이다.[37] 이번 장에서 내 목표는 다른 데 있다. 나는 이 이야기가 동산에 있는 여성과 남성의 도덕적 인류학을 어떻게 구성하는지를 보고 싶다. 본문은 인간이 그들의 세계와 어떻게 관계를 맺어야 한다고 상상하는가? 본문의 정경적 배치와 주제—첫 인간들의 출현—때문에, 도덕적 인류학 문제에 관한 본문의 성찰은 계속 이어지며, 이는 성경의 많은 부분을 주도하고 뒷받침하는 도덕적 인류학을 이해하는 데 도움이 된다.

결국 나는 동산에서 출현한 도덕적 인류학이 우리가 구약의 나머지 부분을 읽을 때 상정해야 하는 도덕적 인류학과 동일하다고 제안하는 것이다.[38] 다시 말해, 창세기 2-3장에 등장하는 **인물들**의 도덕적 기질makeup은 성경 **독자들**의 도덕적 기질에 대한 견본template을 제

Bloomington: Indiana University Press, 1999), 420-82에 있는 여러 논문을 보라. 또한 역사적 관점에서 페미니스트 쟁점을 다루는 진지한 노력을 보여 주는 Carol L. Meyers, *Discovering Eve: Ancient Israelite Women in Context* (New York: Oxford University Press, 1988)를 보라.

37. 예컨대 다음을 보라. Phyllis Trible, *God and the Rhetoric of Sexuality* (OBT; Philadelphia: Fortress Press, 1978), 72-143. 『하나님과 성의 수사학』, 유연희 옮김(서울: 알맹e, 2022); Pardes, *Countertraditions*, 13-38.

38. 흥미롭게도 구약에서 동산 이야기가 명시적으로 언급되는(alluded) 경우는 거의 없다. 이러한 맥락에 따라, 그 이야기가 독자인 우리에게 적절한 인류학으로 기능해야 한다는 나의 주장은 기본적으로는 신학적인 주장이다. 그럼에도 불구하고 다른 곳에서 나는 동산에서 전개된 것과 비슷한 인류학이 대부분의 구약 전통에 상정되어 있다고 주장했다(Lapsley, *Can These Bones Live? The Problem of the Moral Self in the Book of Ezekiel* [BZAW 301; Berlin: de Gruyter, 2000], 43-66을 보라).

공한다. 이 본문에서 자유가 등장인물들의 실패 가능성을 수반하는 것처럼, (자유가 있는) 구약의 독자들도 윤리적으로 읽는 데 실패할 가능성이 있다. 또한 본문이 우리의 정체성을 '이상적인' 독자로 구성하고 있으므로, 우리는 이 책에서 읽고 해석하는 이야기를 비롯하여 다른 성경 본문을 해석할 때 이 정체성을 염두에 두고 접근해야 한다.

열매 취하기: 성경의 독자 정체성을 위한 모델[39]

동산에 있는 아담 및 하와와 독자인 우리 사이의 관계를 이해하기 위해, 나는 정원 이야기를 다음과 같이 도덕 발달의 세 단계로 나누어 읽을 것을 제안한다. (1) 금지령이 선언되기 전 시간 (2) 금지령 선언 후부터 그 열매를 먹기 전까지의 막간 (3) 금단의 열매를 먹음으로써 시작된 무기한 연장 기간. 하나님께서 금지된 나무에 관한 명령을 선언하시기 전(창 2:7-15)에는 어떤 식의 금지도 없으므로 인간에게 도덕적 의사 결정을 기대하지 않거나 요구하지 않는다는 의미에서, 첫 단계의 아담^{adam}은 도덕적 정체성이 없다. 좋은 것과 나쁜 것의 구별이 아직 없으며, 따라서 동산에서 아담의 선택에는 도덕적 무게가 없다—이런 범주 자체가 이 단계에서는 무의미하다. 하나님께서 아담을 동산에 두신 목적을 "그것을 경작하며 돌보라"(15절)는 일종의 도덕 명령을 포함하는 것으로 읽을 수도 있겠지만, 아담은 아직 불순종하는 방법을 알지 못하므로, 경작과 돌봄은 아담 편에서 도덕적 선택이 아니라 아

---

39. 이 이야기를 여기서 제시한 것과 비슷하지만, 다른 논의 맥락에서 제시한 Lapsley, *Can These Bones Live?*, 45-48을 참조하라.

담을 형성하는 활동이며, 따라서 성찰이 요구되지 않는 것으로 짐작해 볼 수 있다. 단지 도덕적 평가만이 인간 형성에서 아직 나타나지 않은 구별은 아니다. 정체성을 형성하기 위해서는 다른 종류의 구별도 필요하다—우리가 자기 자신을 이해하는 방식은 우리가 자신을 다른 사람과 같거나 다르다고 보는 방식과 밀접하게 관련된다. 아담의 도덕 정체성뿐만 아니라 인간 정체성조차도 이 구절에서는 아직 발생 단계다. 필리스 트리블이 논증했듯이, 창세기 2:22에서 두 성별이 창조되기 전에는 아직 아담 안에 분명한 성 차이가 없으며, 동물이 인간의 정체성과 대조를 이루기 위해 창조된 것도 아니었다.[40]

동물과 아담의 구별은 도덕 발달의 두 번째 단계(2:16-3:5)에서 강조되며, 여기서 동물 창조는 인간의 정체성을 형성하는 데 기여할 것이다. 또한 하나님과 인간이 완벽한 친교 가운데 함께 사는 동안에는 동산에서 추방된 후 하나님과 인간의 관계를 특징짓는 차이보다 그 차이가 덜했다. 이 시점에서 아직 차이가 발생하지 않은 아담의 특징은 도덕적 정체성을 비롯한 인간 정체성 형성이 여전히 초기 단계라는 의미다.

두 번째 단계에서는 아담에게 좋음good과 나쁨bad을 알게 하는 금지된 나무를 제외하고 동산에 있는 모든 나무를 먹으라는 하나님의 명령으로 인간 발달의 새로운 국면이 시작된다(이 부분 역시 그저 의견에 그치는 게 아니라 명령이라는 점에 주목하라).[41] 이 금지령을 어기면 먹

---

40. Trible, *God and the Rhetoric of Sexuality*, 80; 같은 저자, "Not a Jot, Not a Tittle: Genesis 2-3 after Twenty Years," in *Eve and Adam*, 439-44.

41. 다른 많은 학자와 마찬가지로 나는 '선과 악'(good and evil)보다 '좋음과 나쁨'(good and bad)을 선호하는데, 그 이유는 전자가 그리스 사상의 이원론들과 연관되기 때문이다.

는 그날에 죽음에 이르게 된다(2:17). 이 이야기에서의 인간 정체성과 독자인 우리의 자기 정체성의 관계에 대해 생각하려면 나무가 표상하는 바를 고찰해 볼 필요가 있다. 나무는 좁은 의미의 **도덕** 지식(옳고 그름에 관한 문제)일 뿐만 아니라 모든 종류의 분별력(예컨대 미적 판단)을 표상한다.[42] 그렇더라도 나무는 좋은 것을 보는 더 큰 시선에 따라 구별하는 능력을 의미한다는 점에서, 널리 이해되는 식으로 도덕적 분별력을 상징한다고 볼 때 가장 잘 이해된다. 하지만 좋은 것을 분별하려면 나쁜 것에 대한 지식도 있어야 한다—좋음에 대한 지식만으로는 분별할 수 없다. 좋음과 나쁨을 안다는 것은 구별하고, 평가하고, 선택할 수 있다는 것을 의미한다. 요컨대, 그 나무에서 취해서 먹음으로써 사람은 자기 세계에 대한 해석자—도덕 해석자—가 될 수 있다. 이것이 바로 "신들/하나님과 같이 되어 좋음과 나쁨을 알게 된다"(3:5; cf. 3:22)는 의미다. 결국 이것이 인간 부부와 동물을 구별하는 것이 된다.[43]

이 나무에서 취해 먹는 것에 대한 금지령이 도입되면서 아담의 정체성에 큰 변화가 일어난다. 선택은 이제 의미 있는 범주가 되었다. 순종과 불순종이 가능해졌다. 하지만 이 명령에 순종하거나 불순종하는 선택은 좋음을 보는 더 큰 시선을 바탕으로 하는 것이 아니다.

---

42. Claus Westermann, *Genesis 1-11* (trans. John J. Scullion; CC; Minneapolis: Augsburg, 1984), 242-44; 게르하르트 폰 라트(Gerhard von Rad)는 이것을 '모든 것'에 대한 지식으로 이해한다(*Genesis* [OTL; Philadelphia: Westminster Press, 1972], 86. 『창세기』, 박재순 옮김[서울: 한국신학연구소, 1981]).

43. 성경 저자들은 도덕적 틀로 자기 세계를 해석하는 인간의 **능력**을 독특한 것으로 이해했지만 그럼에도 불구하고 인간이 일관된 기준으로 그렇게 **했을**지에 관해서는 심히 의구심을 품었다는 점이, 창세기 1-11장에서 폭력에 대한 더 큰 이야기가 전개되면서 분명해진다.

그러려면 그것을 먹음으로써 얻은 지식이 필요하기 때문이다. 이 상황은 어린 자녀가 부모의 명령에 순종하거나 불순종하는 선택을 하는 상황과 비슷하다—좋은 것에 대해 더 광범위하게 고찰하여 내리는 결정이 아니라, 아이가 보상과 처벌의 우위를 지각하는 방식을 바탕으로 결정하는 것이다. 순종하거나 불순종하는 동기는 아이가 상충하는 욕구들을 저울질하는 방식에서 비롯된다. 식욕이나 호기심의 충족은 불순종에 대한 처벌 및 절제에 대한 보상 가능성과 견주어 보아야 한다. 아담, 그리고 이후 남성과 여성은 도덕적 발달에서 비슷한 단계에 있다.

나무 도입에 수반되는 도덕적 차이 발생이라는 주제와 나란히, 아담의 정체성 자체에서의 차이 발생도 이 단계에서 전면에 나타난다. 하나님은 아담에게 적합한 "돕는 자"를 찾으시면서 아담과 마찬가지로 땅에서 만들어진 모든 (당연히 서로 구별되는) 동물을 창조하신다. 따라서 인간과 동물의 구별은 창조 방식에 있는 게 아니라 동물이 인간에게 적합한 동반자로 알맞지 않다는 데 있다. 마침내 하나님이 아담 본인에게서 취하여 동반자를 빚으실 때, 서로 구별되지만 "한 몸"(2:23)인 두 개의 성이 등장한다. 이 이야기는 이렇게 여러 층의 내러티브로 차이 생성이라는 주제를 논한다.

뱀은 하나님의 명령을 고의적으로 왜곡함으로써 호기심을 불러올 만한 화제를 교묘하게 꺼낸다. "하나님이 **참으로** 너희에게 '동산 **모든** 나무의 열매를 먹지 말라' 하시더냐?" 이야기의 나머지 부분은 뱀이 꽤 박식함을 증명한다(3:4-5). 따라서 이는 분명 여자를 끌어들이기 위한 뱀의 교활한 활동이다. 그녀는 나무를 만지는 것까지도 금지하셨다는 말을 보태어 뱀에게 신적 명령을 전달해 준다. 뱀은 전통적으로 여자를 유혹했다는 비방을 받아 왔다(그리고 나중에 악마로 변모되었다). 물론 뱀이 그녀를 유혹하고 있는 건 맞지만, 뱀이 틀린 말을 하는 건 아니다. 뱀은 그녀에게 나무에 관한 진실, 곧 그녀가 먹어도 죽지 않을 것이며[44] 하나님만(그리고 뱀도?) 가지고 있는 분별 능력을 얻게 될 것이라고 말한다. 하지만 뱀은 여자에게 진실을 전부 다─그녀는 하나님의 불쾌감을 초래하고, 갑자기 취약해지며 자기 자신을 인식하게 되고, 하나님께 벌을 받고, 동산에서 추방당할 것이다─말하지는 않는다. 뱀은 이러한 세부 사항을 설명에서 뺀다. 뱀의 진실은 거짓말이 아니지만, 속이려고 고안한 파편적 진실이다. 이 지점의 도덕 발달 단계에 있는 여자는 진실과 거짓, 파편적 진실과 완전한 진실을 분별할 수 없다. 분별 능력은 그녀(그리고 남자)가 그 열매를 먹은 후에야 갖추어진다. 그래서 아이러니하게도 그녀가 자기 세계를 해석하는 능력은 불순종함으로써만 발현될 수 있다.

이 여성은 나무가 "먹음직하고, 눈을 즐겁게 하고, 분별력을 얻을 것 같아 탐스럽다"고 보고 있다. 나무의 이 모든 특징이 인간 경험의 기본 요소이므로, 신적 명령에 불순종하기로 하는 결정은 여러 면에서 불가피하다. 이들 특징 중에서 삶의 중심을 이루며 인간을 다른 동물과 가장 뚜렷하게 구분 짓는 것은 마지막 특징─좋음과 나쁨을 기본적으로 구별하는 능력─이지만, 미적 감식력("눈을 즐겁게 하고")도 이런 기능을 수행한다. 오직 인간만이 지혜와 분별력, 곧 좋음과

---

44. 그 나무에서 취해서 먹는 데 대한 처벌은 3:14-19에 개괄되어 있다. 나중에 동산에서 추방된 것은 부부가 이제 생명나무에서 취해서 먹음으로써 불멸을 모색할까 봐 하나님이 두려워하신 결과다(3:22). 이는 동산에서도 이미 죽음이 그들 실존의 한 부분이었음을 암시한다.

나쁨을 판단하는 능력을 가질 수 있고, 추구할 수 있다. 바로 이러한 인간의 조건의 특징이 구약이 암묵적으로 상정한 청중의 인류학을 이루고 있다.

이 이야기의 세 번째 단계는 3:6에서 여자가 열매를 따기로 결정하면서 시작되는데(이 단계의 끝은 기록되어 있지 않다), 좋음과 나쁨을 알게 하는 나무에 초점을 맞춰서 차이화라는 주제가 나타난다. 여자는 열매를 따서 먹자마자 자기 남편에게 조금 준다. 그 맛은 경험을 공유하고 싶을 만큼 확실히 달콤하다. 어쨌든, 이 행동은 이말 저말 보태지 않고 신속하게 이야기된다. 이 행동에 내재한 필연적 결과—모든 인간, 곧 남성과 여성이 좋음과 나쁨을 분별하는 능력으로 특징지어짐—를 몸짓으로 보여 줄 뿐이다. "그들의 눈이 밝아져 자기들이 벗은 줄을 알았다." 전통적으로는 부부가 좋음과 나쁨을 알게 된 결과, 자신들이 성적 존재임을 갑작스레 깨닫게 되었다고 해석한다. 하지만 베어드 캘리콧은 부부의 성생활sexuality이 본문에 이미 자리 잡고 있다고 설득력 있게 주장한다("둘이 한 몸을 이룰지로다"[2:24]). 그렇다면 벌거벗음에 대한 인식이 성에 관한 것이 아니라면 무엇을 의미하는가? 캘리콧은 자신의 벌거벗음에 대한 갑작스러운 인식을 이제 막 싹트기 시작한 자기 인식으로, 은유적으로 해석할 것을 제안한다. 나무에서 얻은 앎을 통해, 부부가 **"자신과 관련하여** 무엇이 옳은지 그른지를 **판단**하고, **결정**하고, **확정**할 수 있는 능력"을 갖추게 된다는 것이다.[45] 하지만 또한 "열매를 땀으로써" 하나님과 관련해서는

---

45. J. Baird Callicott, "Genesis and John Muir," in *Covenant for a New Creation: Ethics, Religion, and Public Policy* (ed. Carol S. Robb and Carl J. Casebolt; Maryknoll, NY: Orbis, 1991), 123.

"선good과 악evil에 대한 자신의 능력을 의식하게 되었다."[46] 여자는 성숙adulthood을, 곧 완전하고 복잡한 도덕적 인류학을 선택한다.[47] 여자가 유혹의 열매를 따고자 나무에 손을 뻗음으로써, 진정한 선택 및 자기 세계를 해석하는 특권과 책임을 특징으로 하는 인류의 새 시대를 열고 있다.

좋음과 나쁨을 알게 하는 나무는 묘하게도 성경 자체와 약간 비슷하다. 먹음직하고(읽고 해석할 만하고; 에스겔이 하나님 말씀을 섭취한 에스겔 3장 참조), 눈을 즐겁게 하고(미적 기쁨의 원천), 무엇보다도 지혜와 분별력의 원천(우리를 위한 하나님 말씀)이다. 부부는 나무를 먹고 세계에서 자신이 취약함을 깨닫는데, 이 역시 벌거벗음과 세계를 해석하는 능력이 함의하는 바이기 때문이다. 마찬가지로 우리는 성경을 읽음으로써 자신의 연약함과 하나님에 대한 전적인 의존성을 이해하고, 성경은 모든 피조물을 향한 하나님의 뜻과 관련하여 우리 주변 세계를 해석할 능력을 준다. 물론 이 비교는 이상하다. 좋음과 나쁨을 알게 하는 나무는 하나님께서 동산에서 금하신 것인 반면, 성경은 하나님의 선물이다. 그러나 나무에 대한 금지령은 유지될 수 있는 것이 아니었다―이 이야기는 인간이 하나님과 같으면서도 다르다는

---

46. Karen Armstrong, *In the Beginning: A New Interpretation of Genesis* (New York: Knopf, 1996), 30. 이러한 노선을 따르는 견해는 적어도 아우구스티누스까지 거슬러 올라가는 오랜 해석사가 있다(*The City of God against the Pagans* 14.17 [Cambridge Texts in the History of Political Thought; Cambridge: Cambridge University Press, 1998], p. 616; 『신국론』).

47. 미키 발(Mieke Bal)은 현대 시대의 이러한 견해를 설득력 있게 다듬어 냈다(*Lethal Love: Feminist Literary Readings of Biblical Love Stories* [Bloomington: Indiana University Press, 1987], 119-25). 이 해석에 대한 비판으로는 Kimelman, "Seduction of Eve," 252-53을 보라.

심오한 역설과 씨름하고 있다. 이 금지령은 이상한 인간의 조합, 즉 해석하고 분별하는 하나님 같은 능력과 유한성이라는 조합이 의도된 것은 아니었지만 또한 불가피한 것이었음을 내비친다. 지금 인간은 결함이 있으면서도 하나님의 형상인데, 지금과 같은 상태여서는 안 되지만 다른 상태일 수 있었을까?[48] 그래서 성경은 우리를 지탱해 주는 신적인 선물이며, 나무 열매를 먹어 버린 지금 우리에게 필요한 것을 먹이고 있다.

정보에 기반한 신뢰의 해석학

이야기에서 저 여성은 잘못을 저지르는 것이 허용된다. 그리고 그녀와 남자는 나쁨과 좋음을 구별하면서 잘못 판단한 결과들을 받아들여야 한다. 이 이야기는 도덕적 결정을 내릴 수 있는 완전한 자유가 있을 때에만 완전한 인간성을 얻을 수 있고, 누가 숟가락으로 떠먹여 주듯 우리 스스로 결정하지 않거나 성찰이 필요 없을 때는 완전한 인간성을 얻을 수 없음을 내비치고 있다. 성경 저자들은 동산 이야기의 저자들이 표현한 것과 매우 유사한 인류학을 상정하고 있다. 그것은 인간에게 해석적 결정을 내릴 능력이 있고 올바른 해석 가능성도 존재하지만 이와 더불어 실패의 가능성도 있는 인류학이다.

　따라서 성경 해석에는 우리의 해석적 판단이 필요할 것이고, 이는

---

48. 나는 이 표현 방식을 캐롤 뉴섬에게 빚지고 있다. 이 이야기에 대한 사려 깊은 신학적 성찰은 Michael Welker, *Creation and Reality* (Minneapolis: Fortress Press, 1999), 74-82를 보라. 『창조와 현실』, 김재진 옮김(서울: 대한기독교서회, 2020).

때때로 잘못 해석할 수도 있음을 전제로 한다. 이는 또한 본문이 때때로 극히 미묘할 수도 있음을 시사하는데, 왜냐하면 우리에게 그런 미묘함을 해석할 능력이 있다는 점이 본문에 가정되어 있기 때문이다. 그래서 내레이터의 안내에 교묘한 뉘앙스가 있거나(사사기 19-21장이나 룻기처럼), 여성의 목소리가 표면 밑에서 속삭이거나(창세기 31장이나 룻기처럼), 윤리적 성찰을 위해 재현된 내러티브 세계에 여성의 가치가 조용히 반영되어 있어도(출애굽기 1-2장이나 룻기처럼) 천만뜻밖은 아니다. 성경은 판단하고, 결정하고, 확정하고, 해석할 수 있는 독자를 상정하고 있는데, 이는 우리가 그 열매를 먹었기 때문이다. 이런 의미에서 성경은 우리가 하나님이 주신 지성을 모두 사용하여 읽을 것이라는 희망과 신뢰 속에서 우리에게 제공된다. 요컨대 하나님 말씀이 항상 분명하고 투명하게 본문 표면에 드러나 있는 것은 아니다. 그 대신 때때로 우리는 하나님으로부터 온 말씀임을 주장하는 속삭임들을 식별하기 위해 독자로서 청자로서 우리의 모든 역량을 발휘해야 한다.

이 장의 서두에서 언급했듯이, 그리스도교 페미니스트들이 보는 성경 권위의 성격은 너무 광범위하고 논쟁거리가 많은 주제라서 여기서 충분히 다룰 수 없다. 하지만 나는 이 책에서 제안하는 읽기 전략의 이면에 있는 몇 가지 신학적 가정에 고개를 끄덕이며 끝마치는 것이 필요하기도 하고 도움도 된다고 생각한다. 최근 수십 년 동안 많은 사람이 의심의 해석학을 사용하여 성경 본문에 접근해 왔다. 이러한 자세는 구약에 혼란을 느끼며 소원해진 교회의 태도를 개선하는 데 별로 도움이 되지 않았다. 엘렌 데이비스는 교회가 구약과의 친밀감과 '우정'을 상실한 것을 한탄하며 이 우정을 회복하자고 촉구한다.[49] 이 책에서 내가 제안하는 전략은 구약을 친구 삼는 한 가지 방법으로 볼 수 있을 것이다. 성경은 위에서 설명한 신뢰의 해석학과 더불어 우리에게 다가오고, 페미니스트 그리스도인들은 이에 응하여 신뢰의 해석학을 사용함으로써 잘 화답할 수 있다.[50] 혹은 우리가 새라 히너 랭커스터처럼 권위의 관점에서 묻는다면, 성경의 권위에서 어떻게 **유익**을 얻을 수 있을까?[51]

내가 의미하는 신뢰는 우리가 성경에서 접하는 모든 것이 액면 그대로 받아들여질 수 있다는 옛날식의 맹목적 신뢰가 아니다—내가 무비판적, 성경 문자주의적 biblicist 견해를 옹호하고 있지 않다는 점이 이제 분명해졌을 것이다. 오히려 (역사, 전통, 경험이 알려 주는) 정보에 기반한 신뢰의 해석학이 우리를 어디에 가두지 않고 성경에서 하나님과 자유롭게 만나게 해 준다—하나님께서 우리에 대해, 하나님이 누구신지에 대해, 그리고 우리 삶에 대해, 중요하고 심지어 계시적인 무언가를 말씀하고 계심을 우리가 자유롭게 기대할 수 있게 한

49. Ellen F. Davis, "Losing a Friend: The Loss of the Old Testament to the Church," in *Jews, Christians, and the Theology of the Hebrew Scriptures* (ed. Alice Ogden Bellis and Joel S. Kaminsky; SBLSymS 8; Atlanta: Society of Biblical Literature, 2000), 83-94.

50. 내가 옹호하고 있는 입장은 특히 캐롤린 오시크가 기술한 '수정주의적 접근'(비록 그것이 '충성주의적 접근'의 일부 특징을 공유하지만)에 가깝지만, 신뢰는 관계적으로, 상호적으로 작동하기 때문에 나는 "신뢰의 해석학"이라는 표현을 선호한다. 즉, 우리는 읽을 수 있다는 신뢰를 받고 있고, 이에 응하여 읽는 것을 신뢰한다. Carolyn Osiek, "The Feminist and the Bible," in *Feminist Perspectives on Biblical Scholarship*, 100을 보라. 프란시스 왓슨은 "희망의 해석학"의 정당성을 성경의 자기비판 능력에서 찾는다(*Text, Church, World*, 200-201).

51. 랭커스터는 우리가 성경의 권위에 **종속**되는 방식에 대해 관습적으로 부정적인 의문을 제기하는 것에 반대한다(*Women and the Authority of Scripture*, 162-63).

다.[52] 나는 페미니스트 성경학계에서 상당히 지배적인 의심의 해석학에 대한 대안적 시각을 표현하고자 "환대의 해석학"이라는 문구를 잠깐 사용했었다. 하지만 지금은 '환대'라는 말이 성경에서 하나님이 우리에게 주시는 만남의 충만함을 포착하기에 부족하다는 점을 알게 되었다. 하나님은 우리를 그 만남의 동반자로 신뢰하신다 (그래서 하나님은 창세기 2-3장에 묘사된 인간 정체성의 현실을 받아들이신다). 그리고 우리가 성경을 읽는 방식에서 그 신뢰에 화답하는 것은 우리에게 속삭이는 하나님 말씀을 듣는 데 도움이 될 수 있다.

이어지는 네 장에서, 나는 구약의 이야기를 읽는 전략들을 제시할 것이다. 그 목표는 저 속삭이는 말씀을 듣는 능력을 향상하는 것이다. 2장에서는 창세기 31장에 나오는 라헬이 아버지 물건을 훔치는 기이한 에피소드로 가서, 저 이야기가 여성의 말을 새로운 귀로 듣도록, 목격자로서 저항자로서 듣도록 요청하는 방식을 읽을 것이다. 3장에서는 고전적인 '공포의 텍스트', 즉 사사기 19장에 나오는 강간당하고 살해당한 여성 이야기와 여기서 사사기 마지막으로 이어지는 또 다른 폭력을 살펴볼 것이다. 여기서 우리는 그러한 본문에 대해 어떻게 신학적으로 생각할 수 있는지 ― 이러한 참상 이야기의 한 복판에서 어떻게 하나님으로부터 온 말씀이 속삭여지고 있는지 ―

52. 새라 히너 랭커스터(Sarah Heaner Lancaster)는 이 주제에 관하여 사려 깊은 성찰을 제시한다. 그녀는 성경의 신뢰성에 대해 다음과 같이 예리하게 관찰한다. "하나님에 관한 신뢰할 만한 지식은 성경이 기록된 방식이나 성경이 담고 있는 모든 세부 사항의 사실성에 기초하지 않는다. 하나님에 관한 신뢰할 만한 지식을 가질 수 있다면, 그 지식은 하나님이 우리 안에서 개인적으로 그리고 공동체적으로 일하시는 방식에서 나온 산물일 것이다. 성경의 권위에 관한 진정한 물음은 성경이 우리 안에서 이러한 하나님의 일하심에 어떻게 기여하는가 하는 것이다"(*Women and the Authority of Scripture*, 5).

물을 것이다. 이 이야기를 신학적으로 다루기 위해, 우리는 내레이터가 이야기를 전달하는 방법과 내러티브가 독자인 우리의 반응을 형성하는 방식에 주의를 기울여야 한다. 4장에서는 가치의 문제를 검토할 것이다. 즉, 본문이 특정 가치를 담을 수 있는가? 그럴 수 있다면, 그러한 가치가 특히 여성과 연관된다고 이해할 수 있는 것은 어디까지인가? 출애굽기 1장에 등장하는 여성들의 이야기는 '여성의 가치'를 성경적 가치로 주장하려는 도전과 그 가능성을 성찰해 볼 기회를 제공할 것이다. 마지막으로 5장은 룻기를 중심으로 하는데, 세 가지 전략—여성의 말에 주목하기, 내레이터의 관점에 주목하기, 본문의 가치에 주목하기—을 하나의 성경 이야기에서 모두 시도해 보는 기회가 될 것이다.

2장

속삭임 듣기

라헬의 목소리에서 여성의 말에 주목하기

"펜은 칼보다 강하다." 이 격언이 담고 있는 진리—말, 언어, 담화는 강력하다—는 우리의 첫 번째 읽기 전략인 구약에서 여성의 말에 주목하는 것과 관련 있다. 히브리 성경의 간접 화법reported speech은 불필요한 과잉이 거의 없다. 오히려 사람들의 말 속에, 그리고 그 말을 둘러싸고 그 주위에 의미가 상당히 늘어나는 경향이 있는데, 특히 성경 이야기에서 그렇다. 따라서 성경에서 여성이 하는 말에 주의를 기울이는 것은 신학적 성찰에서 잠재적으로 유용한 전략이다.

여성의 말에서 어떻게 그녀들의 자기 이해가 드러나는가? 여성의 말이 담고 있는 의미는 우리가 생각하는 만큼 항상 자명하지는 않다. 사무엘상 1장의 한나와 엘리의 대화에 주목해 보라. 한나는 자신의 불임으로 인한 슬픔을 토로하고 아이를 달라고 기도하러 성전에 간다. 하지만 그녀의 언어는 묵음이다—입술은 움직이지만 목소리는 들리지 않는다. 엘리는 그녀가 술 취했다고 비난하며 술에서 깨라고 꾸짖는다. 그녀는 자신이 술을 마신 게 아니라 하나님께 자기 마음을 쏟아 내고 있었다고 반박한다. 이 이야기는 여성의 말이 때때로 잘못 해석되거나, 우리가 살펴볼 창세기 31장에서처럼 불충분하게 해석되는 방식을 보여 주는 좋은 예다. 한나는 사실 속삭이고 있다. 한나는 다양한 형태로 속박받고 있어서 자신이 해야 할 말을 속삭여야만 했던 성경 속 다른 모든 여성을 대표하고 있다. 여성의 말에 주의를 기울여 주목한다는 것은 여성의 속삭임에 신적 말씀이 뒤섞여 있을 가능성에 귀를 기울이면서 그 속삭임을 듣고자 정신을 곤두세우는 것이다.

창세기 31장에서 하나님은 야곱에게 이제 라반을 남겨 두고 임시 거처를 떠나서 그가 태어난 조상의 땅으로 돌아갈 때가 되었다고 말씀하신다(31:3). 이 신적 명령이 떨어진 시기는 야곱에게 매우 적기였다. 라헬과 레아는 이 계획에 동의한 다음 라반에게는 알리지 않은 채 떠날 짐을 다 쌌다(31:14-18). 아버지에게 화가 난 라헬은 떠나기 전 아버지의 드라빔('가정 수호신들')을 훔친다.[1] 열흘쯤 지나서 라반은 떠난 이들을 따라잡았고, 라헬은 드라빔을 낙타 안장 밑에 쑤셔 넣고 그 위에 앉는다. 라반이 드라빔을 찾으러 오자 라헬은 "마침 여자의 길이[생리가] 있어 당신 앞에서 일어날 수 없사오니 내 주는 노하지 마소서"(35절)라고 말한다.[2] 전통적으로 이 말은 라헬이 생리 기간이라

---

1. 드라빔은 제의용 물건으로, 구약의 다른 곳(삼상 15:22-23; 왕하 23:24; 겔 21:26; 슥 10:2를 보라. cf. 삿 17:5; 18:14, 17; 호 3:4)에서와 마찬가지로 아마 점치는 데 사용되는 신들을 표현한 신상(神像)일 것이다. 다음을 보라. Ktziah Spanier, "Rachel's Theft of the Teraphim: Her Struggle for Family Primacy," *VT* 42 (1992): 404-12. 낸시 제이(Nancy Jay)는 라헬이 자기 혈통을 통제하려고 분투하고 있다고 본다(*Throughout Your Generations Forever: Sacrifice, Religion, and Paternity* [Chicago: University of Chicago Press, 1992], 105-11). 현재 논의에서는 드라빔의 정확한 의미보다 드라빔이 라헬과 라반에게 극히 가치 있는 물건이라는 점이 중요하다.

자신의 부정함 때문에 평소와 같은 예의를 지킬 수 없음을 표현한 것으로 이해되어 왔다.[3] 그런데 라헬은 왜 다름 아닌 이런 식으로 말했을까? 단순히 '양해 구하기'라는 표면적 의미뿐만 아니라, 라헬이 라반과 독자인 우리에게 다른 무언가를 말하고 있는 것은 아닌지, 라헬의 말이 어떻게 여성의 말의 다중 음성적 성격에 관한 신학적 성찰을 불러일으킬 수 있는지를 고찰해 볼 가치가 있다.

우선, 그녀의 짧은 발언은 다양한 의미를 담고 있으며, 이러한 의미들을 이해하는 것은 이야기 자체 및 이야기에서 라헬의 역할을 이해하는 데 대단히 중요하다. 이 장에서는 라헬이 라반에게 한 말이 듣는 사람마다 다른 의미로 받아들여지는 방식을 살펴볼 것이다. 가

2. 이 장은 이전에 다른 형태로 출간되었다. "The Voice of Rachel: Resistance and Polyphony in Genesis 31:14–35," in *Genesis* (ed. Athalya Brenner; FCB 2/1; Sheffield: Sheffield Academic Press, 1998), 233–48.

3. 대부분의 주석가는 라헬이 생리 중이라는 언급 말고는 라헬이 라반에게 한 말을 직접적으로 숙고하지 않는다(또한 라헬의 말을 의심하지 않는다). 주석적 논의는 보통 라헬이 드라빔을 훔친 **이유**에 집중한다. 예를 들면, Robert Davidson, *Genesis 12–50* (CBC; Cambridge: Cambridge University Press, 1979), 173; E. A. Speiser, *Genesis* (AB; Garden City, NY: Doubleday, 1964), 245; W. Gunther Plaut, *The Torah: A Modern Commentary*, vol. 1: *Genesis* (New York: Union of American Hebrew Congregations, 1974), 312; Bruce Vawter, *On Genesis: A New Reading* (Garden City, NY: Doubleday, 1977), 338; Benno Jacob, *The First Book of the Torah: Genesis* (ed. E. I. Jacob and W. Jacob; New York: Ktav, 1974), 210; Walter Brueggemann, *Genesis: A Bible Commentary for Teaching and Preaching* (Interpretation; Atlanta: John Knox Press, 1982), 259. 『창세기』, 강성열 옮김(서울: 한국장로교출판사, 2000); Derek Kidner, *Genesis: An Introduction and Commentary* (TOTC; London: Tyndale, 1967), 165; John T. Willis, *Genesis* (Living Word Commentary on the Old Testament; Austin: Sweet, 1979), 349–50. 이 구절에 대한 나의 독해에 동기 문제가 사소한 것은 아니지만, 나는 주로 라헬의 발언에 초점을 맞출 것이다.

장 명백한 의미("생리 기간이라 당신 앞에서 일어날 수 없습니다")에서, 그녀의 말은 그 목적이 라반을 속이는 것이고 **목적상** 실제로 생리 중일 필요는 없다는 점에서 거짓일 수도 있다. 그러나 더 중요한 점은 라헬의 말이 이 이야기의 맥락에서는 라헬이 처한 불평등한 상황, 그리고 더 일반적으로는 고대 이스라엘에서 여성이 처한 불평등한 상황에 관한 무언가를 드러낸다는 점에서 진실을 담고 있다는 것이다. 라헬의 말은 또한 기술하는 능력에 그치지 않고 저항의 담론을 만들어 낸다. 그녀를 침묵시키려 하는 가부장적인 담론과 사회 구조에 대한 교묘한 항의를 만들어 낸다.

라헬과 레아가 고발하는 맥락

라헬 이야기는 야곱과 라반 사이에서 벌어지고 있는 사건의 맥락에 위치시켜서 이해해야 한다. 두 남자 사이에는 쟁의가 있어서 결국 계약적 합의로 해결되는데, 이 계약은 각자의 실정을 따져서 합의점을 찾은 후에야 체결된다. 이로부터 항의, 협상, 합의라는 삼중 패턴이 계약적 화해의 전제조건으로 등장한다. 이는 식사를 나눔으로써 최종 체결된다. 학자들은 이 패턴의 출처에 대해 의견을 달리한다. 그 출처가 무엇이든 간에, 야곱과 라반의 만남은 개인 간 쟁의를 조정하는 관습 형태를 예시하는 것으로 보인다.[4] 마침내 두 남자는 '정당한 절차'

---

4. 클라우스 베스터만(Claus Westermann)은 '리브'(ריב), 즉 법정에서의 대결이 야곱과 라반 분쟁의 배경이라고 주장한다. 그에 따르면, '리브'는 "범죄에 따른 범법자 기소, 고소·변호·심문을 비롯한 재판 전 법적 절차, 사법적 결정 대신 쌍방에게 구속력

를 거쳐서 어느 정도 정의가 실현되었다고 느낀다. 이러한 배경을 이해하는 것이 라헬의 발언에 관해 숙고하는 데 중요하다. 그녀의 이야기는, 서로에 대한 항의를 평화적으로 해결하기 위해 사회적으로 확립된 방안을 이용할 수 있는 두 남자에 관한 이야기 안에 끼여 있다.

그리고 이 이야기에는 다른 쟁의들도 있고, 이러한 협상 패턴이나 협상 결과로 정의*를 요구하는 수단이 되는 계약적 합의를 이용할 수 없는 항의자들complaints도 있다. 이들은 라헬과 레아다. 14-16절에서 라헬과 레아는 야곱에게 자기 아버지 라반을 고발한다.

있는 합의에 따른 화해"를 포함한다(*Genesis 12-36: A Commentary* [trans. John J. Scullion; CC; Minneapolis: Augsburg, 1985], 490). 로렌스 커틀러(Laurence Kutler)는 창세기 31:26-27이 고대 근동의 '결투 시합'(battle challenge) 장르의 한 예로, 다음과 같은 네 요소가 있다고 주장한다. (1) 어떤 행위가 위임되거나 생략된다. (2) 무리로 모여 서로 대치한다 (3) 시합이 선언된다 (4) 결투가 뒤따르거나 회피된다("Features of the Battle Challenge in Biblical Hebrew, Akkadian and Ugaritic," *Ugarit-Forschungen* 19 [1987]: 95-99). 베스터만과 커틀러 중 어느 학자가 저 패턴을 더 정확히 기술하고 있는지는 내 논증에 중요하지 않다. 중요한 것은 이 본문이 분쟁을 현명하게 중재하기 위해 인정된 형식을 명확한 윤곽으로 드러낸다는 점이다. 이 조약이 합의하는 바에 관해서는 다음을 보라. José Loza Vera, "La berît entre Laban et Jacob (Gn 31.43-54)," in *The World of the Aramaeans*, vol. 1: *Biblical Studies in Honour of Paul-Eugène Dion* (ed. P. M. Michèle Daviau, John Wevers, and Michael Weigl; JSOTSup 324; Sheffield: Sheffield Academic Press, 2001), 57-69. 가족 내 법 집행(administration of justice)에 관한 논의로는 다음을 보라. Hans Jochen Boecker, "Überlegungen zur sogenannten Familiengerichtsbarkeit in der Frühgeschichte Israels," in *Recht und Ethos im Alten Testament—Gestalt und Wirkung: Festschrift für Horst Seebass zum 65. Geburtstag* (ed. Stefan Beyerle, Günter Mayer, and Hans Strauss; Neukirchen-Vluyn: Neukirchener Verlag, 1999), 3-9.

● 편집자 주: 여기서 '정의'로 옮긴 'justice'에는 공평함, 공정함, 사법적 절차와 판단과 같은 의미도 있다.

라헬과 레아가 그에게 대답하여 이르되 "우리가 우리 아버지 집에서 무슨 분깃이나 유산이 있으리요? 아버지가 우리를 팔았고 우리의 돈을 다 먹어 버렸으니 아버지가 우리를 외국인처럼 여기는 것이 아닌가? 하나님이 우리 아버지에게서 취하여 가신 재물은 우리와 우리 자식의 것이니 이제 하나님이 당신에게 이르신 일을 다 준행하라."

라반에 대한 이 심각한 고발은 여인들이 아버지와의 관계를 끊고 남편 야곱을 따르겠다는 의지를 보여 준다. 수잔 니디치는 여기에 사용된 언어가 매우 강력하다는 점을 지적한다.

남성들이 아내를 얻을 때는 흔히 '사다'를 의미하는 저 동사가 사용되긴 하지만, 히브리 성경 어디에서도 적절한 결혼을 묘사할 때 아버지가 자기 딸들을 팔았다('마카르'מכר)는 말을 쓰지 않는다. … 그래서 비통하고 통렬하게도, 라반의 딸들은 아버지와의 관계에서 자신들을 착취당하고 재산을 몰수당한 노예로, 혈연이 아닌 이방 여인 취급받는 자로 묘사한다.[5]

이 여성들의 분노가 정당한 이유는 또 다른 두 사실을 통해서도 보강된다. 첫째, 라헬과 레아는 거의 모든 점에서 서로 의견을 달리하는데, 여기서는 아버지를 매우 강하게 고발하는 일로 마음이 맞아서 한 사람처럼 말한다.[6] 둘째, 라반은 자신의 위선으로 유죄가 선고된다.

---

5. Susan Niditch, "Genesis," in *The Women's Bible Commentary: Expanded Edition* (ed. Carol A. Newsom and Sharon H. Ringe; Louisville: Westminster John Knox Press, 1998), 24. 궁켈(Gunkel)도 이 동사의 위력에 주목했고, 이 동사가 라반의 행동을 매우 저급한 것으로 묘사한다고 보았다(Hermann Gunkel, *Genesis* [trans. Mark E. Biddle: Macon, GA: Mercer University Press, 1997]).

그는 딸들과 작별의 입맞춤을 할 기회를 박탈당했다고 주장하지만, 이어지는 내용에서 그의 실제 관심은 줄곧 드라빔을 되찾는 데 있다.

여성들의 쟁의는 내러티브에 의해 정당화될 뿐만 아니라 남성들이 각각 고발한 내용과 형식적 유사성을 공유하는데, 세 당사자 모두 가해자를 향한 분노의 물음을 줄지어 쏟아 내면서 고발을 시작한다는 점에서 그렇다(야곱과 라반의 물음에 관해서는 26절과 36절을 보라). 야곱과 라반처럼 여성들도 분노의 수사 의문문을 두 번 내뱉으며 발언을 시작하지만(31:14-15ᵃ), 차이가 있다면—이 점이 중요하다—여성들은 가해자인 라반한테 대놓고 항의하지 않는다는 점, 그리고 내가 볼 때 **그럴 수도 없었다**는 점이다. 이 이야기에서도 그렇고 고대 이스라엘 문화에서도 그렇다. 그녀들이 라반에게 직접 자신들의 분노를 표출하지 않았기 때문에 라반은 그녀들의 물음에 대답하지 않았고 대답할 수도 없었다. 그래서 그녀들의 쟁의는 남성의 쟁의와 같은 방식으로 판결받을 수 없었다. 여성들은 화해를 가져오는 협상의 형태에 참여하지 않으므로 어떤 화해도 이루어지지 않을 것이다.[7]

문제는 성경에 나오는 여성들이 불만을 판결받고 정의를 쟁취할 수 있는 사법적 관습을 하나같이 이용할 수 없었다는 것이 아니다. 여성이 판결을 받기 위해 안건을 제시할 수 있었음을 보여 주는 몇몇 사

---

6. "라헬의 분노는 이전에 자신과 다투던 레아가 아버지를 비난함에 있어 자기 동생과 서로 일치한다는 사실로 정당화된다"(Sharon Pace Jeansonne, *The Women of Genesis: From Sarah to Potiphar's Wife* [Minneapolis: Fortress Press, 1990], 83). 일라나 파르데스는 이 여성들의 발화가 "'남편 지역 거주'(patrilocal) 체제 … 안에서 여성 억압에 대한 비판을 제공한다"고 본다(*Countertraditions in the Bible: A Feminist Approach* [Cambridge: Harvard University Press, 1992], 68-69).

7. 베스터만은 쟁의에 쌍방이 있는 경우에만 '리브'도 존재할 수 있다고 지적한다(*Genesis 12-36*, 495).

례도 있다. 예컨대, 민수기 27장에서 슬로브핫의 딸들은 모세에게 안건을 가져가고, 모세는 그 사안을 여호와께 보여드린다. 여호와께서는 여성들의 상속권을 승인하는 판결을 하신다. 열왕기상 3장에서 솔로몬은 아이 분쟁으로 자신을 찾아온 두 매춘부 사이에서 유명한 판결을 한다.[8] 이 여성들이 라헬과 다른 점은 법적으로 남성에게 귀속되어 있지 않다는 것이다. 이들은 법적 절차를 이용할 수 있는데, 이를 대신해 줄 남편이 없었기 때문이다. 따라서 남성에게 법적으로 귀속된 여성의 이익은 이러한 구조를 통해 대변되지 않는 게 **아니라**, 자신의 이익이 자기 남자의 이익과 불가분한 상태로 보일 때만 대변된다. 이러한 관점에서 볼 때 라헬의 고발은 야곱의 고발과 같다.[9]

내러티브는 여성의 고발을 라헬과 레아 모두의 것으로 여기지만, 뒤따르는 사건에서 레아는 시야에서 사라지고 라헬이 드라빔을 훔친 사건에 집중한다. 학자들은 라헬이 도둑질한 동기를 다양하게 분석해 왔다. (1) 라헬은 라반이 도망친 일행의 위치를 점치지 못하게 하려 했다. (2) 드라빔은 라헬에게 종교적 의미가 있었다. (3) 라헬은 드라빔이 자기 가족 그리고/또는 본인의 상속권을 보장해 준다고 생각했다.[10] 하지만 드라빔의 정확한 의미가 무엇이든 간에 라반을 향

8. 실제로 남성에게 귀속되지 않은 여성이 법정을 이용하는 것이 일반적으로 거부되었다는 점은 선지자들이 비난한 내용 중 하나다. 예컨대, 과부들의 송사가 법정에서 심리되지 않는다는 이사야의 고발을 생각해 보라(사 1:23).
9. 이러한 이해는 위에서 언급한 바와 같이 많은 현대 주석에 반영되어 있다(예를 들면, Davidson, *Genesis 12-50*, 172-74; Plaut, *Genesis*, 312).
10. 현대와 고대 해석 중 이러한 것에 관한 논의로는 Spanier, "Rachel's Theft," 404-12를 보라. cf. Anne-Marie Korte, "Significance Obscured: Rachel's Theft of the Teraphim; Divinity and Corporeality in Gen. 31," in *Begin with the Body: Corporeality, Religion and Gender* (ed. Jonneke Bekkenkamp and Maaike

한 라헬의 분노와 드라빔을 훔친 일의 연관성은 부정할 수 없다. 비록 그녀는 자신의 분노를 야곱에게 표현했지만, 야곱이 라반과의 분쟁에서 그녀의 이익을 충분히 대변하지 못할까 봐 걱정하는 것으로 보인다. 드라빔이 정확히 무엇을 의미하건 간에, 라헬은 드라빔이 자기 것이며, 그래야 정당하다고 믿었다.[11] 나오미 스타인버그는 이 도둑질을 "라반이 라헬과 레아에게 진 빚을 라헬이 청산하는 것"이라고 묘사한다.[12] 야곱과 라반은 공개적으로 서로를 고발하고 관습적 형태에 따라 평화로운 방식으로 만족스럽게 정의를 취하는 반면, 라헬은 분명 라반을 공개적으로 고발할 수 없었을 것이다. 따라서 그녀는 법 바깥의 우회적 수단을 통해 정의를 확보하려 한다. 즉, 정당하게 자기 것이라고 믿는 것을 훔친다.[13]

de Haardt; Leuven: Peeters, 1998), 157–82. 드라빔이 상속과 연관된다는 생각은 라반이 그녀들의 상속을 착복했다고 앞서 라헬과 레아가 고발한 것으로 뒷받침된다.
11. 드라프콘(Draffkorn)은 누지 병행문(Nuzi parallel)을 바탕으로 도둑질을 다음과 같은 식으로 이해한다. "누지에 반영된 후르리인(Hurrian)의 법에 따르면, 아버지의 재산에서 지분에 대한 딸의 권리는 보호받아야 한다. 따라서 라헬은 자기 권리를 빼앗기지 않게 확실히 해야 할 충분한 이유가 있었다"(Anne E. Draffkorn, "*Ilāni-Elohim*," *JBL* 76 [1957]: 220). 누지 병행문을 증거로 삼는 것은 석연치 않을 수 있지만, 드라프콘의 직감은 유효하다. 앤 마리 코르테(Anne-Marie Korte)는 다른 관점을 취한다. 코르테는 라헬의 도둑질을 "남성 일방적 혈통 계승"에 반대하는 항의로, 자신의 혈통을 세우고자 하는 분투로 본다("Significance Obscured," 170).
12. Naomi Steinberg, *Kinship and Marriage in Genesis: A Household Economics Perspective* (Minneapolis: Fortress Press, 1993), 107.
13. 에스더 푹스는 여성들의 속임과 가부장제의 연관성을 강조한다. "만일 이것이 실제로 일반적이라면, 여성이 남성을 속이는 것은 여성의 종속적 사회 지위에서, 그리고 가부장제가 여성의 직접적 행동을 금한다는 사실에서 비롯된다"("Who Is Hiding the Truth? Deceptive Women and Biblical Androcentrism," in *Feminist Perspectives on Biblical Scholarship* [ed. Adela Yarbro Collins; SBLBSNA 10; Chico, CA: Scholars Press, 1985], 144).

라헬은 두 가지 차원에서 불의를 경험한다. 그녀는 정당한 절차라는 기성 구조 안에서는 입을 열 수 없고, 그녀의 아버지는 그녀가 받을 상속을 사취했다. 라헬은 드라빔을 훔침으로써 라반에 대한 불만을 스스로 해결하지만, 적법한 절차에서 배제된 것에 대해 할 말이 있지 않을까?

"당신 앞에서 일어날 수 없사오니"

두 여인이 자기 아버지를 향한 분노에 대해 야곱에게 말한 후, 라헬이 또다시 분노를 입에 담은 것은 라반에게 말할 때다. 라반은 자신의 드라빔을 도둑맞아서 격분하여 미친 듯이 야곱과 그 일행을 쫓았고, 드라빔을 찾으려고 장막 하나하나를 뒤지기 시작했다. 라반이 장막에 들어갔을 때 드라빔은 낙타 안장 밑에 있었고 라헬이 그 위에 앉아 있었다. 그녀는 자기 아버지에게 다음과 같이 말하는데, 우리는 그녀가 아버지에게 매우 화나 있다는 점을 안다. "마침 여자의 길이 있어 당신 앞에서 일어날 수 없사오니 내 주는 노하지 마소서"(35절). 이 말에는 눈에 띄는 요소가 몇 개 있다. 첫째, 라헬이 라반에게 노하지 말라고 하는 청은 **그녀가 그에게** 얼마나 화나 있는지를 고려할 때 매우 아이러니하다. 그런 다음 해명이 이어진다. "당신 앞에서 일어날 수 없사오니." 이 말은 진실과 거짓을 모두 담고 있다. 라헬이 화나 있다는 점과 자신을 위한 정의를 얻어 내고자 드라빔을 훔쳤다는 점에서, 그녀의 양해 구하기는 아마 거짓일 것이다. 그러나 라헬이 관습적인 형식(적과 맞서고자 상대방 "앞에서 일어나기")을 통해서는 정의를 얻어 낼 수 없다는 점에서 진실도 있다.

많은 주석가 중 거의 유일하게 헤르만 궁켈은 나이 많은 사람들 앞에서 일어나야 하는 자식의 의무에 대한 자료로 레위기 19:32를 인용한다.[14] 그러나 히브리 성경에서 "앞에서 일어나다"('쿰 리프네' יָקוּם לִפְנֵי)라는 말이 그 목적어인 사람과 함께 나오는 다른 세 가지 경우는 모두 대결이 일어나는 맥락에서 나타난다.[15] 예를 들어, 민수기 16:2-3에서, (고라를 비롯한) 이스라엘 사람 몇 명이 당을 짓고,

> 이스라엘 자손 총회에서 택함을 받은 자 곧 회중 가운데에서 이름 있는 지휘관 이백오십 명과 함께 모세를 거슬러 일어나더라['바야쿠무 리프네' וַיָּקֻמוּ לִפְנֵי]. 그들이 모여서 모세와 아론을 거슬러 그들에게 이르되 "너희가 분수에 지나도다 회중이 다 각각 거룩하고 여호와께서도 그들 중에 계시거늘 너희가 어찌하여 여호와의 총회 위에 스스로 높이느냐?"

리더십을 둘러싼 갈등에 관한 이 고전적 장면에서, 반역자들은 모세의 권위에 중대한 이의를 제기하고 있다. '쿰 리프네'라는 말은 대부분의 번역본이 증명하듯이 대결의 의미를 강하게 담고 있다.[16] 이 사

---

14. Gunkel, *Genesis*, 338.
15. 이 표현은 또한 왕상 8:54에서 솔로몬이 "여호와의 제단 앞에서 일어나"라는 맥락에, 그리고 렘 51:64에서 "말하기를 바벨론이 나의 재난 때문에 이같이 몰락하여 다시 일어서지 못하리니"라는 맥락에 등장한다. 전자의 경우 직접 목적어가 사람이 아니며, 후자의 경우 직접 목적어(즉, 영어에서 직접 목적어로 기능하는 것, 물론 히브리어에서는 목적어가 전치사 '리프네'의 목적어지만)가 없다. 나는 주로 사람 앞에서 일어난다는 말이 무엇을 의미하는지에 관심이 있다.
16. NRSV: "그들은 모세에게 맞섰다"; NJPS: "모세에게 반대하여 일어나"; NIV: "모세에게 반대하여 일어났다."

람들은 토로할 중대한 불만을 품고 있고, 그 불만을 토로하면서 모세와 아론의 권위에 대해 심히 분노에 찬 이의를 제기하는데, 뒤이은 그들 죽음의 극적인 성격이 이를 강조한다(민 16:32-35).

여호수아 7:12-13에서, 이 표현은 이스라엘 사람들이 '헤렘'חֵרֶם 물건(여호와께 바친 물건, 따라서 멸해야 함)을 훔친 것에 관한 여호와의 말씀에 두 번 나온다. 이스라엘 사람들은 그들 죄의 결과로 전투에서 패할 것이다. "그러므로 이스라엘 자손들이 그들의 원수 앞에 능히 맞서지['쿰 리프네'] 못하고 그 앞에서 돌아섰나니 이는 그들도 온전히 바친 것이 됨이라. 그 온전히 바친 물건을 너희 중에서 멸하지 아니하면 내가 다시는 너희와 함께 있지 아니하리라"(수 7:12). 이 맥락에서 "이스라엘 자손들이 능히 맞서지 못하고"라는 구절은 싸움에서 적과 대결하지 못하는 굴욕을 함의한다. 따라서 완전한 패배를 의미한다. 이 구절은 '쿰 리프네'에서 '대결'의 의미를 더욱 강하게 암시한다. 즉, 적 앞에서 일어나지 못한다는 것은 단순히 상대방에 대한 비난을 (말 또는 전쟁을 통해) 전달할 수 없다는 문제를 낳을 뿐만 아니라, 이 무능함으로 인한 굴욕과 완전한 패배를 초래한다. 따라서 레위기 19장을 제외한 모든 경우, '사람 앞에서 일어난다'라는 말은 공손함이나 존경을 의미하지 않고 적과 맞서는 능력을 의미한다.

이 장에서 제시하는 읽기 전략은 사람 말의 사회적 차원에 대한 인식, 즉 성경에 나오는 모든 말의 사회적 배후의미subtext에 대한 인식을 전제로 한다. 사회적 배후의미에 주목하고, 또한 사회적 배후의미 내에서 담화의 다양한 차원에 주목하면 다양한 청중에게 말하는 다양한 방식을 구별할 수 있다. 어떤 경우에는 의도한 청중이 달라지면 같은 단어가 다른 의미를 전달할 수 있고, 우리는 라헬의 말에서 이런 경우를 보게 될 것이다.

미하일 바흐친의 "이중 음성으로 된"double-voiced 내러티브 담화라는 개념은 라헬의 말을 분석하는 데 도움이 된다. 왜냐하면 라헬의 말은 "두 가지 방향을 갖는다―일반 담화에서처럼 말이 지시하는 대상을 향하고 있으면서 동시에 **다른 사람의 담화**, 즉 **다른 누군가의 말**을 향하고 있다"―는 점에서 "이중 음성"이기 때문이다.[17] 라헬의 말은 더 구체적으로는 바흐친의 도식에서 이중 음성 담화의 하위 범주인 "숨겨진 논쟁"hidden polemic으로 규정될 수 있다. 그는 숨겨진 논쟁을 다음과 같이 기술한다. "숨겨진 논쟁에서 … 담화는 평범한 지시 대상을 향하고 있고, 그 대상을 명명하고 묘사하고 표현하면서, 오로지 간접적으로만 다른 사람의 담화에 공격을 가할 뿐이다."[18] 라헬의 말에서 이 첫 번째 차원의 의미는 담화의 평범한 차원에 해당한다. 즉, 그녀의 말은 자식으로서의 존경과 생리 중인 여성의 행동 규범을 지시한다. 하지만 배후의미의 차원에서 라헬의 말은 "다른 누군가의 말"―즉, 대결적이고 사법적인 절차에 관한 남성의 담화―에 관여하고 있다. 그리고 그녀의 말이 이렇게 관여하면서 그녀를 배제하는 구조에 항의하는 비판적 일격을 가한다. 따라서 우리는 같은 화자의 입에서 나오는 두 가지 관점―즉, 복종 이데올로기와 저항 이데올로기―을 확인할 수 있을 뿐만 아니라, 이 두 이데올로기가 같은 **말** 속에 존재한다는 것도 확인할 수 있다.

17. Mikhail Bakhtin, *Problems of Dostoevsky's Poetics* (ed. Caryl Emerson; Theory and History of Literature 8; Minneapolis: University of Minnesota Press, 1984), 185.
18. 같은 책, 196.

바흐친은 역사에서 되풀이되는 담론 현상을 설명하는 전문 용어를 제공한다. 잠깐만 생각해 보더라도, 자신의 상황에서 살아남는 데 도움이 되는 숨겨진 논쟁을 사용하면서 동시에 자신을 억압하는 힘에 저항하는 목소리를 낸 사람이 라헬만이 아니었음을 알 수 있다. 역사에서 이런 유형의 담화는 노예로 사로잡힌 집단, 박탈당한 집단, 그 밖에 압제당한 사람 집단에서 강력하고 전복적인 항의 형태로 사용해 왔다. 미국에서 아프리카계 노예들의 영가가 대표적인 예다. 리처드 뉴먼은 아프리카계 미국인의 영가에 관한 연구에서 "영가는 사회 질서를 전복했고 압제에 저항하는 도구로 사용되었다"라고 말한다. "여기 머물지 않겠네"라는 영가는 "육체적 해방과 정신적 해방을 모두 이야기하면서, 탈출하라는 명확한 소명"을 표현하는 여러 예 중 하나다. 일부 농장에서는 노예들이 "모세야, 가라"처럼 명백히 전복적인 노래를 부르는 것을 금지하기도 했다.[19] 이데올로기 비평은 사람 말의 사회적 배후의미에 암시되거나 명시된 권력관계와 불평등을 성찰할 수 있지만, 신학적 성찰은 한 걸음 더 가서 물을 수 있다. 성경에서 그러한 말이 표현될 때 우리는 어떤 식의 속삭이는 말을 들을 수 있는가? 이 장의 마지막에서 나는 라헬의 말을, 그리고 더 나아가 구약에서 다른 여성의 말을 신학적으로 생각하기 위해 몇 가지 궤적을 스케치할 것이다.

19. Richard Newman, *Go Down, Moses: A Celebration of the African-American Spiritual* (New York: Clarkson Potter, 1998), 68-72. 또한 Brian K. Blount, *Then the Whisper Put on Flesh: New Testament Ethics in an African American Context* (Nashville: Abingdon Press, 2001), 90-91을 보라.

"여자의 길이 있어서"

그러나 라헬은 숨은 의미가 있는 이 한 구절, "당신 앞에서 일어날 수 없사오니"에서 멈추지 않는다. 그녀는 계속해서 같은 문장에서 자신의 상황을 변호하기 위해 라반 앞에서 일어서 있을 수 없는 이유를 설명한다. "내게 여자의 길이 있어서입니다"('키-데레크 나쉼 리'כי דרך נשים לי). 이 말은 여성의 생리 기간에 대한 완곡어 표현으로 널리 받아들여졌다. 하지만 희한하게도 히브리 성경 전체에서 이 완곡어 표현은 여기서 단 한 번 나온다. 히브리 성경에는 생리를 지칭하는 네 가지 방식이 있지만, 여기 창세기 31장을 제외하면 생리를 나타내는 연어連語 '데레크 나쉼'דרך נשים은 어디에도 나오지 않는다.[20] 이 특수한 표현은 왜 여기서 등장하는가? 라헬이 아버지 기분을 상하지 않게 하려고 세심하게 표현하고 있는 것인가? 어쩌면 그럴 수도 있다. 그러나 아버지를 향한 라헬의 적개심을 생각해 보면, 이것이 유일한 이유이거나 주된 이유일 것 같지는 않다. 오히려 앞 구절과 마찬가지로 이 표현에서 우리는 그녀의 말이 의미의 명백한 지시적 차원을 향하고 있으면서 동시에 다른 사람의 담화, 즉 여성에 대한 남성의 담화가 관련되고 궁극적으로 전복될 수 있는 차원도 향하고 있음을 볼 수 있다.[21]

20. 생리에 관한 가장 일반적 표현은 '닏다'(נִדָּה)지만, '톰아'(טָמְאָה; 예: 삼하 11:4), '다베'(דָּוֶה; 예: 레 15:33), 그리고 창 18:11에서 '여자의 길'을 다른 식으로 표현하는 '오라흐 칸나쉼'(אֹרַח כַּנָּשִׁים)도 있는데, 이는 사라의 생리가 끝나서 임신할 수 없음을 묘사하는 데 사용된다.
21. 폭스도 이 구문에 두 가지 차원의 의미가 있다고 주장하지만, 비난을 라헬 본인의 입에 둠으로써 여성이 기만적이라고 비난하는 내레이터의 방법으로 본다. "내레이터는 우리의 추측에 맡김으로써, '여자의 길'이 라헬의 생리를 가리킬 뿐만 아니라 그녀가 자기 아버지를 속이는 중이라는 사실도 가리키는 것으로 우리가 해석할 수 있

생리와 관련해서는 "여자의 길"이라는 표현이 다른 어디에서도 나타나지 않지만, 구약에서 이 표현 형태는 한 번 더 나온다. 잠언 30:18-20에 나오는데, 이번에는 단수형이다.

내가 심히 경이롭게 여기고
  깨닫지 못하는 것 서넛이 있나니
곧 공중에 날아다니는 독수리의 길과
  반석 위로 기어다니는 뱀의 길과
바다로 지나다니는 배의 길과
  남자가 여자와 함께한 길이다.
음녀인 여자의 길도 그러하니
['데레크 잇솨 메나아페트' דֶּרֶךְ אִשָּׁה מְנָאָפֶת]
  그녀가 먹고도 입을 씻은 듯 말하기를
  "나는 잘못한 것이 없다" 하느니라.

NRSV가 '메나아페트' מְנָאָפֶת를 "음녀"로 번역한 것은 여기서 **남성**('게베르' גֶּבֶר)**의** 경이로운 성적인 **길**과 부도덕하고 심지어 회개하지 않는 사람으로 묘사된 **여성의** 비난받을 만한 성적인 **길** 사이의 대비를 희미

게 한다. … 속임이 애매하게 기술되어 있어서, 내레이터는 이 장면이 만들어 내는 강력하고 극적인 아이러니를 라반만 아니라 라헬까지도 겨누는 양날의 검으로 사용할 수 있다. 라헬이 '여자의 길'에 호소한 것이 … 여성의 육체적 불결함으로 여겨지는 것과 도덕적 열등함에 대한 언급을 동일한 표현으로 결합함으로써, 그녀 자신의 성(性)에 대한 비난을 자기 입에 담아내기 때문이다"(Esther Fuchs, "'For I Have the Way of Women': Deception, Gender, and Ideology in Biblical Narrative," *Semeia* 42 [1988]: 79-80). 나는 이 구문의 복수의미성에 관해서는 푹스와 같은 생각이지만, 푹스가 내러티브의 비난을 보는 곳에서 나는 여성의 저항과 비판을 본다.

하게 한다. 이 대비로 여성을 그리는 비우호적 시선은 남성 특유의 편향을 반영하며 다음과 같은 중요한 점을 강조한다. '데레크 잇솨'라는 말에 의미를 부여한 사람은 남성이며, 그 결과 '여자의 길'은 '남자의 길'이 아닌 것으로 정의된다. 그것은 '반대쪽', '남자의 길이 **아닌** 것', '다른' 길이다.

잠언 30장에서 나가기 전에 저 여인의 회개하지 않는 태도에 주목할 필요가 있다. 이곳과 라헬의 말에서 저 문구는 여성이 뉘우치지 않는 맥락에서 나온다. 잠언에서는 저 여인의 뻔뻔한 호색과 후회하지 않는 모습("그녀가 먹고도 입을 씻은 듯 말하기를 '나는 잘못한 것이 없다' 하느니라")으로 인해 저자(들)의 도덕 감수성이 격해진다. 그렇다면 라헬의 경우는 어떤가? **겉으로 보기에** 라헬의 말은 라반에게 적절한 존경을 표하지 못해 실제로 미안해하고 있음을 내비친다. 그러나 **심층적으로** 그녀의 말과 행동을 종합해 보면 전혀 뉘우침이 없음을 보여 준다. 그녀는 드라빔을 훔친 것에 대해 전혀 사과하고 있지 않으며 거짓말한 것에 대해서도 그렇다. 잠언 30:20의 저 여인처럼, 라헬도 "나는 잘못한 것이 없다"고 말했을 법하다.

이 문구는 라헬이 라반에게 한 짧은 말 속에서 상호텍스트적으로 되울린다. 자신의 길이 분쟁을 해결하는 관습적인 남자의 길이 아니라고 주장한다는 점에서 그렇다—그녀의 길은 외인의 길, '타자'의 길이다. 라헬은 "여자의 길", 곧 남성들에 의해서 "남자의 길이 아닌 것"으로(여기서는 생리, 즉 신체적인, 그리고 아마도 본질적인 비남성성의 현현으로) 보통 정의되는 관용어를 쓴다. 그러면서 라헬은 "당신 앞에서 일어날 수 없사오니"라고 말할 때와 마찬가지로, 남자들이 만들어 낸 저 의미 위에 자신이 담아낸 의미, 즉 그녀 자신의 여성적 관점에서 나온 의미를 겹쳐 놓는다. 이와 같이 라헬은 두 가지 언어를 동시에 말하는 중이다. 하나는 남성 지배적 언어로, '여자의 길'을 성적으로 '다른' 존재 방식으로 보는 언어다.[22] 다른 하나는 자신의 여성적 관점에서 창조해 낸 자기 고유의 언어로, '여자의 길'을 정의를 달성하는 승인되지 않은 전복적인 길로 이해한다. 드라빔을 훔친 그녀의 전복적인 행동은 그녀가 전복적으로 남성들이 정의한 여성 개념을 약화하고 남성이 생산한 언어로부터 새로운 의미를 창조한 것과 어울린다. 독자들은 의미의 소용돌이에 빠지게 된다. '여자의 길'은 과연 무엇인가?

라헬의 말에는 세 가지 다른 의미가 나타난다. 첫째, 라헬은 자신이 생리 중이라고 말함으로써 아버지를 속이기 위해 이 말을 사용한다. 수잔 니디치는 라헬이 이렇게 함으로써 생리의 정결법을 아버지에게 대항할 무기로 바꾸고 있음을 통찰력 있게 보여 준다.[23] 둘째, 앞서 논했듯이 라헬은 자신이 거주하는 세계의 현실을 드러내는 중이다. 즉, 여성인 자신은 야곱이나 라반이 이용하는 것과 동일한 법적 절차를 이용할 수 없음을 드러낸다. 이러한 의미를 강조하는 번역본에서는 이 히브리 단어들이 "여자의 길이 내 위에 놓여 있다"(NRSV)라는 말로 정확하게 번역될 수 있을 것이다. 이는 남성 지배적 사회

---

22. 그리고 두려움의 언어이기도 하다. 미키 발은 라반이 라헬이 주장하는 바의 진위를 확인할 수 없다고 주장하는데, 왜냐하면 "생리혈에 대한 금기는 **남성**의 문제이기 때문이다. 여자라면 그냥 확인해 보면 될 문제지만, 남자는 확인을 시도할 생각조차 하지 않을 것이다. 따라서 여성의 열등감을 나타내는 이 표시가 바로 남성의 열등함을, 남성의 두려움을, 즉 눈이 가려진다는 두려움을 나타내는 표시가 된다"("Tricky Thematics," *Semeia* 42 [1988]: 151).

23. Niditch, "Genesis," 21.

에서 이러한 여성의 조건을 감당해야 할 부담을 지고 있음을 암시하는 표현 방식이다. 이러한 차원에서 그녀는 "나는 이 사회에서 여성의 조건 가지고 있어서, 공적으로나 법적으로 당신과 다툴 수 없다"라고 말하는 것이다.[24]

셋째, 그녀는 자신에게 일어난 부정의를 바로잡기 위해 가능한 선택지들에 관한 무언가를 이야기하고 있다. 라헬은 자신의 유산으로 드라빔을 훔쳐서 정의를 실현하는, 법 바깥의 수단을 선택했다. 여기에는 여성이 정의를 확보하기 위해 다른 길을 찾아야 한다는 다음과 같은 암시가 있다. '나는 당신들의 법적 수단으로는 정의를 얻을 수 없지만, 나에게는 여자의 길이 있다. 다시 말해, 비공식적이고 승인되지 않은 정의 확보 수단이 있다.' 아드리안 셍커는 히브리인들이 이집트에서 떠날 당시 이집트인에게서 재물을 차지한 것을 본문이 정당화한 것과 동일한 방식으로(출 3:21-22; 11:2; 12:35-36), 라헬이 정당한 절차를 이용할 수 없었기 **때문에** 절도가 정당하다고 주장한다.[25]

---

24. 여기서 BDB 사전이 시사하는 바가 있다. 이 사전은 '데레크 나쉼'(דֶּרֶךְ נָשִׁים)의 의미를 "길, 방식, 관습적 경험이나 상태"로 제시한다(203). 저자들은 섬세한(?) 노력으로 이 본문 해석에 유용한 통찰을 제공한다. 자기 남자를 통하지 않고는 정의[사법절차]에 대한 접근이 거부되는 것은 여성의 "관습적 경험"이다.

25. "절도는 소송할 기회도 없이 자신의 권리가 거부된 사람들을 위한 정당한 방어의 일부였다"(Le vol faisait partie de la légitime défense pour ceux à qui le droit était refusé sans appel possible). (Adrian Schenker, "Le tribunal des femmes et un vol légitime: Gn 31, 1-25 et Ex 21, 7-11," in *Jacob: Commentaire à plusieurs voix de Gen. 25-36: Mélanges offerts à Albert de Pury* [ed. Jean-Daniel Macchi and Thomas Römer; Geneva: Labor et Fides, 2001], 142-43). 하지만 셍커는 라헬이 자신의 이익을 위해서가 아니라 야곱을 비롯하여 라반에게서 도망친 대가족의 이익을 위해 행동했다고 본다. 반대 의견으로는 장-다니엘 마키(Jean-Daniel Macchi)의 견해를 참조하라. "Genèse 31, 24-42. La dernière ren-

라헬의 사례에서, 그녀는 자신의 절도를 젠더가 반영된 말gendered terms 로 표현한다. 정의를 얻는 그녀의 방식은 남자의 길(즉, 기존에 확립된 절차)이 아니라 '여자의 길'(즉, 어떤 길이든 그녀가 할 수 있는 방식)이다.[26] 전복적 의미가 담긴 라헬의 말은 승인된 법적 패턴에 자신이 접근하지 못하게 막는 남성 지배적 담화에 다시금 일격을 날린다.

이중 음성 담화

이처럼 이 내러티브에는 두 목소리가 긴장감 있게 존재한다. 그중 하나인 지배적 목소리는 야곱과 라반이 분쟁을 만족스럽게 판결 내리는 방식과 관련된다. 다른 목소리는 저항의 목소리로 라헬이 라반과의 분쟁에서 판결 내리는 방식을 이야기한다. 지배적 담화에 맞서고, 저항하고, 궁극적으로 전복하는 이 두 번째 목소리에서, 우리는 여성을 배제하는 사법적 절차에 대한 암묵적 비판을 들을 수 있다. 이 이야기에 두 경쟁하는 목소리가 현전하기에, 이야기는 바흐친의 말을 빌리면 다성적多聲的 본문, 즉 **"합쳐지지 않은 독립적인 다수의 목소리와 의식"**이 상호작용할 수 있고 각 목소리가 완전한 유효성을 유지하는 본문이 된다.[27] 바흐친은 신성한 본문은 그 성격상 독백이라고[28]

contre de Jacob et de Laban," 같은 책, 144-62.

26. 흥미롭게도 출애굽기 3:21-22에서 이집트인의 재물을 차지한 것도 특히 여성과 연관되어 있다(이 본문에 대한 논의는 이 책 4장을 보라).

27. Bakhtin, *Problems*, 188-89.

28. "신성한 말씀은 … 반론의 여지가 없고, 무조건적이고, 모호함이 없으며 … 비활성적이고, 접촉과 조합의 가능성이 제한되어 있다. 이는 사고를 방해하고 얼어붙게 하는

— 모든 목소리가 권위 있는 목소리 아래 포괄된다고 — 생각했다. 하지만 이 이야기에서 라헬이 내뱉는 저항의 말은 성경이 이념상 반대되는 모든 목소리를 진압하는 어떤 "궁극의 말"[29]이 아니라, 적어도, 부분적으로는, 같은 말 안에서조차 경쟁하는 목소리들이 식별될 수 있는 대화적이고 다성적인 텍스트라는 점을 내비친다.

작가는 의식적으로든 무의식적으로든, 아니 어쩌면 불가피하게 다성적 목소리와 담화를 본문에 새기게 된다. 특정 문화적 환경에서 통용되는 지배적인 목소리와 주변적인 목소리를 모두 새기게 되는 것이다. 그래서 본문에 다성적 목소리가 들어간다. 따라서 라헬의 말은 우리가 오로지 제한적으로 접근할 수밖에 없지만 명백히 더 넓고 생생한 대화 속에서 하나의 대답으로 기능한다. 이러한 조건적 제약이 있음에도 불구하고, 바흐친은 우리가 그 대화에 귀를 기울일 때 열정적 논의들이 본문의 언어에 들어 있게 된다는 점을 상기시킨다. "대답의 모든 단어는 지시 대상을 향하고 있지만, 동시에 다른 누군가의 말에도 강렬하게 반응하고 응답하고 있고 그것을 예상하고 있다. 반응과 예상이라는 요소는 강렬한 대화적 담화 안을 깊이 관통하고 있다."[30] 성경 대화의 강렬함을 듣고 그 안에 반영된 싸움의 맹렬함을 식별하기 위해서는 성경 본문에 들어가 자리 잡은 다성적 목소리에 주의를 — 가능할 때마다 — 기울여야 한다.

그런데 우리는 라헬의 말을 제대로 듣고 있는 걸까? 그녀는 지배

말씀이다"(Mikhail Bakhtin, "From Notes Made in 1970–71," in *Speech Genres and Other Late Essays* [ed. Caryl Emerson and Michael Holquist; University of Texas Press Slavic Series 8; Austin: University of Texas Press, 1986], 133).

29. Bakhtin, *Problems*, 293.

30. 같은 책, 197.

적 사회 현실에 대해 이 정도까지 저항을 표현할 수 있었을까? 일라나 파르데스는 라헬의 이야기에서 그녀가 실제로 자신의 야망을 이루려는 싸움과 관련되어 있음을 내비치는 많은 요소를 강조했다. 파르데스의 논증은 자기 이야기의 주체가 되고자 하는 라헬의 노력을 고려한다는 점에서 세심히 주목해 볼 가치가 있다.

파르데스는 라헬의 이야기가 야곱의 이야기를 거울처럼 반영하는 방식, 즉 야곱과 관련된 주요 플롯에 대한 대항플롯counterplot으로 기능하는 방식을 탐구하면서, 여성 대항플롯의 부차적 지위가 어떻게 여성 캐릭터의 발전을 제한하는지 지적한다. 라헬은 야곱과 마찬가지로 자기 인생과 자기 자녀의 인생에 대한 야망이 있지만, 내러티브는 그녀 이야기의 맥락에서 그 야망이 실현되는 데 필요한 방식으로 캐릭터가 발전하는 것을 허용하지 않는다. 여성 캐릭터가 "삶에서 남성을 돋보이게 하는 역할을 한다"는 사실은 "의미 있는 변화의 가능성을 배제한다. 그것은 꿈이 현실을 형성할 수 있는 능력을 제한한다."[31] 파르데스는 라헬이 자신의 야망에 대한 내러티브의 제약에 저항하는 그녀의 이야기에서 몇 가지 사례를 강조한다. 결국에는 라헬의 야망이 그녀 자신과 마찬가지로 너무 이른 시기에 죽어야 하겠지만 말이다. "야망은 주로 가부장적 특권이다. 시대의 횡포에 항의하여 자신의 야심 찬 꿈을 실현하고자 하는 여성 캐릭터는 무모한 일을 하는 것이다."[32] 파르데스가 볼 때, 창세기 31:32에 언급된 야곱의 저주―"당신의 신을 누구에게서 찾든지 그는 살지 못할 것이요!"―는 내러티브가 라헬의 야망을 진압하는 수단으로 암시될 수

31. Pardes, *Countertraditions*, 75.
32. 같은 책, 77.

있다. "따라서 야곱의 저주는 대항플롯에 한계를 두고자 하는 부지 불식간의 바람을 표현한 것으로 인식될 수 있다. 그녀는 야곱을 비춰 주는 좋은 거울이지만, 때때로 그녀의 거울은 자기표현에 가깝다. 때때로 그녀는 자신의 상대처럼 주체가 되고자 지나치게 노력한다. 이는 그녀의 목소리가 억압되어야 하는 이유다."[33]

나는 라헬의 이중 음성 발화가 파르데스가 넌지시 언급했듯이 라헬이 "자기표현에 가까워"지고 "주체가 되고자 노력"하던 시기의 발화라고 생각하지만, 그녀는 이러한 열망을 완전히 발전시키기 전에 죽는다. 그녀의 이중 음성 발화는 그녀가 야곱 또는 라반의 이야기에서 그저 하나의 대상에 머무는 데 저항하고 그녀 자신의 이야기에서 주체가 되고자 하는 노력을 반영한다. 야곱과 라반에게는 허용되는 사법적 해결의 관습이 그녀에게는 허용되지 않는 사회 구조를 비판함으로써, 라헬은 자기 야망의 강도와 자기표현을 욕망하는 힘을 순간적으로 드러낸다. 게다가 라헬의 논쟁적인 발언은 그녀도 야곱처럼 정의를 갈망한다는 점에서 그녀 고유의 플롯이 야곱의 플롯을 반영하고 있음을 보여 줄 뿐만 아니라, 그녀 고유의 대항플롯에 반영된 거울 이미지가 사실 일그러진 이미지임을, 즉 그 이미지 속에서 여성이 사법적 관습에 접근하지 못하는 일그러진 이미지임을 보여 준다.

바흐친은 또한 성경 본문 목소리의 다양성, 특히 정경 형성 차원에서 목소리의 다양성에 관한 파르데스의 논의에 영향을 미쳤다. "나는 정경을 만든 사람들이, 바흐친이 다루는 소설가와 상당히 유사하게, 경쟁하는 다양한 언어와 다양한 시기의 다양한 집단의 이데올로기

33. 같은 책, 73-74.

사이에서 대화적 상호 작용을 창조하고자 했다고 제안하는 바다."[34]
이 말은 아마 사실일 것이다. 그러나 나는 다양한 목소리가 정경의 차
원에서뿐만 아니라 단일한 내러티브 안에도, 실제로 특정 단어 자체
에도 존재한다고 제안하고자 한다. 하지만 파르데스는 바흐친이 본
문에서 무의식적 목소리의 존재에 대해 충분히 설명하지 않았음을 날
카롭게 지적한다. 또한 그녀는 히브리 성경의 "대항전통들"countertraditions
을 분석하며 "의식적 동기와 무의식적 열망" 모두를 올바르게 고려
에 넣고 있다.[35]

내가 라헬의 말을 읽으면서 특히 흥미로웠던 부분은 바흐친의 이
중 음성 담화 개념이 성경 본문에서 여성과 남성 목소리의 분별을 다
룬 아탈리아 브레너와 포켈리언 반 디크-헴스의 통찰력 있는 책과
어떻게 서로 들어맞는가다.[36] 이 학자들은 포스트계몽주의 여성 문학
과 관련하여 일레인 쇼월터가 가장 잘 표현한 "문화적 모델"을 채택
하여, 여성에 관한 생각들을 관련된 사회 환경의 맥락에서 해석한다.
즉, 알맞은 역사적·문화적 맥락을 염두에 두고 해석한다.[37] 반 디크-

---

34. 같은 책, 145.
35. 같은 곳. 파르데스는 본문 안의 무의식적 충동을 분석하기 위한 이론적 자원으로 프
   로이트 이론에 의존한다. 심리학적 모델은 실제로 유용하지만, 어떻게 저자가 의식
   적으로 인지하지 못한 채 여러 목소리가 본문에 들어갈 수 있는지를 식별하는 유일
   한 틀은 아니다. 본문 안의 무의식적 목소리가 저자의 깊은 곳에 있지만 가려져 있는
   심리적 충동을 표현해야만 하는 것은 아니다. 단순히 저자의 사회 환경에 퍼져 있는
   목소리가 저자가 의식하지 못한 채 본문에 유입될 수도 있다.
36. Athalya Brebber and Fokkelien van Dijk-Hemmes, *On Gendering Texts: Fe-
   male and Male Voices in the Hebrew Bible* (BIS 1; Leiden: Brill, 1993).
37. 같은 책, 26. 이 학자들이 모두 거부하는 대안 이론은 생물학적, 언어학적, 정신분석
   학적 모델이다(25).

헴스는 여성 언어의 '이중 음성성', 즉 "'지배적' 이야기 옆에서 '음소 거된 이야기'"를 들려주는 언어의 이중 음성성에 관한 쇼월터의 생각을 발전시킨다.[38] 반 디크-헴스의 논증들은 너무 미묘한 뉘앙스를 담고 있어서 여기서 완전히 소개할 수 없지만, 히브리 성경에서 여성 목소리의 흔적을 추적하는 그녀의 탐구는 일반적으로 "고대 이스라엘에서 '여성 문화' 전통에 대한 기록 유물을 찾고, 그 식별 가능한 특징을 기술할 목적으로 찾는 일이다. '이중 음성' 개념은 특징을 규정하는 데 사용될 수 있으며, 따라서 이렇게 규정된 여성의 본문들을 해석하는 열쇠로도 사용될 수 있다."[39] 여기서 '이중 음성'이라는 용어가 바흐친의 용례와는 조금 다르게, 덜 전문적인 의미로 사용되고 있지만, 서로 의미가 겹치는 부분은 상당히 중요하다. 즉, 두 경우 모두 본문에 지배적 담론에 대한 대안이 존재하지만 부분적으로 숨겨져 있다고 본다.

브레너는 『본문의 젠더화』*On Gendering Texts* 서론에서 여성을 성경 본문의 저자로 상정하는 것과 여성의 목소리를 탐색하는 것을 주의 깊게 구별한다. "우리가 밝히고자 하는 것은 **저자**authorship가 아니라 **전거**authority의 젠더가 구별될 수 있을 정도로 본문에 확고히 자리 잡은 젠더 상태다." 이 "텍스트화된 여성 전통들의 흔적"은 "F(feminine/female) 목소리"의 보고로 간주되고, 유사하게 M(masculine/male) 본문은 남성 전통을 반영한다.[40] 브레너와 반 디크-헴스의 주장처럼 실제 저자의 젠더를 구별하는 것이 너무 어렵고 문제가 많다면, 담화를

38. 같은 책, 27.
39. 같은 곳.
40. 같은 책, 7-8.

여성에게 귀속시킨 것을 바탕으로 F 목소리를 적극적으로 분명하게 식별하는 것은 더 이상 신뢰할 수 없다.[41] 그 대신 반 디크-헴스는 처음 개발할 당시에는 여성에 의해 **기록된** 본문을 식별하기 위해 개발했었던 세 가지 기준으로 F 목소리를 찾기 시작한다. "예를 들어, 덜 남성 중심적인 의도의 흔적이 있어야 한다. 그리고/또는 여성의 관점에서 '현실'을 (재)정의한 흔적이 있어야 한다. 그리고/또는 본문의 여성과 남성 등장인물의 관점에 현저한 차이가 있어야 한다."[42] 마지막으로 브레너와 반 디크-헴스는 "여성의 본질"이라는 함정(본문에서 인식된 젠더 차이를 생물학적인 것 또는 타고난 것으로 보는 것)을 피한다.[43] 즉, 여성의feminine/female 목소리와 남성의masculine/male 목소리 사이의 차이는 "각 젠더에 부여된 다양한 **사회적** 위치와 이러한 사회적 차이가 만들어 내는 특정한 젠더의 이익으로" 아마 더 잘 설명될 것이다.[44]

반 디크-헴스가 성경 본문을 젠더로 구별하는 일은 주로 시 장르에 초점이 맞춰져 있지만, 내러티브 본문의 젠더 구별을 둘러싼 문제들도 간략히 다룬다. 반 디크-헴스는 이러한 논의의 맥락에서는 앞서 설명한 여성 저자에게 본문을 귀속시키는 세 가지 기준으로 돌아가지만, 이제 이러한 기준(여기서는 두 가지 기준으로 축소)이 성경 이야기에서 여성 목소리의 현전을 식별하는 데 더 유용할 수 있다고 제안한다. 이러한 기준에 비추어 보면, 라헬의 이중 음성 발화에 관해 무엇을 말할 수 있을까? 여성에게 귀속되는 이 담화는 F 목소리

---

41. 같은 책, 9-10.
42. 같은 책, 31.
43. 이 주제는 또한 이 책 4장에서, 출애굽기 1- 4장의 맥락에서 다시 논할 것이다.
44. Brenner와 van Dijk-Hemmes, *On Gendering Texts*, 25.

인가? 만일 반 디크-헴스의 기준을 결정 요인으로 간주한다면, 라헬의 말은 명백하게 F 목소리를 나타낸다. 그녀의 말이 "덜 남성 중심적인 의도"를 확실히 내비치고 있고, "여성의 관점에서 현실에 대한 (재)정의를" 표현하고 있으며, "따라서 남성과 여성 등장인물 사이의 확실한 견해 차이를 포함"하기 때문이다.[45]

그러나 여전히 문제가 남아 있다. F 목소리는 창세기 31:35의 라헬의 말에만 한정되어 있는가, 아니면 라헬의 말은 F **이야기** 전체를 구성하는 단지 하나의 요소인가? 다시 말해, 우리에게 얼마나 많은 F 목소리가 있는가—F 목소리는 몇 단어가 전부일까, 아니면 성경 이야기를 구성하는 광범위한 전통일까? 야곱과 라반의 분쟁으로 내러티브의 틀이 형성된, 라반을 대상으로 한 라헬과 레아의 쟁의는 F 이야기인가? 라헬과 레아의 항의, 라헬의 드라빔 도둑질, 라반에게 한 라헬의 이중 음성 발화를 전하는 전체 내러티브를, 대결의 M 플롯이라는 틀에 삽입된 대결의 F 하위플롯으로 여기는 것은 내가 볼 때 분명 정당하다. 라헬의 발화를 아마도 F 이야기의 맥락에 자리한 F 목소리로 보는 것은 그녀의 이야기가 고립된 이야기가 아니라, 구약의 다른 F 목소리 및 이야기와 특징을 공유한다는 점을 이해하는 데 도움을 준다. 이런 의미에서 반 디크-헴스와 브레너가 제안한 범주들은 유용한 문제 해결 도구다.

이제 우리는 구약에서 라헬의 발화에 집중하는 것이 어떻게 **신학적** 읽기 전략이 되는지를 물어야 한다. 라헬의 발화를 이중 음성으로, 저항의 담화로 이해하는 것이 창세기 31장에 대한 우리의 신학적

---

45. 같은 책, 106.

해석을 어떻게 풍요롭게 하는가? 다시 말해, 어떻게 라헬의 발화를 하나님께서 우리에게, 우리를 위해 하신 말씀으로 이해할 수 있는가? 라헬의 발화를 이중 음성으로 된 저항의 말로 진지하게 여긴다는 것은 그녀의 정의 추구를 야곱과 라반의 분쟁 판결 능력에 비추어 이해한다는 의미다. 라헬은 고대 이스라엘에서 사법 절차에 해당하는 것에서 배제되었으며, 독자인 우리는 이러한 배제를 **신학적 문제**로 이해하도록 초대받는다. 우리는 성경의 나머지 부분의 증거를 통해 하나님께서 정의에 관심을 가지고 계신다는 것을 알고 있으며, 또한 우리는 우리 시대에도 전 세계 여성들이 다양한 문화적 맥락에서 정의와 사법 절차에 접근하지 못하게 거부당하고 있다는 사실을 안다. 라헬이 라반에게 한 말은 하나님께서 우리에게, 우리를 위해 하신 말씀이다. 왜냐하면 그녀의 말은 하나님께서 정의에 접근 거부당한 모든 여성에게 관심을 가지고 계심을 증언하고 있고, 그러한 여성에게 관심을 가지고 정의가 그녀들에게도 실현되도록 하는 조건과 제도를 마련하라고 명령하기 때문이다.

이러한 해석의 특수성에서, 신학적 해석의 일반 원칙 두 가지를 정형화할 수 있다. 첫째, 라헬의 말은 성경이 어떤 경우에는 여성의 대화를 (다른 대화 사이에서) 아주 조금만 제공한다는 점을 내비친다. 라헬은 자기 시대 가족 내 사법적 관습의 불공평함에 대한 분노를 표출하고 있다. 분명 때로는 격렬했고 열정적이었으며 여성의 삶의 현실에 관심을 두었던 다른 비슷한 대화들이 우리에게 아주 조금만 남아 있는 경우가 얼마나 많을까? 그 조금 남은 것에 귀를 기울여서 그 목소리가 지워지지 않게 하는 것은 충실한 독자가 되기 위한 일환이다. 둘째, 라헬이 한 말의 이중 음성적 성격은 우리가 경전을 충실하게 읽기 위해서 본문이 큰 소리로 말하는 것뿐만 아니라 속삭이는 소리로 말하는 것, 즉 가장 명백한 의미뿐만 아니라 더 미세한 의미에도 주의를 기울여야 한다는 점을 보여 준다. 이러한 전략은 성경에 근거가 있는 것인가? 구약의 하나님이 거인 골리앗과 맞설 때는 작은 목동 다윗의 하나님이고, 이집트와 메소포타미아 왕국의 압도적인 힘에 맞설 때는 작은 이스라엘 백성의 하나님인 한 그렇다. 또한 구약의 하나님이 그리스도 안의 하나님, 즉 권력의 외침이 아니라 말씀Word으로, 십자가 위에서 속삭이신 말씀으로 이 세상 권세를 물리치신 하나님인 한 그렇다.

3장

차분한 안내자

사사기 19-21장에서 내레이터의 관점에 주목하기

성경의 몇몇 이야기는 여성을 희생시키는 거북한 묘사를 담고 있어서, 일부 페미니스트 비평가들은 성경이 몹시, 때로는 구제 불가능할 정도로 가부장적이며 심지어 어떤 경우엔 여성 혐오적이라는 주장을 펼친다. 이런 거북한 이야기에 대한 반응이 진저리 치며 성경을 영원히 덮어 버리는 것이든, 거룩한 성경에 이러한 이미지가 나온다는 사실을 조용히, 하지만 슬프게 체념하고 감수하는 것이든, 근본 문제―성경은 어떻게 끔찍하면서 **동시에** 경전일 수 있는가?―는 달라지지 않는다. 한편으로 분노하고 슬퍼하는 것이 이 여성들에 대한 폭력 묘사에 적절하게 반응하는 것인데, 이러한 반응조차 진전으로 여겨야 한다. 오랫동안 대부분의 사람이 성경을 읽으면서 이러한 폭력을 언급할 가치가 있는 것으로 생각하지 않았다는 점을 고려한다면 말이다! 다른 한편으로 여성에 대한 폭력 **묘사들**은 담담하게 그려져 있어서, 그것이 본문에 제시되는 방식에 집중해야 제대로 분노를 유발하게 되어 있다.

여성이 묘사되는 방식을 해석하는 데 중요한 본문상의 측면 하나는 벌어지고 있는 일에 대한 내레이터의 **태도**다. 내레이터의 태도를 구별해 내는 일이 사소한 부분을 따지는 일로 보일지도 모르지만 중요한 일이다. 그리스도교 영화 제작자 스콧 데릭슨이 지적했듯이, 그리스도인은 종종 섹스와 폭력의 **양**을 바탕으로 작품의 '수용 가능성'을 판단하여 이 복잡한 문제를 지나치게 단순화한다. 데릭슨은 섹스와 폭력을 묘사하는 영화가 도덕적이며 심지어 영적일 수 있음을 보이기 위해 영화《택시 드라이버》를 살펴본다. 이 영화는 끔찍한 폭력과 어린 소녀에 대한 착취를 그리고 있다. 하지만 그는 말하기를 이 영화는 "인간의 깊은 고독감을 포착하고 미국 도시가 소외를 낳는 방식을 고찰한다—영화는 깊은 연민을 담아 그렇게 한다."[1]《택시 드라이버》는 폭력의 양이 아니라 폭력을 바라보는 도덕적 관점에 대해 묻는다. 영화가 끔찍한 폭력과 어린 소녀를 희생시키는 광경을 그리고 있지만, 이 그림이 가부장적 문화를 그대로 반영하고 있다고 이해하면 잘못이다. 단순히 문화 속 가부장제의 반영이 아닌 다른 무언가가 작용하고 있다. 이와 같은 영화들(《용서받지 못한 자》도 좋은 예다[2])은 이러한 문화 속 가부장제의 충격에 대해 **비판적으로 평하고 있다.** 이러한 비판적 평가는 흥미롭기도 하고, 문화적 변화에 영향을 미칠 수 있으므로 잠재적으로는 풍요를 가져온다. 하지만 이런 식의 평가

1. Scott Derrickson, "Behind the Lens," *Christian Century* 119, no. 3 (Jan. 30–Feb. 6, 2002): 20–21.
2. 《용서받지 못한 자》(*Unforgiven*)는 다른 방식으로도 흥미로운 유사점이 있는데, 폭력 범죄(성적인 맥락과 함께)가 대규모 폭력 사태의 촉매제 역할을 하는 이야기를 다룬다는 점이 그렇다. 나는 이러한 유사점을 알려 준 조엘 카민스키(Joel Kaminsky)에게 감사를 표한다. 토드 리나펠트와 제니퍼 쿠세드도 유사한 연결점을 발견했다(Jennifer L. Koosed and Tod Linafelt, "How the West Was Not One: Delilah Deconstructs the Western," *Semeia* 74 [1996]: 179).

가 이루어지려면 여성이 희생자로 그려져야 하며, 이러한 묘사로 인해 영화 속 장면을 보는 게 고통스러울 수 있다.

이와 비슷한 일이 사사기에서도 벌어진다. 하지만 여기에 나오는 이야기는 당시 문화가 여성을 바라보는 태도를 성찰 없이 그대로 모방하여 여성들을 충격적으로 그려 내는 학대, 강간, 살해 이야기가 아니다. 사사기의 이야기들은 반론할 여지 없이 가부장적 문화의 산물이지만, 저 문화를 그저 앵무새처럼 모방한 것은 아니다.[3] 사사기는 혼란과 무법이 늘어나는 사회에 질서를 확립하기 위해 군주제의 필요성을 입증하고자 하는 책으로 널리 알려져 있다.[4] 하지만 이것만이

3. 이는 이 이야기에 대한 나의 독해가 다른 몇몇 페미니스트의 독해와 중요하게 달라지는 지점이다. 그들의 독해에서는 이 내러티브가 여성의 희생에 공모하고 있는 것으로 보인다. 예를 들어 다음을 보라. J. Cheryl Exum, *Fragmented Women: Feminist Subversions of Biblical Narratives* (JSOTSup 163; Sheffield: Sheffield Academic Press, 1993), 176-98; 같은 저자, "Feminist Criticism: Whose Interests Are Being Served?" in *Judges and Method: New Approaches in Biblical Studies* (ed. Gale A. Yee; Minneapolis: Fortress Press, 1995), 83-88; Phyllis Trible, *Texts of Terror: Literary-Feminist Readings of Biblical Narratives* (OBT; Philadelphia: Fortress Press, 1984), 65-91. 젠더 분석으로 모호해진 억압을 강조하는 코알라 존스-바르샤바(Koala Jones-Warsaw)를 비롯한 다른 학자들은 폭력에 대한 비평으로 보기도 한다 ("Toward a Womanist Hermeneutic: A Reading of Judges 19-21," in *A Feminist Companion to Judges* [ed. Athalya Brenner; FCB 4; Sheffield: Sheffield Academic Press, 1993], 172-85). 또한 다음을 보라. Danna Nolan Fewell, "Judges," in *The Women's Bible Commentary: Expanded Edition* (ed. Carol A. Newsom and Sharon H. Ringe; Louisville: Westminster John Knox Press, 1998), 77; Yani Yoo, "*Han*-Laden Women: Korean 'Comfort Women' and Women in Judges 19-21," *Semeia* 78 (1997): 37-46. 하지만 내레이터에 대한 보다 호의적인 이러한 평가들은 조건부로 제시된다.

4. 프란시스 왓슨은 이렇게 논평한다. "그러나 가부장제 이데올로기에 대한 비평은 본문 안에서의, 혹은 더 광범위한 맥락에서의 **자기** 비평의 가능성을 간과할 위험이 있다. … 내레이터는 군주제 이전 시대의 무정부 상태에 관한 네 번의 언급['이스라엘

사사기에 관한 비평적 논의는 아니다. 내러티브는 군주제 확립과는 직접적인 관련이 없는 지배적인 문화적 태도에 대해서도, 내레이터의 목소리와 내러티브가 구성되는 방식을 통해 교묘하면서도 심오한 비평적 논의를 내놓는다.[5] 내레이터는 독자가 도덕적 공간을 만들고 그 공간 속에 들어가서 이야기에서 일어나는 일에 관한 윤리적, 신학적 판단을 내릴 수 있게끔 차분하게 독자를 안내한다.

하지만 이러한 판단을 내리는 것이 쉬운 일은 아니다. 내러티브가 독자의 판단을 교묘하게 형성하는 동안 환기되는 세계의 도덕적 복잡성에 계속 특별한 주의를 기울이면서 판단해야 하기 때문이다. 나는 여성을 제외한 이야기 속 모든 인물이 내러티브로부터 어떤 식으로든 질책받고 있다고 주장하고자 한다. 하지만 이러한 질책은 노골적으로 선포되기보다는 교묘하게 암시된다. 내레이터는 독자들을 더 깊은 이해로 몰아가고 싶어 하지만, 명백한 판단을 남발하여 독자의 도덕적 자유를 침해하는 일은 피한다.[6] 이 장에서 나는 사사기 19-21장을 살펴봄으로써, 내레이터의 목소리―내레이터가 우리에게 무엇을, 어떻게 말하는지―에 주목하는 것이 이야기에서 일어나는 일에 대한 우리의 도덕적 인식을 어떻게 바꿀 수 있는지 보이고자 한다.[7]

에 왕이 없었다' 등]을 포함함으로써, 이러한 잔혹 행위들을 상상할 수 없을 만큼 상대적으로 안전한 현재에 사는 독자들이 그런 행위에 반대할 여지를 둔다"(*Text, Church, and World: Biblical Interpretation in Theological Perspective* [Edinburgh: T & T Clark, 1994], 178-79).

5. 게일 이(Gale Yee)는 사사기 17-21장이 레위인들에 대한 신임을 떨어뜨리기 위한 선전 활동의 일부라고 주장한다 ("Ideological Criticism: Judges 17-21 and the Dismembered Body," in *Judges and Method*, 167).

6. 사사기에서 가장 광범위한 암시(hints)는 "그때에 이스라엘에 왕이 없었다"라고 상기시키는 내레이터의 반복적 언급이다.

내레이터의 목소리에 귀를 세우는 읽기 전략은 성경 본문과 저자가 가부장제나 여성 혐오에 대해 전혀 혐의가 없음을 보여 주는 것이 아니라, 성경 이야기를 더 잘 이해하도록 도움을 주는 것이다. 특히 이 이야기들이 어떻게 우리를 향한 하나님 말씀이 될 수 있는지를 더 잘 이해하는 데 도움을 줄 것이다.

어리석은 레위인[8](19:1-10)

사사기 19장 처음에 나오는 단어들은 이어질 내용이 행복한 이야기가 아니라고 독자들에게 경고하는 신호를 보낸다. "이스라엘에 왕이 없을 그때에…." 사사기는 군주제 찬성안을 거드는 것으로 종종 여겨져 왔으며, 이 구절은 이스라엘에 왕이 없다는 점과 본문에 묘사된 도덕적 혼란 사이의 연관성을 강화하기 위해 사사기에 네 번(17:6; 18:1; 19:1; 21:25) 등장한다.[9] 사사기가 그려 내는 점점 난폭하고 무질

---

7. 성경 해석사에서 대부분의 주석가는 내레이터가 남성이라고 가정한다. 우리가 이렇게 가정하는 이유와 방식은 숙고할 만한 가치가 있는데, 왜냐하면 이러한 노력은 우리가 고대의 맥락에서 젠더를 생각하는 방식에 관한 무언가를 말해 줄 수도 있기 때문이다. 하지만 이는 현재 작업의 범위를 넘어서는 일이다. 나는 내레이터가 남성일 것 같다고 생각하지만, 결코 그렇게 확정하지는 않는다. 흥미로운 여성 저자 가설에 관해서는 다음을 보라. Adrien Janis Bledstein, "Is Judges a Woman's Satire of Men Who Play God?" in *Feminist Companion to Judges*, 34–53.

8. 돈 마이클 허드슨(Don Michael Hudson)은 등장인물의 익명성이 이 장들에 나타난 비인간화와 사회 붕괴를 강조한다고 주장한다("Living in a Land of Epithets: Anonymity in Judges 19–21," *JSOT* 62 [1994]: 49–66).

9. 최근에는 이에 반대하는 견해들이 많이 등장하고 있다. 예를 들어 다음을 보라. W. J. Dumbrell, "'In Those Days There Was No King in Israel; Every Man Did

서해지는 세계에서 왕이 없다는 언급은 사사기 마지막에 나오는 몇 가지 이야기가 각각 시작되는 지점 또는 그 부근에 나오고(미가와 이름 없는 여인 이야기[17:6; 18:1; 19:1]), 또한 21:25에서는 사사기 전체를 마무리하는 종결부ᶜᵒᵈᵃ 역할을 한다.[10] 게다가 처음과 마지막에 나올 때(17:6과 21:25)는 "사람마다 자기 눈에 옳은 대로 행하였더라"라는 편집자의 논평이 추가되어 있는데, 이는 사사기 중, 그리고 이론의 여지는 있지만 히브리 성경 전체 중 도덕적으로 가장 혼란스러운 이 이야기들에서 내레이터가 내뱉는 가장 강력한 평가성 발언이다.

그런데 내레이터는 왜 더 강력하게 규탄하지 않는가? 3:12로 돌아가 보면, 사사기 후반부에서 이스라엘 사람들이 타락의 심연에 빠지기 전인데도 내레이터는 그들이 "여호와의 목전에 악"을 행한다고 명백히 묘사하고 있다. 하지만 여기서는 더 지독한 행동을 마주하는데도 내레이터는 오히려 더 과묵하다. 이 부분에서 독자가 도덕적 평가를 내리도록 인도하는 내러티브의 전략은 사사기 앞부분에서의 전략과 다르다. 내레이터는 더 교묘하다. 따라서 독자는 내러티브의 목소리가 하는 말, 더 나은 표현으로는 속삭이는 말을 듣기 위해 더 많은 주의가 필요하다.

사사기 19-21장의 내러티브가 전반적으로 미묘하긴 하지만, 내레

What Was Right in His Own Eyes': The Purpose of the Book of Judges Reconsidered," *JSOT* 25 (1983): 23-33. 이 문제에 관한 개관으로는 Dennis Olson, "The Book of Judges" in *NIB*, 2:863-64에 있는 유용한 요약문을 보라.

10. 이 문구는 사사기 앞부분에는 나오지 않는다. 어떤 편집 설명은 이 장들이 후대에 추가되었다고 제안한다. 다르지만 양립 불가능한 것은 아닌 어떤 해석은 무법성의 증가가 이 사건들에 대해서 편집을 거쳐 이러한 정보를 포함하도록 내레이터에게 영감을 주었다고 본다.

이터는 19:1에서 이어질 이야기를 이해하는 방법에 관한 가장 명확한 암시를 준다. 독자의 이야기 이해 방식을 형성하고자 하는 가장 명백한 노력이 바로 첫 줄에 나오는 것은 느닷없는 게 아니다. 이 첫 문구는 앞으로 들려줄 이야기가 입다, 삼손, 미가 이야기처럼 도덕적 무질서에 관한 내용을 담고 있다는 초기 실마리를 제공한다. 이는 히브리어를 절약해서 단지 여섯 단어에 불과하지만, 이 여섯 단어는 앞으로 이어질 이야기를 리더십 공백 상황에서만 일어날 수 있는 일로 해석하도록 독자에게 신호를 보낸다. 하지만 이후로는 독자가 혼돈 속에서 도덕적 의미를 파악하려면 더 미묘하게 표현된 내러티브의 실마리에 주의를 기울여야 한다.

1절은 레위인을 소개하며 그에게 이차적 신분의 아내('필레게쉬' שֶׁגֶלֶפ로 불린다)[11]가 있는데 그녀가 레위인을 버렸다abandoned고 한다. 여기 나오는 히브리어 문구('밧티즈네 알라이브' עָלָיו וַתִּזְנֶה, 문자적으로는 '그녀가 그를 등지고 간음했다')는 해석하기 어렵지만,[12] 여인이 아버지의 집으

---

11. 엑섬이 특히 지적했듯이, "영어 번역어 '첩'(concubine)은 여성이 법적 결혼 상태가 아니라는 인상을 주는 반면, 히브리어 '필레게쉬'는 이차 계급이지만 법적으로 결혼한 아내를 가리킨다"("Feminist Criticism," 83). 적어도 이 맥락에서는 그렇다(Susan Ackerman, *Warrior, Dancer, Seductress, Queen: Women in Judges and Biblical Israel* [New York: Doubleday, 1998], 236을 보라). 그리고 다음을 참조하라. Mieke Bal, *Death and Dissymmetry: The Politics of Coherence in the Book of Judges* (Chicago: University of Chicago Press, 1988), 80-93. 4절에서 그녀의 아버지가 "장인"(father-in-law)으로 불린다는 점에 주목하라. 나는 레위인과 젊은 여인의 관계를 지칭할 때 번거로운 "이차적 아내"라는 표현을 피하고자 간단히 '아내'라고 하겠다.

12. 언뜻 보면 이 어근은 여자 쪽의 성적 비행('간음')을 암시하는 것 같지만, 이러한 해석은 지지받기 어렵다(그러나 여자가 결혼 당시 처녀가 아니었음을 내비친다는 견해도 있다. 존스-바르샤바의 글을 보라["Toward a Womanist Hermeneutic,"

로 떠난 문맥을 비롯하여 이어지는 내용을 바탕으로 그녀가 남편의 허락 없이 떠났다는 의미로 이해할 수 있다. 즉, 이러한 문맥은 이 자율적 행위가 "은유적으로 '간음' 행위"로 표현되었음을 뒷받침한다.[13] NJPS 번역은 그녀가 "그를 버리고 갔다 deserted"고 말함으로써 이를 정확하게 암시한다. 이는 독자들의 추측을 열어 둔다. 고대 세계에서 그러한 행동 결과가 사회적으로, 경제적으로 매우 가혹했을 시절에 이 여인이 남편을 떠나게 된 이유는 무엇이었을까? 남편을 저버린 여인은 어느 곳에서도, 심지어 자기 아버지의 집에서도 따뜻한 대접을 기대할 수 없었을 것이다.[14] 독자들은 본문에서 쉽게 판단하기 어렵게

174]). 이 여인의 성적 비행은 이야기 어디에서도 찾아볼 수 없으며, 그녀가 아버지 집으로 떠난 것도 이러한 이미지와 맞지 않고, 레위인이 그녀를 다시 데려오고자 했던 것도 그런 이미지와 어울리지 않는다. 아니나 다를까 몇몇 저명한 고대 역본(알렉산드리아 사본을 포함하여)은 이 부분을 "그녀는 그에게 화가 났다['오르기스테'(ὠργίσθη)]"로 읽는다. 이 문제에 관해서는 다음을 보라. Exum, *Fragmented Women*, 178-79; 같은 저자, "Feminist Criticism," 84-85; Yee, "Ideological Criticism," 162. 이 문제에 대한 더 자세한 논의로는 다음을 보라. Yair Zakovitch, "The Woman's Rights in the Biblical Law of Divorce," *Jewish Law Annual* 4 (1981): 28-46. 자코비치(Zakovitch)는 여기서 '자나'(זנה)에 여인이 남편과의 이혼을 바란다는 함의가 있다고 주장한다. 존 톰슨(John L. Thompson)은 사도 시대와 중세에 그리스도인이 히브리어에 무지했다는 점이 이 구절을 해석하는 데 미친 영향에 주목한다(*Writing the Wrongs: Women of the Old Testament among Biblical Commentators from Philo through the Reformation* [Oxford: Oxford University Press, 2001], 188, 202-6).

13. Yee, "Ideological Criticism," 162. 또한, Karla Bohmbach, "Conventions/Contraventions: The Meanings of Public and Private for the Judges 19 Concubines," *JSOT* 83 (1999): 91; Danna Nolan Fewell and David M. Gunn, *Gender, Power, and Promise: The Subject of the Bible's First Story* (Nashville: Abingdon Press, 1993), 133을 보라.

14. Fewell and Gunn, *Gender, Power, and Promise*, 133.

만드는 애매한 증거를 만난다. 그녀가 '매음했기' 때문에 이 일은 그녀의 탓인가, 아니면 레위인이 어떤 언급되지 않은 이유로 자기 아내를 떠나게 했기 때문에 레위인의 탓인가? 이야기 뒷부분에서 레위인의 비열한 행동은 이 첫 장면에 깊은 그림자를 드리운다. 그가 이야기 뒷부분에서 그녀를 노골적으로 학대하기에, 우리는 여기서도 그를 의심해 볼 수 있다.[15] 혹은 이런 애매함이 다른 기능을 할 수도 있다. 즉, 독자가 이야기 시작부터 너무 일찍 도덕적 평가를 내리지 못하게 만류하는 기능이다.[16]

3절에서 레위인은 좀 더 공감할 수 있는 모습으로 등장한다. 내러티브는 레위인이 아내를 좇아갔다고 이야기한다. "그녀의 마음에 말하기" 위해서 말이다. 이 문구가 다른 맥락에서 나타나는 것을 바탕으로 해서 보면, 그가 아내에게 부드럽게 말하기 위해 좇아갔음이 분명하다. 또한 "마음에 말하다"라는 문구는 대개 위로하거나 설득하기 위해 부드럽게 말하는 것을 함의한다. 따라서 레위인이 친절하게 해서 아내를 되찾고자 좇아가는 것으로 보인다.[17] 2절의 동사 '자나'개를 해석해 온 방식('그녀가 간음했다/매음했다')과는 반대로, 이 문구는 젊은 여인이 이 분쟁의 피해자임을 암시한다.[18] 그러나 레위인의 계획이 고결한지에 의문을 품게 만드는 세부 내용이 있다. 여인이 떠난 후

---

15. 같은 곳; Fewell, "Judges," 81.
16. 로버트 폴진(Robert Polzin)은 내러티브의 애매함을 신명기 저자(Deuteronomist)의 특징으로 본다(*Moses and the Deuteronomist: A Literary Study of the Deuteronomic History*, Part One: *Deuteronomy, Joshua, Judges* [Bloomington: Indiana University Press, 1980], 202).
17. J. Clinton McCann, *Judges* (Interpretation; Louisville: Westminster John Knox Press, 2002), 128.
18. 창 34:3에서도 비슷하다. 이 문구가 또 나오는 곳으로는 룻 2:13과 사 40:2가 있다.

남편이 그녀를 찾아서 부드럽게 말하기로 결정하기까지 4개월이 흘렀다(2절). 왜 이렇게 지체했을까? 레위인이 아내의 행방을 알아내는데 그렇게 오랜 시간이 걸린 것일까, 아니면 아내를 되찾고자 하는 동기가 딱히 없었던 것일까? 이 구절에서 본문의 또 다른 특징이 우리의 관심을 끈다. 히브리어 본문을 문자 그대로 읽으면, "그리고 그녀가 그녀의 아버지 집으로 그를 이끌었다"이다.[19] 어쩌면 젊은 여인은 별거 중인 자기 남편이 도착하자 반갑게 맞이했고, 남편이 화해를 위해 노력하는 것 같아서 기뻐했을 것이다. 우리는 확실히 알 수 없지만, 남편을 아버지 집으로 움직이게 한 동력을 본문은 분명하게 그녀에게 둔다.[20]

레위인이 도착하자 그의 장인은 그를 보고 매우 기뻐한다. 히브리 산문이 흔히 그렇듯이 이 내러티브는 명시적인 설명을 피한다.[21] 하

19. *BHS*는 '헬라어 원문'(the original Greek)에 대한 독해를 바탕으로 "그가 그녀의 아버지의 집에 왔다"로 수정할 것을 제안하는데, 이는 NRSV의 근거가 된다. 두 가지 주요 헬라어 사본은 실제로 이 이야기에 대해 상당히 다른 내용을 담고 있다. 알렉산드리아 사본은 다음과 같이 읽는다. "그녀의 남편이 그녀의 마음에 말하여 그녀를 자신과 화해시키기['디알락사이'(διαλλάξαι)] 위해서, 그리고 그녀를 되찾기 위해서 일어나서 그녀를 쫓아갔다. … 그는 그녀의 아버지 집까지 갔고, 젊은 여인의 아버지는 그를 보자 그를 마중 나갔다." 바티칸 사본은 다음과 같이 읽는다. "그녀의 남편이 그녀의 마음에 말하려고, 그녀를 그에게 돌아오게 하려고 일어나서 그녀를 따라갔다. … 그리고 그녀는 그를 그녀의 아버지의 집으로 이끌었고, 젊은 여인의 아버지는 그를 보자 그를 만나서 기뻐했다." 바티칸 사본은 마소라 본문을 더 따르지만, 알렉산드리아 사본은 '디알락사이'를 사용하여 레위인의 동기를 더 명확하게 함으로써, 젊은 여인에게 일어났어야 하는 일(화해)과 실제로 일어난 일(신체 절단) 사이의 아이러니한 차이를 더 강조한다.

20. Bohmbach, "Conversations/Contraventions," 92.

21. 에리히 아우어바흐(Erich Auerbach)는 성경과 호메로스의 스토리텔링을 비교한 자신의 고전적 연구에서, 성경 내러티브는 이야기의 상당 부분을 배경에 두는 경향

지만 장인이 레위인을 보고 기뻐하는 이유는 레위인의 개인적 특성 ('와! 내가 좋아하는 사위와 함께 시간을 보내는 건 즐겁다!') 때문이 아니라 그가 온 것이 부부가 화해해서 딸이 사회적·경제적 안정을 되찾을 조짐이기 때문인 것 같다.[22] 그녀 아버지의 간청으로 레위인은 삼 일을 머무르며 "먹고 마시며 거기서 유숙"한다(4절). 넷째 날, 레위인은 일어나 떠나려 한다. 기민한 독자라면 내러티브에 빠진 것으로 보이는 부분을 감지할 것이다. 레위인은 아내의 "마음에 말하기" 위해 이 여행을 시작했던 것이 아닌가? 그러나 어디에도 그가 그렇게 했다는 언급은 없다. 아버지와 남편이 삼 일간 먹고 마시는 동안 아마 젊은 여인도 집에 있었겠지만, 이야기의 이 부분에는 사실상 그녀가 없다.

레위인이 떠날 때가 임박하자 장인은 레위인이 더 머물도록 설득하려 한다. 이는 오랫동안 주석가들을 당황하게 했다—레위인이 떠나는 것을 막으려는 이러한 노력이 내러티브에서 무슨 기능을 하는가?[23] 그 답은 레위인이 잊고 있었던 아내와의 화해라는 임무와 관련된다. 그는 분명 아내와 함께 떠나려 한다(마침내 10절에서 그렇게 한 것처럼). 하지만 **그녀의 마음에 말하지 않은 상태**다.[24] 그리고 장인은 이

이 있다고 지적했다("Odysseus' Scar" in *Mimesis* [Princeton: Princeton University Press, 1953], 3-23.

22. 반대로 트리블은 장인의 환대를 "남성 유대 활동"으로 본다(*Texts of Terror*, 68).

23. 많은 주석가가 아버지/장인이 딸을 보호하려는 욕망에서 동기가 부여되었다고 본다. 예를 들어 다음을 보라. Yoo, "*Han*-Laden Women, 40; Jones-Warsaw, "Toward a Womanist Hermeneutic," 175; Fewell and Gunn, *Gender, Power, and Promise*, 133.

24. 물론 레위인이 아내에게 부드럽게 말했는데도 내레이터가 이 정보를 밝히지 않았을 가능성도 있지만, 만일 그렇다면 그것이 여행의 목적이므로 생략하는 것은 이상한 일이다.

상황에 반응하는 중이다. 그는 레위인에게 더 머물라고 간청함으로써 그러한 화해가 여전히 가능하기를 바라는 것이다. 만일 부부가 레위인의 집으로 돌아가기 전에 화해 같은 것에 이르지 못한다면, 자기 딸의 결혼 생활 전망은 어떨까? 어쩌면 그녀는 재차 남편을 버리고 자기 아버지에게 돌아올지도 모른다. 그래서 그녀의 아버지는 레위인에게 머무를 것을 강하게 권하고 있다. "떡을 조금 먹고 그대의 마음을 든든하게 한 후에[그대의 기력을 돋운 후에] 그대의 길을 가라"(5절). 여기서 "그대의 마음을 든든하게 하라"는 문구는 다른 곳과 마찬가지로 본질적으로 기력을 회복하기 위해 무언가를 먹으라는 뜻이다.[25] 히브리어를 이렇게 번역한 것은 어색하지만 장점이 있다. 즉, "그녀 마음에 말하기"라는 레위인의 임무와 관련하여 3절에서 처음 언급된 '마음'이라는 단어를 아버지의 간청을 통해 이야기에 다시 도입하는 것이다.

'마음'이라는 말이 여기에 나타난 것 자체는 특별히 주목할 만하지 않을 수도 있다. 장인이 레위인을 지체하게 하는 세 번의 추가적인 노력에서 이 단어가 반복되었다는 사실을 제외하면, 이 단어는 3절의 단어와 그저 우연히 일치한 것으로 보일 것이다. 레위인이 더 머물게 하려는 두 번째, 네 번째 시도에서 장인은 "여기서 유숙하여 그대의 마음을 즐겁게 하라[마음껏 즐기라]"(6, 9절)고 권한다. 세 번째 시도에서는 마음을 든든히 하라는 간청을 반복한다(8절). 이 '마음'이라는 단어가 네 번이나 반복되는 것을 우연의 일치로 치부할 수는 없다. 두 가지 차원의 해석에 주목할 필요가 있다. 첫째, 이 이야기의 세계에서 장인은 레위인이 자신이 여기 온 이유, 즉 아내의 마음에 말

---

25. 창 18:5와 시 104:15를 보라.

하기 위해 왔다는 점을 기억할 만큼 충분히 오래 머물기를 바란다. 그래서 레위인의 기억이 자극되기를 바라는 언어를 사용한다. '마음, 마음, 마음, 마음 ⋯ 자네는 누군가의 마음과 관련해서 왔는데, 기억하고 있는가?'[26]

내러티브의 차원, 즉 내러티브가 독자와 관련하여 어떻게 기능하는가 하는 차원에서도 '마음'의 반복은 비슷한 효과를 가져온다. 즉, 레위인이 젊은 여인의 마음에 말하고자 여행을 떠났음을 상기시키며 독자의 기억을 건드린다. 독자에게 미치는 효과는 레위인에게 의도된 효과(레위인은 왜 여기 있는가?)와 비슷하지만, 내러티브는 독자에게 약간 다르게 작동한다. 독자는 3절에서 내레이터가 밝힌 레위인의 임무가 장인의 반복된 간청에서 메아리치는 것을 듣는다/읽는다(이 단어는 일곱 절 안에 다섯 번 나온다). 따라서 독자는 장인의 지연 전술을 부부간의 진심 어린 화해를 끌어내기 위한 노력으로 인식할 수 있다.

이야기 초반에 그렇게 대담하게 집을 나왔던 젊은 여인은 어디에 있는가? 이 지점에서 그녀는 이야기에서 모습을 거의 감췄다. 모든 행동이 두 남자 중심으로 돌아간다. 두 남자가 먹고 마시고 대화하는 내용이다. 내러티브는 두 남자가 함께하고 있음을 강조함으로써 젊

26. 내레이터가 3절에서 레위인의 임무와 관련하여 사용한 표현을 아버지가 몰랐을 것이라는 주장도 가능하다. 하지만 아버지가 정확히 이 표현 자체를 듣지 못했더라도 남편과 아내 사이의 건설적 상호 작용을 가져올 진정한 화해를 바라는 것은 당연하다. 남편과 아내 사이에 어떤 소통도 없는 것 같다는 점과 레위인이 곧 떠날 것 같은 상황이 아버지로 하여금 '마음'이라는 언어를 통해 노골적인 암시를 던지게 한다. 반면 수잔 니디치는 다르게 본다. 그녀는 "아마 그들은 이미 관계를 회복한 상태일 것이다"라고 추론한다("The 'Sodomite' Theme in Judges 19–20: Family, Community, and Social Disintegration," *CBQ* 44 [1982]: 366).

은 여인의 부재에 관심이 가게 한다. 4절에서는 여인이 복수 동사의 행위 주체에 포함되는지가 애매하긴 하지만,[27] 6절에서는 애매할 여지가 없다. 아버지가 레위인을 설득한 후, **"두 사람이 함께 앉아서 먹고 마셨다."** 이 문구는 이삭을 결박하는 이야기에서 아브라함과 이삭이 모리아로 갈 때 함께 있음을 강조하기 위해 두 번 나오는데(창 22:6, 8),[28] 여기서도 비슷하게 이 문구가 등장함으로써 두 남자가 이룬 공동체를 강조하고 있고, 따라서 젊은 여인의 고립과 부재도 강조된다. 그녀의 부재는 8절에서 또 한 번 떠남이 지체된 후 재차 강조된다. "두 사람이 함께 먹었다." 이러한 내러티브의 실마리들을 통해, 내레이터는 젊은 여인의 부재에 독자의 주의를 환기하여 그녀의 부재가 이야기 전체를 해석하는 데 중요한 요소가 되게 한다.

내레이터는 3절에서 레위인이 젊은 아내의 마음에 말하기 위해 장인의 집으로 출발한다고 진술함으로써 자기 이야기의 청자와 독자에게 젊은 여인이 이야기에 곧 등장할 것이라는 기대를 불러일으키지만, 그녀는 이 장면에 거의 등장하지 않는다. 그리고 그 기대는 이루어지지 않음으로써 주목받는다. 하지만 젊은 여인이 **본문에서** 완전히 사라진 것은 아니다. 그녀에 대한 언급은 그녀 아버지를 지칭하는 데 사용된 언어, 즉 "젊은 여인의 아버지"라는 말에 반복해서 나타난다.[29] 이 호칭은 '장인'이라는 뜻의 간결한 표현인 '호텐'חֹתֵן보다 더

---

27. 본문은 다음과 같다. "그의 장인, 즉 그 소녀의 아버지가 그를 설득했고 그는 그와 함께 삼 일을 머물렀다. 그들은 먹고, 마시고, 거기서 함께 유숙했다." 어떤 판은 "유숙했다"의 주어를 단수로 표현하여 젊은 여인의 부재를 더욱 강조한다.

28. 또한 사 1:31을 보라.

29. '나아라'(נַעֲרָה; 젊은 여인)라는 호칭은 그녀가 아마도 갓 결혼했다는 암시를 풍긴다. "naʿărâ," HALOT, 2: 707-8.

번거로운데도 3-9절에 여섯 번이나 등장하는데, 때때로 '장인'과 굳이 동격으로 나오기도 한다. '젊은 여인'이라는 단어가 반복됨으로써, 독자와 청자는 끊임없이 그녀를 떠올리게 되고, 그녀가 이야기에 나타나지 않는다는 사실도 계속 떠올리게 된다. 성경의 다른 여인들과 마찬가지로 이 젊은 여인도 본문에서 흔적으로 축소되었다. 하지만 이는 내러티브가 관심을 불러일으키고 있는 흔적이다.

9절에서 젊은 여인의 아버지는 레위인의 출발 시기를 늦춰서 그가 아내의 마음에 말하고 화해한 후 아내를 데리고 떠나게 하려고 마지막으로 필사의 시도를 한다. "그 사람이 아내와 하인과 더불어 일어나 떠나고자 하매, 그의 장인 곧 그 여자의 아버지가 그에게 이르되 '보라, 이제 날이 저물어 가니 청하건대 이 밤도 유숙하라. 보라, 해가 기울었느니라! 그대는 여기서 유숙하여 그대의 마음을 즐겁게 하고 내일 일찍이 그대의 길을 가서 그대의 집으로 돌아가라.'" 이는 장인이 사위의 기억을 건드리려는 네 번의 시도 중 마지막 시도다. 전보다 더 다급하고 집요하게, 조금만 더 머무르라고, 어쩌면 아내의 마음에 말할 만큼만 더 머무르라고 설득하는 것 같다. 그러나 레위인은 더 이상 지체하지 않을 것이다. 10절에서 그는 떠난다. 이 절의 언어는 3절의 언어를 연상시키며 일종의 수미상응을 이룬다. 3절에서 레위인은 아내의 마음에 말하기 위해 한 쌍의 나귀를 데리고 "일어나 떠났다." 10절에서는 보아하니 이 임무를 수행하려는 시도조차 하지 않고, 안장을 얹은 한 쌍의 나귀를 데리고 "일어나 떠났고" "그의 아내는 그와 함께했다." 이 표현의 재등장은 그가 스스로 정한 임무를 수행하지 못했음을 미세하지만 효과적으로 독자에게 상기시킨다.

때때로 젊은 여인의 아버지는 남자들끼리의 유대를 즐기고자 레위인을 지체시켜서 곧 있을 공포에 연루된다고 여겨진다.[30] 하지만 내러티브는 지금까지 레위인이 남편으로서 괜찮은 사람인지 심히 의심해 왔으며, 아버지의 행동이 아마도 갓 결혼한 딸이 남편과 진정으로 화해하는 모습을 보고 싶은 마음에서 비롯되었음을 내비친다. 그러면서도 내러티브는 궁극적으로 수포로 돌아간 아버지의 시간 끌기 진략으로 인해 레위인 일행이 해 질 무렵 기브아에 도착해서 폭력을 당하게 된다고 암시하는 것 같다. 이 비극 내러티브 세계에서 우연의 역할은 현실 세계의 우연이 불가피하다는 점을 반영하는 것이며, 반드시 아버지의 성격을 비난하는 것은 아니다. 내러티브는 일상에서 작동하는 의도치 않은 결과의 법칙을 보여 준다. 대개는 상서롭지만 때로는 비극적 대가를 수반하기도 하는 결과를 말이다. 도덕적 세계는 이어질 비극에 대해 레위인과 장인에게 상대적으로 얼마큼 책임이 있는지 깔끔하게 분석 가능할 만큼 그렇게 단순하지 않다.

그렇다면 내레이터는 이 이야기의 첫 번째 삽화에 대한 우리의 읽기 경험을 어떻게 형성해 가는가? 이야기는 젊은 여인이 대담하게 남편을 떠나며 시작되었지만, 그 여인은 지금 이야기에서 확연하게 사라졌다. 사실상 우리는 처음부터 이 이야기를 그녀에 관한 이야기로 생각하게 되었지만, 그녀는 내러티브의 시야에서 거의 완전히 희미해졌다. 그러나 역설적으로 그녀가 가장 현전하고 있는 것은 바로 그녀의 부재 가운데서다. 내러티브는 레위인이 애당초 여행 목적으로 설정했던 임무를 은근히 암시하고, 또한 그녀를 은근히 암시하면서 그녀의 부재를 전경에 배치한다. 이렇게 해서 그녀가 현전하지 않

---

30. 예를 들면, Fewell, "Judges," 81.

는 이유에 대해 독자가 생각해 보도록 유도한다.

성경 본문은 여성을 침묵시키거나 목소리 없는 무력한 희생자로 그리고 있다는 비난을 자주 받는다. 이러한 비판에는 어느 정도 진실이 있지만, 여기서는 무언가 다른 일도 일어나고 있다. 내레이터는 독자가 비판적 시선으로 레위인의 행동을 평가하도록 교묘하게 유도하고 있다. 그런데 왜 이런 교묘함이 필요할까? 왜 내레이터는 레위인의 행동이 무심하다거나 사악하다고 노골적으로 말하지 않을까? 왜냐하면 이 이야기의 힘은 명명백백한 윤리적 정답이 아니라, 독자들의 도덕적 상상력을 자극하는 역량에 있기 때문이다. 내레이터의 설명은 독자가 손쉽고 재빠르게 판단하도록 부추기지 않고, 인간의 동기와 관계의 복잡성, 인간 본성의 신비를 숙고하도록 흔들어 놓고 있다.

동족 선호(19:11-21)

레위인, 그의 아내, 그의 종은 베들레헴에 있는 장인의 집을 떠나 에브라임 산지에 있는 레위인의 집으로 간다. 이미 하루 중 많은 시간이 지나서, 종은 이스라엘 마을이 아닌 근처에 있는 가나안 여부스 사람의 성읍(훨씬 뒤에 이스라엘 도시가 되고 예루살렘으로 불릴 것이다)에 가서 밤을 보내자고 제안한다. 이야기의 전개를 고려하면, 즉 이 제안을 따랐다면 앞으로 일어날 폭력을 피할 수 있었으므로 아마도 좋은 제안이 아니었나 싶다. 그래서 이 아이디어가 종이 유일하게 꺼낸 말이라는 점, 그리고 여부스가 "이스라엘 자손에게 속하지 아니한"

이방 성읍이라는 이유로 레위인이 이 제안을 거부했다는 점(12절)은 중요하다. 레위인은 이스라엘 성읍으로 가는 쪽을 선호하여 어둠이 다가오는데도 이동함으로써 자기 일행을 위험에 빠뜨린다(13절). 내레이터는 이런 식으로 대화를 제시함으로써 독자가 레위인을 비판적으로 평가할 뿐만 아니라, 더 중요하게는 레위인이 제시한 종파적 관점을 의심스럽고 위험한 것으로 인식하게끔 조용히 안내한다. 성경 전통에 널리 퍼져 있는 일반적인 생각인 내집단이 외집단보다, 곧 이스라엘 사람이 가나안 사람보다 도덕적으로 우월하다는 생각이 내러티브로 인해 불안정해진다.[31]

이스라엘 사람들의 전반적 우월성 개념, 특히 여기서 도덕적 우월성 개념은 불안정한데, 이스라엘 도시인 기브아에서 폭력이 발생하면서 그 불안정함이 더 드러날 것이다.[32] 성경 내적 비평의 중요성이 성경 신학에서 자주 과소평가되어 왔지만, 여기서 성경은 종종 그렇듯이 성경 전통에 대한 성경 자체의 내적 비판을 제시한다. 내러티브는 기브아 주민들에 대한 비판을 제시하지만, 명시적 판단을 전면에 제시하기보다 내러티브에 실마리를 남겨서 독자의 반응을 형성하는 쪽을 선호한다. 처음에는 아무도 이 일행에게 숙소를 제공하러 오지 않았다. 마침내 누군가 "눈을 들어" 광장에 있는 이 작은 무리를 보았는데, 그는 노인이었고 이 마을 출신이 아니라 레위인과 같이 에브라임 산지에서 왔다(15-17절). 이 자잘한 세부 내용들이 모두 마을 사

---

31. 이러한 개념은 다른 본문에서도 약화된다. 여호수아에서 라합이 보인 신실함(2장과 6장)과 이스라엘 사람 아간의 행동(7장)이 병치되어 있는 것을 생각해 보라.
32. 이 이야기는 또한 이스라엘 내부의 경쟁을 구체화한다. 그래서 기브아가 속한 베냐민 지파는 내러티브 비평의 공격을 정면으로 받는다.

람들의 성품을 비판하는 논평으로 기능하며, 또한 이야기가 전개되면서 불길한 분위기를 자아내는 기능을 한다.

지금까지 내레이터는 레위인의 성품이 존경할 만한 수준이 아니라는 실마리를 여러 차례 남겨 두었지만, 명시적인 판단을 제시하지는 않았다. 이러한 서술 방식은 레위인이 노인과 대화를 나누는 다음 절들에서도 계속된다. 레위인은 자신이 베들레헴에서 왔으며 "여호와의 집"으로 가는 중이라고 말한다(18절). 독자는 이러한 의향을 여기서 처음 듣게 된다. 이제까지 독자는 레위인과 일행이 레위인의 집으로 향하고 있다고 상정하고 있었다(9절을 보라). 우리는 목적지의 모양이 바뀐 것이 레위인의 경건함을 반영하고 있다고 이해해야 할까? 만일 그렇다면, 그에 대한 우리의 그림이 복잡해진다. 그를 더 칭찬할 만하고 덜 자기중심적인 사람으로 상상하게 된다. 그러나 이 말은 아마도 더 호감 가는 모습을 보여 줌으로써 노인의 마음을 사로잡고자 던진 그저 경건한 행색에 불과할 수도 있다. 이는 원래 우리가 생각했던 레위인의 모습과 잘 들어맞는다. 헬라어 번역본에서는 이 문구가 나오지 않고, 대신 "나는 내 집으로 가는 중이다"라는 쉽게 예상 가능한 문구로 대체되어 있다. 이는 헬라어 번역자들도 비슷한 불협화음을 경험해서 레위인의 성품에 관한 상충된 정보를 조화시키려 한 노력이 반영된 것일 수 있다.

노인에게 한 말에는 흥미로운 반복이 나온다. 레위인은 앞서 내레이터가 15절에서 진술한 내용을 거의 그대로 반복한다. 15절에서 내레이터는 "**그들을** 집으로 영접하는 자가 없었다"라고 언급한다. 즉, 레위인과 그의 아내와 종을 언급한 것이다. 레위인은 노인에게 자기 상황 설명을 마무리하면서 "**나를** 집으로 영접하는 자가 없었다"라고 말한다. 히브리어에서 다른 단어는 모두 동일하기 때문에, 내레이터가 "그들을"이라고 한 것이 레위인의 말에서 "나를"로 바뀐 것은 더욱 두드러진다. 이러한 세부 사항에 주목하면, 레위인이 자기가 돌봐야 하는 사람들보다 자기 자신을 더 돌보는 그런 사람이라는 인상이 강화된다. 이런 내러티브의 효과는 교묘하다. 내레이터는 독자가 레위인에 대해 어떻게 생각해야 하는지를 분명하게 말하지 않고, 독자가 레위인의 성품을 자유롭게 평가하게 한다.

2절에서 남편을 떠나면서 전체 내러티브를 시작시킨 여인은 앞서 아버지의 집에서와 마찬가지로 이 부분에서도 보이지 않는다. 하지만 앞서와 마찬가지로 작은 세부 사항이 그녀에게 주목하게 한다. 레위인은 노인과의 대화에서 그녀를 언급하면서, "당신의 여종/여노예['아마'אָמָה]와 당신의 종들과 함께한 젊은 남종"을 위한 충분한 양식이 있다고 말한다(19절). 히브리 성경에서 '아마'가 윗사람 앞에서 겸손을 함의하는 맥락에서 나오는 경우가 많으므로,[33] 레위인이 노인 앞에서 자신을 낮추는 표현을 하려고 자기 아내를 이렇게 묘사했다고 짐작해 볼 수 있다. 따라서 레위인이 자기 아내를 가리킬 때, 1절에서 내레이터가 젊은 여인을 묘사하기 위해 사용했던 이차적 아내를 뜻하는 단어 '필레게쉬'를 대신해서 쓸 법한 말이 아닌 이 단어를 사용했다는 사실이 크게 별난 일은 아니다.

그러나 '아마'가 굽신거림을 표현하는 수사적 기능을 하는 것은 거의 모든 경우 자기를 지칭할 때다. 제삼자의 입에서 이 말이 겸손을 나타내는 수사적 장치로 나오는 것은 극히 드문 일이다. 이 말이 제

---

33. 예를 들어, 룻 3:9; 삼상 1:11, 16을 보라. 아비가일은 특히 이러한 수사적 전략에 능란하다. 삼상 25:24, 25, 28, 31, 41을 보라.

삼자의 입에서 나오면 명백히 여자 노예를 지칭하기 때문이다.[34] 그러므로 레위인이 자기 아내를 "당신의 여종"으로 언급함으로써 노인과 좋은 관계를 맺기를 바란 것일 수 있지만, 오히려 이러한 언어 사용은 레위인이 수사적 에티켓을 위반한다는 암시를 독자에게 준다. 여성이 본인을 표현할 때 사용했다면 무난했을 수사적 전략을 레위인이 자기 멋대로 전용했기 때문이다. 그는 자기 아내를 비용으로 지불하여 자신의 겸손을 장착한다. 이는 레위인이 25절에서 불량배에게 자기 아내를 던져 주기도 전에, 그가 아내를 희생시키는 교묘한 방식을 독자에게 강조하여 보여 준다.[35]

이런 식의 여성 묘사는 성경 저자들에게 깊이 뿌리내린 가부장적 문화에서만 가능하기 때문에, 현대의 수많은 독자는 성경이 이러한 내용이 들어 있으므로 가부장적이라고 비판한다. 이러한 혹평은 물론 여러 면에서 정당화되긴 하지만, 여기에는 성경 내러티브가 한결같은 가부장제 관점을 취하고 있다는 가정이 깔려 있다. 이렇게 획일적으로 보면, 가부장적 문화에 속한 사람들 사이에서도 비판이 나올

---

34. 예를 들어, 창 20:17; 21:12; 30:3; 출 2:5; 21:7 등등. *HALOT*, 1:61을 보라.

35. 빅터 매튜스는 '하녀'라는 용어 사용에서 아이러니를 감지한다. 이 말이 "결국 무리가 이 에브라임 사람의 손님을 위협할 때 에브라임 사람이 무리에게 내놓은 제안을 설명해 줄 수 있기" 때문이다. "이제 노인은 레위인이 한 말을 받아들여서, 레위인이 자신에게 제시했던 것을 군중에게 제시할 수 있다"("Hospitality and Hostility in Genesis 19 and Judges 19," *BTB* 22 [1992]: 8-9). 일스 뮐너(Ilse Müllner)는 이 이야기의 성폭력을 분석하면서, 레위인조차도 기브아에서는 이방인 상황이라는 점에서 동정적 인물이라고 지적한다. 뮐너는 그의 "가해자 역할"도 설득력 있게 분석한다("Lethal Differences: Sexual Violence as Violence Against Others in Judges 19," in *Judges* [ed. A. Brenner, FCB 2/4; Sheffield: Sheffield Academic Press, 1999], 137).

수 있다는 가능성이 차단된다. 내레이터가 레위인의 행동과 언어를 비난받을 만한 것으로 보도록, 여인의 부재에 주목하도록, 그녀의 부재를 통해 그녀가 현전하도록 독자를 조용히 인도하는 방식은 이 이야기에 그러한 비판이 매우 많이 나온다는 점을 시사한다.

희생당하는 여인(19:22-25)

노인의 집에서의 상황은 레위인이 젊은 여인의 아버지와 있었던 모습을 상기시킨다. "그들이 마음을 즐겁게 할 때…"(22절). 짐작건대 레위인은 이야기가 시작될 때 장인의 집에서 했던 것처럼 먹고 마시고 있는 것 같다. "그들이 마음을 즐겁게 하다"('야타브'בטי에서 유래)라는 문구, 즉 그들이 즐긴다는 표현은 아버지가 레위인으로 하여금 집에 머물며 그의 아내에게 말하게 하고자 할 때 사용했던 언어를 메아리처럼 되울린다. 따라서 여기서 동일한 언어가 등장함으로써 레위인이 저 임무(3절)를 잊고 내팽개쳤다는 점을 독자가 상기하게 된다.[36] 게다가 여기서 먹고 마시며 즐기는 사람에 종과 레위인의 아내가 포함되어 있는지는 불분명하지만, 독자들은 과거 아버지의 집에서 마음이 즐거웠던 사람이 여인과 종이 아니라 두 남자였음을 내레이터가 꼭 집어 언급했던 사실을 떠올릴 것이다(6, 8절).

불량배들이 노인의 집 문 앞에 와서 레위인을 강간하게 내보내라고 요구하자, 노인은 이 악한 행위를 하지 말라고 호소한다. 심지어

36. Trible, *Texts of Terror*, 73.

그들을 "내 형제들아"라고 부르며 바깥에 있는 남자들과 공동의 유대감, 그들이 목적한 행위를 만류할 만한 유대감을 형성하고자 수사적 표현을 사용한다(남자끼리 유대감을 형성하는 역할). 노인은 폭력배들이 바라는 대로 양보하는 것이 환대에 위배된다는 점을 분명히 한다.[37] 그래서 그는 "이 같은 악행을 저지르지 말라. **이 사람이 내 집에 들어왔으니 이런 망령된 일을 행하지 말라**"(23절)고 말한다. 지금까지 내레이터는 상당히 호의적인 시각으로 이 노인을 그려 왔다. 노인은 레위인 일행을 영접했을 뿐만 아니라 직접 나귀를 돌보기까지 했다(21절). 그렇다면 이제 노인이 자신의 어린 딸과 레위인의 아내[38]로 레위인을 대신하자고 하는 제안을 어떻게 해석해야 할까?

몇 가지 가능성이 있다. 아마도 고대의 문화 논리에서는 젊은 여자를 강간하는 것이 남자를 강간하는 것보다 덜 악한 일이었을 것이다.[39] 노인의 간청이 이를 뒷받침한다. "오직 이 사람에게는 이런 망령된 일을 행하지 말라." 내러티브는 이에 대해 어떤 관점을 취하고 있을까? 지배적 문화의 관점에 동조하고 있을까? 아니면 현대 독자들처럼, 불량배에게 건넨 이 제안을 혐오스럽게 보고 있을까? 이에 대한 답은 전혀 분명하지 않지만, 내러티브는 몇 가지 미묘한 실마리를 제공하고 있으며, 그중 하나는 24절에서 노인의 말에 나온다. "그들을 욕보이든

---

37. 이 이야기의 이 주제에 관한 많은 글이 있다. 예컨대 다음을 보라. Matthews, "Hospitality and Hostility," 3-11; Stuart Lasine, "Guest and Host in Judges 19: Lot's Hospitality in an Inverted World," *JSOT* 29 (1984): 37-59.
38. 이 지점에서 나오는 "이차적 아내"라는 표현은 (노인이 발설했다고 보기에는) 어색하며, 후대에 삽입된 것일 수 있다.
39. McCann, *Judges*, 129-30. 이 장면의 성과 권력의 역학 관계에 대해서는 다음을 보라. Ken Stone, *Sex, Honor, and Power in the Deuteronomistic History* (JSOT-Sup 234; Sheffield: Sheffield Academic Press, 1996), 69-84.

지 너희 눈에 좋은 대로 행하되." 첫 번째 명령형 동사는 끔찍하지만, "너희 눈에 좋은 대로 행하되"라는 문구는 내러티브 중 내레이터의 가장 명시적인 판단인 "사람마다 자기 눈에 옳은 대로 행하였더라"를 되울린다.[40] 여기서 노인의 입에 담긴 문구는 불량배의 행동이 잔혹하다고 비난하는 것이며, 이는 내레이터의 검열관적 발언을 유발한다.

노인과 불량배 사이의 대화는 이제까지 침묵하던 레위인의 개입으로 갑자기 중단된다. 그는 어떤 말도 하지 않고, 어떤 협상도 하지 않고, 자기 아내를 붙잡아 불량배에게 끌어 내보낸다. 이 광경을 상상해 보면 그 행동 자체도 폭력이고, 아마도 노인마저 밀쳐 내야 했을 것이다.[41] 이는 이야기가 시작된 이후 처음으로 서술된 레위인과 아내의 상호 작용이다. 자기 아내와 화해하려던 그의 임무는 폭력적으로 강간하려 하는 불량배에게 아내를 끌어 내보낸 행위와 잔인하게 상반된다. 이 이야기의 가부장적 문화 맥락을 고려하더라도 레위인의 행동을 긍정적으로 해석하는 것은 불가능하다. 바로 이런 이유로 레위인의 행동은 이전 단락에서 논한 노인의 제안, 즉 레위인을 보호하고자 여인들을 제공하려는 제안을 해석하는 데 유용하다. 애초에 레위인의 의도가 "아내의 마음에 말하기"였음에도 불구하고, 이제까지 내레이터는 레위인을 자기 아내에게 완전히 무관심한 사람으로 그려 내려고 공을 들였다. 그래서 아내를 붙잡아 불량배에게 던져 주는 행위는 지금 우리가 알고 있는 그의 성품과 잘 맞아떨어

40. Yee, "Ideological Criticism," 164.
41. 여인을 내쫓은 사람이 레위인이 아니라 노인이라는 생각은 "그 사람이 그의 '필레게쉬'를 붙잡아"라는 히브리어 본문에 잘 부합하지 않는다. 이러한 독해를 뒷받침하기 위해서 ("그 사람"을 레위인이 아니라 노인으로 본다면, 레위인을 가리키는) "그의"의 선행사가 너무 멀리 떨어지게 된다.

진다. 내레이터는 레위인의 성품에 대해 명시적으로 말하지는 않았지만 현대의 독자들처럼 그의 행동을 혹평하고 있던 것이다. 그리고 이는 여성의 성생활과 궁극적 안전보다 남성의 성생활과 궁극적 안전을 중시하는 문화적 논리에 의문을 제기하는 것이다. 아마 이런 식의 극단적 상황에서 남성보다 여성의 희생이 문화적으로 선호되었을 수도 있다. 그렇다고 해서 내레이터가 아무런 비판 없이 이러한 관점을 지나칠 수 있게 둔다는 의미는 아니다.[42]

신체가 절단되는 여인(19:26-30)

불량배들은 밤새도록 그녀를 강간하고 학대한 후 먼동이 틀 무렵 보낸다. 그녀가 노인의 집에 자발적으로 돌아온 것은 그녀가 얼마나 **극한 상황**에 있는지를 보여 준다. 그녀는 갈 곳이 없어 자신을 밖으로 끌어냈던 사람들에게 돌아가야 했던 것이다. 그녀가 노인의 집으로 돌아가는 장면을 묘사한 내레이터의 어휘 선택은 의미심장하다. 이제 "이차적 아내"가 아니다. 내레이터는 여기서 그저 "그 **여인**이 동틀 녘에 돌아왔다"(26절)고 말한다. 이 세부 사항은 일상적인 독서에서는 쉽게 건너뛸 만큼 매우 사소한 부분이지만, 이야기가 시작된 이후 처음으로 젊은 여인이 그녀를 지배하고 있고 그녀가 돌봄과 보호를 위해 의존해 온 남성에 대한 언급 없이 묘사된다. 이는 이중적이면서

---

42. 이는 Trible, *Texts of Terror*, 76("내레이션은 ⋯ 이 여인의 운명에도 거의 관심이 없다")과는 대조된다. 트리블은 이 이야기의 편집자(21:25를 덧붙인)와 내레이터를 구분한다.

다소 역설적인 효과가 있다. 한편으로 이 용어는 그녀의 고립과 취약함을 반영한다―그녀는 아는 남자들에게 버려졌고 그 결과는 참혹했다. 집 문 안쪽에서는 "이차적 아내"였지만, 지금 홀로 누워 있는 문 반대편에서는 그냥 "여인"이다. 그녀가 남편에게 버림당했다는 사실은 이 구절 끝에 "여인이 **자기의 주인/남편이 있는** 그 사람의 집 문에 이르러 엎드러져, 밝기까지 서기 엎드러져 있더라"라는 짧은 절에 의해 명시적으로 강조된다. 당연히 여인을 돌봐야 했던 사람은 집 안에서 안전하게 보호받는 반면, 강간당하고 학대당한 여인은 집 바깥에, 위험한 영역에, 자기 주인이 자신을 끌어낸 곳에 엎드러져 있다.[43] 다른 한편으로, 지금까지 이야기에서 그토록 부재했던 그녀가 독자에게 나타난다. "여인"이라는 단순한 지칭을 통해 이 장면에서 더 실체를 가지고 등장한다. 이제야, 자기 삶이 끝나는 이 시점에서야 분명하고도 비극적으로 그녀가 주체가 되었기 때문이며, 마침내 자기를 버린 남자들과의 관계를 통해 자신이 정의되지 않기 때문이다.

같은 구절에서 내러티브의 다른 세부 사항들은 여성에 대한 슬픔과 존중의 분위기를 조성하는 데 참여한다. "**동틀 때에** 여인이 … 이르러." 그녀는 날이 "**밝기까지**" 노인의 집 문 앞에 쓰러져 있었다.[44] 이 나직한 문구들은 이야기의 언어에 비극적인 시적 특성을 조용히 첨가하여, 독자가 떠올릴 그녀의 마음속 황량함과 슬픔을 언어 그림으로 그려 낸다. 내레이터는 독자의 연민을 불러일으키기 위한 명시

---

43. 존스-바르샤바는 레위인과의 관계적 호칭이 친밀한 호칭(남편)이었다가 여기서 역할적 호칭(주인. 19:11에서 레위인과 그의 종의 관계를 묘사하는 데 사용된 것과 동일한 용어)으로 바뀌었다고 말한다("Toward a Womanist Hermeneutic," 177, n. 3).

44. 트리블은 아침 햇살이 반복적으로 언급된 것을 노련하게 해석한다. "여명은 범죄와 그 여파를 드러낸다"(*Texts of Terror*, 77).

적인 말은 하지 않는다. 이러한 세부 묘사는 어떤 명시적인 말보다
더 힘 있어서, 독자가 이 장면의 비통함과 통렬함을 **느낄** 수 있도록
이야기의 분위기를 형성한다. 이러한 세부 묘사는 내레이터가 저 여
인에게 마음 쓰는 방식이며, 또한 우리가 그녀에게 마음 쓰게 하는
방식이기도 하다.

내러티브는 이 생생한 그림에서 집 내부 장면으로 바로 전환된다.
"그녀의 주인/남편이 일찍이 일어나…"(27절). 내레이터가 그렇게 말
한 건 아니지만, 독자는 레위인(그는 여인과의 관계에서 다시 "그녀의 주
인"으로 지칭되지만, 주인의 역할을 하지 못했다는 점이 의미심장하다)이 숙
면을 취하고 일어났다는 인상을 받기 쉽다.[45] 어쨌든 문 안쪽의 안전
과 휴식이라는 이미지는 문 바깥쪽의 고통과 버려짐이라는 이미지
와 뚜렷한 대비를 이룬다. 상쾌해 보이는 레위인은 일어나서 문을 열
고 "자기 길을 가기 위해[떠나고자]" 밖으로 나온다. 이야기의 이 지점에
서 내레이터가 묘사는 세세하게 하면서도 아무런 판단도 내놓지 않
은 것은 오히려 레위인에 대한 더 명백한 비난을 가져온다. 26절에서
는 날이 밝도록 문 앞에 엎드려져 있는 여인의 모습을 본다. 바로 다
음 절에서는 아내의 운명에 대해 더 생각하지 않고 자기 길을 가려
고 일어나는 "그녀의 주인"의 모습을 본다. 이 두 묘사가 극명한 대
조를 이루기에 도덕적 판단이 애매해질 여지는 거의 없다.

레위인은 문지방에서 잠시 멈추어야 한다. 그의 길에 장애물이 있
어서 출발을 방해하기 때문이다. 그는 "집 문을 열고 자기 길을 가기
위해 나왔다. 그러나 보라! 그 여인, 그의 아내['필레게쉬']가 집 문에

---

45. Lasine, "Guest and Host in Judges 19," 44.

엎드러져 있고 그녀의 두 손이 문지방에 있다"(27절). 히브리어는 '힌네'חִנֵּה(여기서는 "보라"look로 번역, 옛 영역에서는 'behold'로 번역)로 시작하는 간접 자유 화법free indirect discourse을 사용하여 내러티브의 관점의 전환을 표시하는 특징이 있다. 이는 일반적으로 내러티브의 관점에서 등장인물의 관점으로의 전환을 나타낸다. 앞부분은 내레이터의 시선을 반영한다. "그가 … 나왔다." 여기서 독자는 마치 카메라의 시선으로 영화 속 인물을 보듯이 내레이터와 보조를 맞추어 레위인을 바라보게 된다. 그러나 "보라!"로 시작하는 다음 부분에서는 레위인이 보고 있는 것으로 시선이 바뀐다. 이제 카메라가 레위인의 '머릿속'이라고 상상해 보라. 그래서 독자는 레위인이 보고 느끼는 것을 보고 느끼도록 유도된다. 최소한 레위인은 문지방에 축 늘어져 있는 여인, 즉 자기 아내를 보고 (그가 아내를 잊었기 때문에? 영원히 사라졌다고 생각했기 때문에?) 놀랄 것이다. 앞 절에서와 마찬가지로 본문은 레위인이 집 문 앞에서 쓰러진(또는 쓰러져 있는) 여인을 보고 있는 것을 연상시키며, 우리가 이 광경을 단지 듣거나 읽는 것이 아니라 (이제 레위인의 시선으로) 보고 있다는 느낌을 강화한다.

이 구절의 마지막 세 히브리어 단어에서 우리는 전체 이야기에서 가장 가슴 아픈 순간이자, 내레이터의 관점이 가장 분명하게 드러나는 순간에 이르게 된다. "보라! 그 여인, 그의 아내가 집 문에 엎드러져 있고 **그녀의 두 손이 문지방에 있다.**" 여인의 손 위치를 이렇게 세세하게 묘사하는 것은 줌 렌즈 같은 기능을 하여, 여인이 견뎌 온 극심한 고통과 공포를 직시하도록 독자를 들입다 끌어들인다. 묘하게도 우리는 계속해서 레위인의 눈을 통해 본다('힌네'로 시작하는 절). 그래서 여인의 두 손도 레위인이 보는 것처럼 보고 있다. 하지만 내레이터는, 우리가 순간적으로 레위인과 하나 되어 같은 내러티브의 관점을 공유하면서도 같은 이미지에 대한 우리의 반응이 레위인의 반응과는 극명하게 상반되게끔 이야기를 공들여 풀어낸다. 이렇게 시점을 공유하면서 해석이 달라지면, 독자가 여인에게 더 깊이 공감하게 되고 레위인을 연민이 전혀 없는 사람으로 더 비난하게 되는 효과가 발생한다.[46]

내러티브의 거의 모든 세부 사항은 대부분 은연중에 독자가 마음을 움직이도록, 여인에게 마음 쓰도록, 레위인을 완전히 경멸받을 만한 사람으로 생각하도록 구성되어 있다. 하지만 레위인에 대한 이런 비난 너머에는 더 교묘하게 자리한 훨씬 더 큰 비판이 있다. 그것은 문화에 대한 비판이다. 레위인이 살며 기동하고 있는 문화뿐만 아니라, 여인을 폭행한 불량배를 양산한 문화에 대한 비판이다. 내레이터가 이야기하는 방식에는 이러한 잔학 행위가 일어날 수 있는 환경 전반이 내포되어 있다. 많은 독자가 이야기의 표면 아래에서 콸콸 흐르는 비판에 주목해 왔다. 이 이야기는 일반적으로 반反베냐민(따라서 반反사울) 변론이나 군주제 찬성을 위한 프로파간다로 이해된다.[47] 이

---

46. 여기서 이러한 나의 읽기는 크리스티나 데 흐로트 판 후텐의 읽기에 공감한 것이다. Christiana de Groot van Houten, "The Rape of the Concubine," *Perspectives* 12, no. 8 (Oct. 1997): 12–14. 앨리스 키프(Alice A. Keefe)도 "내레이티브가 여인이 겪은 폭력에 시각적으로 초점을 맞춘 것이 … 동정과 공포라는 강력한 감정적 반응을" 불러일으킨다고 인식한다("Rapes of Women/Wars of Men," *Semeia* 61 [1993]: 90).

47. 야이라 아미트(Yairah Amit)는 19–21장에서 사울에게 불리한 숨겨진 논쟁을 감지한다("Literature in the Service of Politics: Studies in Judges 19–21," in *Politics and Theopolitics in the Bible and Postbiblical Literature* [ed. Henning G. Reventlow, Yair Hoffman, and Benjamin Uffenheimer; JSOTSup 171; Shef-

러한 비평적 함의는 분명 존재하지만, 여성이 이런 식으로 원치 않는 학대와 고통을 겪는 기회를 제공하는 문화적 문제들을 드러내기 위해 비평이 더 깊게 들어가야 한다. 이어서 나는 레위인에 대한 내레이터의 태도에 특히 주목할 것이다. 하지만 여기서 레위인에게 초점을 맞춘다고 해서 내레이터가 베냐민 지파를 분명하게 비난하는 소리가 가려져서는 안 된다.

이쯤 되면 레위인이 이 순간의 참상과 자신 앞의 비참한 광경에 충격받지 않는다는 점이 놀랍지 않게 된다. 문지방에서 죽어 가는 혹은 거의 죽은 아내를 보자, 그는 "일어나라, 우리가 떠나가자"(28절)라고 말한다. 미키 발이 예리하게 관찰했듯이, 그녀가 살았는지 아닌지(분명 레위인은 살았다고 생각하지만)가 불확실하다는 점은 "그녀가 여러 번 죽고 있음을, 아니 더 정확히 말하면 죽어감이 멈추지 않음을"[48] 의미한다. 이는 레위인이 이야기에서 아내에게 처음으로 건넨 말이다. 물론 지나간 날마다 몇 마디라도 주고받았을 것이라며 이를 반박할 수도 있다. 아마 그랬을 것이다. 하지만 내레이터는 이 말을 첫마디로 기록하기로 선택했고, 이 선택은 매우 중요하다. 아내의 마음에 말하기로 했던 레위인의 첫 의도를 다시 떠올려 보면, 이 말이 그가 아내에게 건넨 첫마디이며 심지어 몸을 가누지도 못해서 엎드린 모습에 대고 말하고 있다는 아이러니가 가장 극명해진다.[49] 그녀는 대

---

field: Sheffield Academic Press, 1994], 28-40). 사사기에서 편집의 기능에 관한 더 광범위한 논의에 대해서는 다음을 보라. Yairah Amit, *Book of Judges: The Art of Editing* (trans. Jonathan Chipman; BIS 38; Leiden: Brill, 1999).

48. Mieke Bal, "A Body of Writing: Judges 19," in *Feminist Companion to Judges*, 222. 칠십인역에서는 그녀가 죽었음을 명시하고 있지만, 마소라 본문은 죽음 여부를 밝히지 않는다.

답이 없다. 그녀는 죽었거나, 반응할 힘조차 없거나, 대답하고 싶지 않을 것이다. 그녀의 무반응이 자기와는 아무 상관 없다는 듯, 레위인은 그녀를 나귀에 싣고 집으로 출발한다.

집에 도착하자 레위인은 "그의 아내['필레게쉬']를 붙잡아" 칼로 열두 조각으로 자른 다음 "이스라엘 사방에 두루 보낸다"(29절). 이제까지의 내레이터의 특성과 마찬가지로 이 행위에 관한 명시적 판단은 제시되지 않지만, 또다시 어휘에서 드러난다. 레위인은 25절에서 폭력배들에게 그녀를 끌어낼 때와 마찬가지로, 이 섬뜩한 행동을 하기 위해 "그의 '필레게쉬'를 **붙잡는다.**" 이 짧은 문구의 반복은 내레이터가 지금 레위인의 "붙잡는" 행동을 앞서 했던 "붙잡는" 행동과 동일한 시각에서 보고 있음을 내비친다. 즉, 두 경우 모두 그가 화해를 이루어야 했던 아내에게 오히려 폭력을 저지른 것이다―이것이 이야기 전체의 요점이다. 이 증거만으로도 우리는 주목하게 된다. 설령 이 증거만으로는 이야기한 사건들에 관한 내레티브의 관점을 설득력 있게 드러내지 못하더라도 말이다. 하지만 25절에 나온 중요한 동사가 29절에서 반복되는 것은 이뿐만이 아니다. "그의 아내를 붙잡아"라는 문구와 마찬가지로, "보내다"[50]라는 강조 동사도 25절과 여기에 모두 나온다. 25절에서는 불량배의 행동을 묘사하는 데 사용되었다. 불량배와 레위인은 모두 "그녀를 보낸다." 그리고 두 경우 모두 왔을 때보다 보낼 때 그녀는 훨씬 나쁜 상태다. 이런 식으로 내레티브는 레위인과 폭력적인 불량배의 행동이 같은 범주에 속함을 암시하며

---

49. 트리블도 이러한 대조를 관찰하지만(*Texts of Terror*, 79), 이것이 독자의 판단을 형성하고자 하는 내레티브의 노력이라고 언급하지는 않는다.

50. 두 경우 모두 '쌀라흐'(שׁלח)의 피엘 어간이 사용된다.

교묘하게 양측을 동일시한다. 페기 카무프가 지적했듯이, 레위인의 행동이 "그 의미를 드러내기 위해 베냐민 지파의 범죄로 반복된다."[51]

내레이터가 레위인의 행동을 비난하는지는 이 이야기를 히브리 성경 속 다른 이야기들과 비교함으로써 최종적으로 확인된다. 무언가를 열두 조각으로 나누는 상징이 나오는 이야기들과 비교함으로써 말이다. 예를 들어, 사무엘상 11:7에서는 사울이 군대를 소집하기 위해 한 쌍의 소를 잡아 각을 뜬다. 열왕기상 11:30에서는 아히야가 왕국의 분열을 상징하기 위해 자기 옷을 찢어 조각낸다. 레위인의 행동과 이 에피소드들의 유사점은 차이점을 부각한다. 여기서 레위인은 그에게 자신을 의탁했던 사람을 가져다 열두 조각으로 찢는다. 그녀는 옷이나 소처럼 찢긴다.[52]

이어서 30절에서 일어난 일에 관한 본문 내용은 히브리어판과 헬라어판이 매우 다르다. 앞서 논한 사사기 19:3처럼 말이다. NRSV는 '헬라어 원문'을 선호한다. "그는 자신이 보낸 사람들에게 명령한다. '그러므로 너희는 모든 이스라엘 사람에게 이렇게 말하라. "이스라엘 자손이 애굽 땅에서 나온 이후로 오늘까지 이 같은 일이 일어났는가? 이 일을 고민하고, 상의하고, 말하자."'" 이 헬라어 번역본은 레위인(그리고 전달자들)의 입에 이 말을 담아서 "이 같은 일"의 의미를 비교적 명확하게 보여 준다. 즉, 폭력적 불량배들의 손에서 그의 '필레게쉬'가 강간(그리고 살해?)당한 일을 의미한다. 이와 대조적으로, 히브

---

51. Peggy Kamuf, "Author of a Crime," in *Feminist Companion to Judges*, 197.
52. 게일 이는 레위인의 행동에 "도착적 희생제의"(a perversion of sacrificial ritual)라는 적절한 이름을 붙인다("Ideological Criticism," 165). 삼상 11장과의 관련성에 대해서는 Lasine, "Guest and Host," 41–43을 보라.

리어판은 다른 방향으로 해석을 유도한다. "그것을 본 모든 사람이 말하기를 '이스라엘 사람이 애굽 땅에서 나온 이후로 오늘까지 이 같은 일은 일어나지도 않았고 본 적도 없다.'" 이러한 판본에서, 말하는 사람은 분명 섬뜩한 '메시지'를 받은 것이다. 여기서 "보다"라는 동사의 선택은 중요하다. "그것을 본 모든 사람"이 무엇을 보았다는 말인가? 지파마다 각각 보내진 여인의 신체 조각을 보았다는 것인가? 이는 전에 없던 일이므로 사람들이 여성의 신체 절단에 대해 분노를 표출하는 것으로 보인다. 그들은 레위인의 이 행동 뒤에 숨겨진 전체 이야기를 알지 못하며, 따라서 눈앞에 보이는 끔찍한 모습에 반응할 뿐이다. 그래서 이는 헬라어 번역본과 확연한 대조를 이룬다. 헬라어 번역본은 '분노'의 화살을 불량배에게만 돌려서 섬뜩하게 놀란 이스라엘 사람들이 레위인과 장단을 맞추게 된다.[53]

이 구절의 마지막 부분에도 똑같이 화자의 애매함이 있다. '헬라어 원문'에서는 앞말과 마찬가지로 "고민하고, 상의하고, 말하자"라는 마지막 말도 레위인의 입에 두고 있다. 그는 자신에게, 즉 레위인에게 일어난 잔인무도한 일에 대해 이스라엘 사람들도 적절한 도덕적 반응을 보이도록 촉구한다. 그러나 히브리어판(그리고 헬라어 바티칸 사본)을 읽으면, 신체 조각을 "본 모든 사람"이 이 마지막 말을 했다고 추정하게 된다. 이 사람들의 관점에서는 잔인무도한 일이 레위인**에게** 일어난 게 아니라 레위인**에 의해** 일어난 것으로 보인다. 히브

---

53. 바나바스 린다스(Barnabas Lindars)는 본문 비평을 근거로 마소라 본문을 받아들이자고 주장한다("A Commentary on the Greek Judges?" in *VI Congress of the International Organization for Septuagint and Cognate Studies, Jerusalem, 1986* [ed. Claude E. Cox; SBLSCS 23; Atlanta: Scholars Press, 1987], 183-84).

리어판과 바티칸 사본에서는 분노한 사람들이 서로에게(그리고 간접적으로는 내레이터가 독자에게) 이 사건에 대한 적절한 도덕적 반응을 쏟아 내자고 권면하고 있다.

레위인의 설명(20:1-7)

이스라엘 사람들은 레위인이 신체 조각 '메시지'를 보낸 데 대한 대답으로, 레위인이 그렇게 행동하게 된 이유에 대해 설명을 듣고자 미스바에서 여호와 앞에 모인다. 이스라엘 사람들은 "이 악한 일이 어떻게 일어났는가?" 하고 묻는다. 이는 여인의 신체 절단에 관한 물음일 것이다. 아직까지 그들이 이 이야기에 관해 알고 있는 것은 신체 절단뿐이기 때문이다. 그리고 레위인의 설명이 이어진다. 여인이 겪은 고통과 죽음에 대해 내레이터가 제공한 설명을 들은 청중들은 레위인이 이야기의 어떤 요소를 강조하고, 생략하고, 왜곡할지 궁금해하며 불안불안할 것이다. 내레이터는 레위인을 재차 소개한다. "레위 사람 곧 죽임을 당한 여인의 남편이 대답하여 이르되…"(4절). 내레이터는 청중에게 레위인과 저 여인의 관계를 상기시킨다. 레위인은 그녀의 남편이다. 그는 이 문화에서 자신의 '소유물'이 파손당한 피해 당사자로 여겨진다. 그러나 남편이라는 신분은 또한 그녀의 안전에 책임이 있음을, 그가 잔혹하게 회피했던 책임을 생각나게 한다. 게다가 내레이터는 여인이 살해당했다는 사실을 확인해 준다. 하지만 그 범인이 누구인지는 여전히 의문이다. 기브아의 불량배인가? 아니면 레위인 본인인가? 내레이터는 불확실성이 발생하게 했고, 이제 독자에게 그 불확실성을 상기시킨다.

레위인이 설명을 시작한다. "내가 내 '필레게쉬'와 더불어 베냐민에 속한 기브아에 유숙하러 갔더니." 예상대로, 그는 여부스로 가자는 종의 제안에 대해서는 말하지 않는다. 그리고 5절에서 자신의 진짜 동기를 밝히기 시작한다. 내 번역은 다소 문법에 안 맞지만, 히브리어의 강조점을 나타내는 데는 유용할 것이다. "기브아의 주인들이 **나를** 대적하여 일어났고, 밤에 그들이 그 집을 **나를 대적하여** 에워쌌다. **나를** 그들이 죽이려 했다. **나의** '필레게쉬'를 죽을 때까지 강간했다/욕보였다." "나를"과 "나의"의 반복은 레위인의 설명이 자기만 생각한다는 점을 드러내고, 이제까지 우리가 알고 있던 그의 성품을 정확하게 반영한다. "밤에 그들이 그 집을 나를 대적하여 에워쌌다"의 어색한 문법은 레위인의 자기 중심성이 얼마나 깊은지를 반영한다. '그들이 그 집을 에워쌌다'라고 해야 더 정확하고 문법에 더 잘 맞겠지만, 레위인은 본인이 위험했음을 한 번 더 표현해야 한다는 느낌이 들었다. "나를"이라는 말이 문법적으로 거슬리는 곳에 불쑥 나타난다.[54] 아니나 다를까, 레위인은 자신을 강간하고 싶어 했던 불량배들의 욕망에 대해서는 언급하지 않고 생략한다(이 욕망이 살해 의도로 대체된다).[55]

---

54. 히브리 성경에서 '사바브 알라이 에트'(סָבַב עָלַי אֵת) 구조는 오직 여기에만 나오는데, 이는 문법적으로 특이한 경우다. 19:22에서 이 사건에 대한 내레이터의 설명은 "그들이 집을 에워쌌다"('나삽부 에트-합바이트'[נָסַבּוּ אֶת־הַבַּיִת])로 되어 있다. 여기서 동사는 니팔형[수동형]이지만, 레위인의 설명에 '알라이'(עָלַי)가 삽입됨으로써 본인이 위협받고 있음을 강조하려는 레위인의 욕망이 드러난다.

55. 여러 주석가가 제안했듯이, 이는 아마도 동성애적 행위에 대한 문화적 불편함을 반영하고 있는 것 같다. 또한 불량배가 자신을 강간 대상으로 삼았다는 점이 알려지기를 꺼리는 레위인의 심중이 반영된 것일 수 있다. 예컨대 Niditch, "'Sodomite' Theme in Judges 19-20," 371을 보라.

그리고 본인이 위험하다는 점을 강조하기 위해, 자기 아내가 죽을 때까지 강간당했다[56]는 점은 그다음에 덧붙여 말한다. 그는 아내의 운명에 자신이 관여한 부분을 생략하고, 자기 몸뚱이를 부지하고자 아내를 불량배에게 끌어 내보냈다는 사실은 언급하지 않는다. 그는 자신이 아내를 두 번째로 "붙잡은" 다음 아내를 토막 낸 이야기를 하고, 이어서 재빨리 자기 행동의 정당성을 설명한다—"이는 그들이 이스라엘 중에서 극도로 망령된 일을 행하였기 때문이라." "극도로 망령된 일"[57]은 분명 불량배가 저질렀지만, 이야기가 시작될 때부터 그가 아내를 대하는 태도 역시 불량배가 그녀를 대하는 태도와 확실히 공통된 부분이 있다는 점에서 레위인의 사건 설명은 매우 편파적이다.

거의 모든 이스라엘 사람의 연합(20:8-13)

그러나 이 비극에서 아마도 어떤 친선—어떤 중추적 대의를 중심으로 이스라엘이 연합되는 것—이 나타날 것 같다. 이 연합은 사사기 전체에서 뚜렷하게 발견되지는 않는다. 그러나 내러티브는 연합이 가까워졌다는 몇몇 실마리를 제공한다. 이스라엘 사람들은 미스바에서 여호와 앞에 "한 사람처럼"(20:1) 모였다. 이 문구는 공동의 임무를 중심으로 지파들이 모이는 것을 묘사하기 위해 두 번 더, 20장

---

56. 여기서 동사는 '아나'(עָנָה)의 피엘형으로, 욕보인다(humiliate)는 의미이며 어떤 맥락에서는 강간한다는 의미다. 창세기 34:2에서 디나에게 일어난 일과 사무엘하 13:14에서 다말에게 일어난 일을 묘사할 때 이 동사가 사용된다.

57. 이 문구('짐마 우네발라'[זִמָּה וּנְבָלָה])에 대해서는 Keefe, "Rapes of Women," 82를 보라.

8절과 11절에서 반복된다. 이 분명한 연합은 이스라엘에 극적인 전환을 의미한다. 이스라엘은 사사기 전체에서 하나가 아니라 분열된 지파 단위로 행동했다. 사사기는 지파들의 무질서하고 체계가 흐트러진 모습을 묘사해 왔고, 지파들이 연합될 때를 가리켜 왔다(그래서 군주제를 찬성하는 편향성이 자주 감지되는데, 특히 뒷부분에서 그렇다). 그리고 이제 지파들이 연합된 모습을 보여 준다—가혹하게도 베냐민 지파는 예외다. 그리고 이러한 예외는 "한 사람처럼"이라는 문구의 반복에서 발견되는 아이러니의 핵심이다. 이 문구가 환기하는 연합은 사사기에서 전에 없던 최악의 폭력으로, 내전으로 이어져 이스라엘에 더 큰 상처와 분열을 초래한다. 이는 진정한 연합에서 훨씬 멀어지게 하는 가짜 연합이다. 이러한 상황에서 "한 사람처럼"이라는 문구를 사용하는 아이러니는 바벨탑 이야기(창 11장)를 떠올리게 한다. 거기서 사람들의 연합(본문이 이를 강조하고 있다)을 하나님이 반대하셨는데, 왜냐하면 그들을 하나로 묶는 일이 오도되었기 때문이다. 여기서도 마찬가지다. 목표의 일치에서 필연적으로 진정하고 건강한 연합이 나오는 것은 아니다.

8-11절에서 또 다른 문제는 책임 소지가 뒤엉키는 것과 관련된다. 이스라엘 연합체는 앞으로 벌어질 상황에 고스란히 책임이 있는 것으로 보인다. 그러나 이는 지나친 단순화이며 심지어 오해의 소지도 있는데, 8-13절에서 볼 수 있듯이 내러티브가 책임 소지를 명확히 하지 않음으로써 상당한 혼돈을 주고 있기 때문이다.[58] 연합체는 전

---

58. 나는 조엘 카민스키가 《용서받지 못한 자》와의 연관성을 알려 준 데 대해 다시금 감사를 표한다. 그 영화에서는 여인들을 비롯한 모든 등장인물이 폭력에 대한 책임이 있다. 그 책임의 정도가 모두 동일한 것은 아니지만, 따져보면 연루되지 않은 사람은 없다.

쟁을 시작하기 전에 베냐민 지파에게 젊은 여인을 윤간한 일에 책임이 있는 사람들을 넘기라고 요구하지만, 거절당하고 만다(20:12-13). 베냐민 지파 지도자들은 "그들의 형제 이스라엘 자손의 말"(20:13)에 응답하지 않는 한, 이후에 벌어질 일에 대한 도덕적 책임을 분명 어느 정도 져야 한다. 내러티브는 "그들의 형제"라는 표현을 사용하여 베냐민 시파가 가해자들을 동족 범죄로 법정에 세워야 하는 책임을 다하지 않았음을 강조한다. 명백히 잘못했음에도 불구하고 더 큰 집단에 대한 책임을 초월하는 특권을 자기 지파에 부여한 그들의 편협성은 내레이터의 심판을 피하지 못한다.

여호와께 여쭙기(20:14-28)

이스라엘의 연합된 대응의 의미가 애매하다면, 이 이야기에서 여호와 하나님의 역할은 더 애매하다. 이스라엘 사람들은 전장에 나가기에 앞서 하나님께 여쭙기 위해 벧엘로 올라가는데, 이미 전사 40만 명[59]을 소집해 놓은 상태다. 이는 고대 근동에서 전투를 준비하면서 적과 교전하기 전에 신들이 자신들의 일을 지지하는지 알아보는 표준적인 작전 절차다. 이 상황에서 이스라엘 사람들은 꽤 구체적으로 전투에 누가 먼저 나설지 여쭙는다. 하나님은 "유다가 먼저"라고 대답하신다(18절).

이 질문은 사사기 1:1-2를 떠올리게 한다. 거기서 이스라엘 사람들

---

59. 역사적 관점에서 볼 때, 이 이야기에 나오는 숫자는 모두 상당히 부풀려진 것으로 간주해야 한다.

은 여호와께 비슷한 질문을 하고 비슷한 대답을 받았다. 하지만 맥락의 차이는 극명하다. 그때는 가나안 사람이 적이었고, 지금은 다른 이스라엘 사람이 적이다.[60] 릴리언 클라인이 관찰했듯이, 이번 경우 승리에 대한 하나님의 "약속이 확연히 빠져 있다."[61] 본문이 명시적으로 언급하고 있지는 않지만, 아마 이스라엘 사람들은 전열을 갖출 때 이 조언에 귀를 기울였을 것이다. 어쨌든 베냐민 자손은 첫 전투에서 이스라엘을 대패시켰고, 이스라엘 연합체 2만 2천 명이 전사했다. 이스라엘 사람들은 다시 여호와 앞에 갔고, 이번에는 대참상을 두고 목놓아 울었다(23절).[62] 이번에는 질문을 바꿔 여쭙는다. "내가 다시 나아가서 내 형제 베냐민 자손과 싸우리이까?" 처음 그들이 여호와께 물었을 때는 자기 "형제"와 싸워야 할 필요성과 정당성을 전제한 채로 물었지만, 이번 질문은 그러한 전제에 대한 불안감을 반영한다. 그래서 보다 근본적으로 지파들 사이의 전투를 해야 하는지 묻는다. 아마 애초에 동족끼리 싸우면 안 되었을 것이다. 왜냐하면 내전은 깊숙이 자리 잡은 신학적 원리들에 어긋나는 것이기 때문이다. 그리고 더 실질적으로는 전투에서 궁극적으로 패할 수도 있기 때문이다.

---

60. 블레드스타인(Bledstein)은 이런 유사점을 염두에 두고 사사기의 결말을 시작 부분의 패러디라고 부른다("Is Judges a Woman's Satire?" 52). 로버트 볼링(Robert G. Boling)은 논리적으로 먼저 물었어야 하는 물음인 "가야 합니까, 말아야 합니까?"를 묻지 않았다고 지적한다. 앞으로 닥칠 두 번의 패배는 이스라엘이 여호와의 "통치에 반역하고" 있다는 사실을 반영한다(*Judges* [AB; Garden City, NY: Doubleday, 1975], 286).

61. Lillian R. Klein, *The Triumph of Irony in the Book of Judges* (JSOTSup 68; BLS 14; Sheffield: Almond Press, 1988), 179.

62. 이는 사사기에서 이스라엘 백성이 적에게 압제당할 때 울부짖었던 앞선 일을 되울린다(Olson, *Judges*, 885).

이 질문에 대해 여호와께서는 "그에게로 올라가라"(23절)라고 대답하신다. 이 대답에 대한 가장 분명한 해석은 이스라엘 백성이 채택한 해석, 즉 베냐민 자손과 다시 전투를 벌여야 한다는 것이다(즉, "그에게 맞서against 올라가라"). 이 문구는 이번 삽화와 비슷한 이전의 신적상담 내용이 있는 1:1에도 나타난다. 하지만 여호와의 말씀을 달리해석할 가능성이 없는 것은 아니다. '맞서'against를 뜻하는 말로 보다흔히 사용되는 전치사는 '엘'אֶל이 아니라 '알'עַל이다. '엘'도 '맞서'를 의미할 수 있지만, '엘'의 더 일반적인 의미는 '~에게', '~로'다. 히브리어 전치사는 잘 정의된 의미 범위에 국한되지 않아 파악하기 어렵기로 악명 높다. 사사기만 보더라도 이 문구의 의미 범위는 여러 다른가능성이 있다. 이스라엘 사람들은 재판받으러 드보라"에게로 올라갔다"(4:5). 블레셋 사람들은 도움을 받고자 들릴라"에게로 올라갔다"(16:5, 18). 입다는 에브라임 사람들에게 내"게로 올라와서" 나와더불어 싸우려 하는지 물었다(12:3). 이 이야기 안에서는 이스라엘 백성이 미스바에서 여호와"께로 올라가는" 행동을 묘사할 때 이 문구가 사용된다(21:5, 8).[63] 따라서 히브리어 해석 규범에 비춰 이스라엘백성이 적대적인 의도를 함의하는 "그에게 맞서 올라가라"로 듣는것도 온당하지만, 다른 목적을 함의하는 "그에게로 올라가라"로 듣는 것도 똑같이 가능하다. 이런 식으로 들으면 그 의미가 애매해서'그에게로 올라가서 그에게 말하라' 혹은 '그에게로 올라가서 그와 화해하라'로 들릴 수도 있다. 이 문구가 애매하므로 확실한 의미를 결

---

63. 히브리 성경에서 이 문구는 47회 나오는데, 그중 6회가 '적에 맞서 싸우기 위해 올라감'을 내비치는 맥락에서 나온다(민 13:31; 삼하 5:19; 대하 18:2; 사 36:10; 렘 49:28, 31).

정할 수는 없다. 물론 독자들은 이스라엘 사람들의 이해를 바탕으로 저 문구를 읽기 때문에 의미가 명백하다고 생각하기 쉽지만, 여호와께서 하신 이 말씀의 의미는 명백하지 않을 수 있다.

이스라엘 연합체는 여호와의 말씀을 또 다른 전투에 대한 승인으로 해석하여 베냐민 자손들과 전투를 벌였고, 또 한 번 패하며 1만 8천 명이 죽었다(25절). 이스라엘 사람들 곧 "모든 백성"이 이 두 번째 참패를 겪은 후 여호와께 상의하러 벧엘로 돌아온다(26절). 첫 번째 패전 후 이스라엘 사람들은 "여호와 앞에서 울었다"(23절). 그리고 이제 내레이터는 사람들의 행동을 더 상세히 묘사한다. 이스라엘 사람들이 "울며 거기서 여호와 앞에 앉아서 날이 저물도록 금식하고." 이 울음은 사사기 2:4-5의 삽화를 떠올리게 한다. 거기서 백성의 불순종으로 인해 여호와께서 그 땅 주민을 쫓아내지 않기로 하셨고, 이스라엘 백성들이 그 결정을 듣고 울었다. 20장에 나오는 두 번째 눈물 장면에서는 눈물과 더불어 제물을 바친다. 이스라엘 사람들이 여호와의 승인으로 보였던 것과 그들이 감당하고 있는 피바다 사이의 괴리를 이해하고자 분투할 때, 이러한 내러티브가 더해져서 이스라엘의 혼란과 사별로 인한 슬픔을 강렬하게 표현한다. 대참사가 그들의 잘못이라는 증거가 풍부함에도 불구하고, 독자들은 이러한 슬픔과 혼란을 보며 애석함과 동정심을 느끼게 된다. 우리는 그저 이스라엘 사람들을 **판단**하는 자리에만 머무르지 않고, 순간적으로 그들의 경험 속에 들어가게 된다. 왜냐하면 우리도 망연자실하게 앉아 **우리가** 일으킨 파멸을 바라보며, 우리 주변의 참상에서 하나님의 역할은 무엇인가 하고 궁금해하는 여러 순간이 있기 때문이다.

내러티브는 자신이 하고자 하는 일을 확인받고자 신탁을 사용하는 것에 대한 비판 가능성을 제시하고 있는 것인가? "우리 중에 누가 먼저 올라가서 싸우리이까?"(18절)라는 첫 번째 질문은 애초에 전쟁이 부당하다고 볼 여지를 두고 있지 않다.[64] 이어지는 대참사는 이스라엘 사람들이 이 전쟁의 필요성과 불가피성을 가정했지만 그러한 가정에 적절한 근거가 없음을 암시한다. 이스라엘 사람들은 그렇게 가정함으로써 더 구체적인 여호와의 지시를 구하게 되었지만, 그 가정 자체에 문제를 제기한 적은 없었다. 신탁은 명시적인 물음에 대해서만 대답했을 뿐, 그 물음에 전제된 가정을 캐묻지는 않았다. '우리가 올라갈까요?'라는 두 번째 물음은 이 프로젝트 자체를 더 신중하게 평가해야 한다는 생각을 넌지시 담고 있다. 하지만 앞서 언급했듯이, 신적인 대답을 적어도 두 가지 다른 상반된 방식으로 읽을 수 있다. 그러나 이스라엘 사람들은 자신들이 들으리라 기대했던 답변("그래, 올라가서 전쟁을 벌이거라!")을 듣게 된다. 그것이 정말 신탁의 취지인지는 상관없이 말이다.[65] 고대 세계의 신탁은 해석하기 까다롭기로 악명 높다.[66] 이스라엘 사람들은 자신들의 계획을 확인하기 위해 신

---

64. 클라인은 이러한 물음을 "허례허식"이라고 부른다(*Triumph of Irony*, 179). 피웰 (Fewell)은 사람들이 여호와께 물을 때 "올바른 질문을 하는지 … 주의를 기울이지 않았다"고 본다("Judges," 82). 또한 다음을 보라. Fewell and Gunn, *Gender, Power, and Promise*, 135; Polzin, *Moses and the Deuteronomist*, 202.

65. 여기서 나의 독해는 Klein, *Triumph of Irony*, 181-91과 대략적으로 일치한다.

66. 잭 사순(Jack M. Sasson)은 사사기에 나오는 신탁적 물음의 위험성을 꽤 상세히 제시한다("Oracle Inquiries in Judges" [이 논문은 2002년 11월 25일, 토론토에서 열린 SBL 연례 모임에서 발표한 것이다]). 사람들이 진실을 직시하고자 하지 않을 때 하나님도 기만적일 수 있다는 발상을 지지하는 것으로 다음 글도 보라. J. J. M. Roberts, "Does God Lie? Divine Deceit as a Theological Problem in Israelite Prophetic Literature," in idem, *The Bible and the Ancient Near East: Collected Essays* (Winona Lake, IN: Eisenbrauns, 2002), 123-31.

탁에 의존했고, 뒤이어 유혈 사태가 병치됨으로써 그들의 오만함에 대해 내러티브가 비판하고 있다는 암시가 내비쳐진다. 자신들이 잘못 착수한 계획에 여호와를 끌어들일 수 있다고 믿는 그들의 오만함에 대해서 말이다.

연합체가 여호와께 묻는 세 번째 질문은 이전 질문보다 더 세심하며, 새로운 조심성이 반영되어 있다(두 번째 질문이 첫 번째 질문보다 더 세심했던 것처럼). "내가 다시 나아가 내 형제 베냐민 자손과 싸우리이까, 말리이까?" 동족과 전쟁을 벌이지 **않을** 가능성이 처음으로 질문의 구성 방식에 나타난다.[67] 이러한 더 세심한 질문은 더 세심하고 덜 애매한 신적 응답을 끌어낸다. "올라가라 내일은 내가 그를 네 손에 넘겨 주리라."

이제까지 나타난 신적 확약(이는 확약이 아니라, 확약으로 여긴 해석일 뿐일 수도 있다)과 이스라엘의 패배 사이의 불협화음은 내러티브가 전쟁 상황에서 신탁을 구하는 것에 대해 아이러니로 비판했을 가능성에 신빙성을 더한다. 이제까지 일어난 일에 대해 이렇게 해석하는 것이 그럴듯하다면, 왜 하나님이 단순하게 "올라가지 말라"라고 말씀하지 않으셨는지 의아할 수 있다. 하나님께서 이스라엘 백성에게 그들 지파 중 하나를 멸족할 것을 촉구하시는 그림은 현대 독자들에게, 그리고 십중팔구 고대 독자들에게도 듣기 힘든 이야기일 것이다.[68]

---

67. "저자는 이스라엘 사람들을 점점 비탄에 빠지고 당황해하는 모습으로 그린다. 그럼으로써 이것이 일어나지 말았어야 했던 전쟁임을 (또 한 번) 암시한다"(P. E. Satterthwaite, "Narrative Artistry in the Composition of Judges 20:29ff.," *VT* 42 [1992]: 82).

68. 올슨(Olson)은 세 번째 공격에서의 베냐민의 패배를 베냐민에 대한 하나님의 심판으로 해석하는 반면, 먼젓번 두 차례 공격은 다른 지파들에 대한 하나님의 심판을 나

하지만 이야기는 아직 끝나지 않았으며, 이스라엘 사람들이 자기 목적을 정당화하기 위해 신탁에 기대는 방식에 대해 내러티브가 풀어내는 핵심은 아직 완전히 드러나지 않았다.

매복과 대학살(20:29-48)

연합체는 두 번의 끔찍한 패배 끝에 마침내 승리를 눈앞에 두고 있다.[69] 그러나 본문은 의심스러운 요소를 둠으로써 승리를 약화한다. 이스라엘은 매복에 성공한다. "온 이스라엘 사람 중에서 택한 사람 만 명이 기브아에 이르러 치매 싸움이 치열하나 그들[베냐민 사람]은 화가 자기에게 미친 줄을 알지 못하였더라"(20:34). 여기에 그냥 지나치기 어려운 문제가 있다. 화가 자기에게 미친 줄 알지 못한 사람은 누구인가? 독자들은 베냐민 사람일 것이라 가정하겠지만, 선행사는 이스라엘 사람인 듯하다. 본문대로 읽으면 화가 미치고 있음을 알지 못하는 그들은 베냐민 사람이 아니라 온 이스라엘 연합체지만, 많은 해석자가 "알지 못하였더라"의 주어로 베냐민 사람을 가정하고 심지어 삽입하기도 했다(예를 들어 NRSV: "베냐민 사람들이 깨닫지 못했다"[한글 성경, 곧 개역, 공동번역, 새번역도 마찬가지다]). 베냐민 사람이 주어라는 가정은 41절에 나오는 비슷한 표현으로 뒷받침된다. 거기서 화가 미쳤다고 이해하는 사람은 확실히 베냐민 사람이다. 게다가 히브리어

타낸다고 해석한다("Judges," 885).
69. 전투 장면의 문학적인 예술적 기교에 관한 논의로는 다음을 보라. Satterthwaite, "Narrative Artistry," 80-89.

에서는 선행사가 애매한 경우가 드물지 않다. 그럼에도 불구하고 이 경우에는 애매함이 확연하며, 따라서 베냐민의 패배가 베냐민에게 화를 미치는 데 그치지 않고 온 이스라엘에 미칠 것임을 암시한다. 내전이 항상 관련된 모든 당사자에게 비참한 결과를 가져온다는 점에서 그렇다. 본문의 이 작은 애매함은 이 동족 전쟁이 애초부터 전부 무분별한 선택이었으며 승리한 이스라엘에게도 재앙이 될 것이라는 독자의 느낌을 강화하는 또 하나의 증거다.

그다음 세 구절에서, 베냐민 남자 2만 5천 명이 죽었고, 이스라엘 사람들이 칼날로 기브아 온 성읍을 쳤다. 그리고 48절까지 보면 이스라엘 사람들이 베냐민 사람 6백 명을 제외하고 전멸시켰다—마을 전체, 곧 모든 것이 파괴되고 모두가 학살당했다. 내레이터는 그날 죽은 2만 5천 명의 베냐민 전사가 "다 용사"였음을 두 번 언급한다(20:44, 46). 앞서 언급할 때는 전사를 단순히 "칼을 뺀" 자로 칭했다(20:2, 15, 17, 25, 35, 46). 그들이 전장에서 죽어 엎드러져 있는 이 시점에서 '하일'חַיִל('힘센, 용감한, 용맹한')이라는 단어를 도입한 것은 이 이스라엘 사람들의 죽음을 축하해야 할 승리가 아니라 애도해야 할 상실로 보는 내레이터의 판단을 보여 주는 것일 수 있다.[70] 이 장의 마지막 구절에서 폭력이 격해지고 광범위해졌음을 묘사한 것은 이 참사 속에서 누가 승자고 누가 패자인지를 가리는 것이 거의 불가능함을 내비친다.

내러티브가 신탁을 통해 보장받으려는 이스라엘 사람의 노력을 나타내는 방식으로 돌아가 보자. 연합체는 여호와의 승인을 구했고,

---

70. 그런데 모압 사람(3:29)과 단 자손(18:2)도 비슷하게 묘사되어 있다는 점에 주목할 필요가 있다.

신적 발언을 승인으로 해석했으며, 그 결과 엄청난 참상이 벌어졌다. 리처드 보우먼이 말했듯이, "하나님은 성공에 대해서는 보장하지 않은 채 공격하도록 부추김으로써 사실상 그들이 패배하게 덫을 놓은 셈이다."[71] 신탁 자문에 대한 비판, 혹은 어쩌면 이스라엘 사람이 신탁을 해석한 방식에 대한 비판이 있을 수 있는가? 이스라엘 사람들이 신탁 자문에 접근하는 방식에 대한 부정적 평가가 들어가 있는 것은 사사기에서 이질적이지 않을 것이다. 오히려 면밀하게 살펴보면, 더 큰 내러티브에서 이스라엘 사람들이 여호와의 직접적 개입을 구하는 방식을 반복적으로 문제 삼는 뚜렷한 패턴을 볼 수 있다. 이스라엘의 구원자인 기드온은 여호와의 신호를 두드러지게 선호하는데(예컨대 6:36-40), 그러한 욕구는 결국 점치는 거대한 에봇을 제작하는 우상숭배에 이르게 되었다(8:22-28). 입다는 악명 높은 서원으로 하나님께 간구했는데, 이는 자기 딸의 목숨을 희생시키는 방식이 되었다(11:29-40).

지금 논의하는 이야기 바로 앞에 나오는 단 지파 이야기는 이 점에서 특히 관련성이 크다. 단 지파는 자신들의 땅을 찾는 임무가 성공할 수 있을지 알아보기 위해 제사장에게 자신들을 대신해서 하나님과 상의해 달라고 요청한다(18:1-6). 제사장은 여호와의 호의를 장담하며 그들이 가던 길을 가도록 보내 준다. 혹은, 실상은 꽤 애매한 "평안히 가라. 너희가 가는 길은 여호와 앞에 있느니라"라는 제사장의 말을 단 지파가 그렇게 해석한 것일 수도 있다. 대부분의 번역본

---

71. Richard G. Bowman, "Narrative Criticism: Human Purpose in Conflict with Divine Presence," in *Judges and Method: New Approaches in Biblical Studies* (ed. Gale A. Yee; Minneapolis: Fortress Press, 1995), 42.

은 이 말을 긍정적인 의미로, 즉 단 지파의 임무를 여호와께서 호의적으로 보신다는 의미로 해석한다. 그런데 단 지파 사람들은 평화롭고 "한가하게 걱정 없이 사는" 라이스 사람들을 멸절시키고 그 성읍을 불사르러 간다. 내레이터가 라이스 및 그 거주민들에 대해서는 공감할 수 있게 묘사하지만, 대조적으로 단 사람들이 다른 이들을 대하는 모습에 대해서는 공감할 수 없게 묘사함으로써, 이렇게 까닭 없는 대대적 파괴에 대한 내레이터의 불편한 심정이 분명하게 나타난다.

이는 신탁을 호의적으로 이해했지만 이어지는 사건들이 신탁과 신탁을 길하게 보는 해석 사이의 단단한 관계를 약화하는 또 다른 사례다. 연합체가 신탁을 통해 하나님의 뜻을 분별하려는 세 번의 노력은 이러한 패턴에 들어맞는다. 다른 이야기들과 마찬가지로 이 이야기도 신과의 직접적인 소통을 추구하는 것이 적절한지에 대해 심각한 의문을 제기하는 방식으로 전개된다. 독자는 다음과 같은 인상을 받는다. 즉, 단 지파와 이스라엘 연합체 모두 자신들의 계획을 수행하기로 단단히 결심했기 때문에 신과의 상담은 그런 본인들 계획을 확인하는 수단에 불과했다. 사사기에서는 부적절하게 하나님을 소환하는 것이 반복되는데, 이는 사사기 마지막 사건들이 단순히 외떨어진 단발적 사건이 아니라 사사기 전체의 아이러니한 주제를 구성하는 사건임을 암시한다.[72]

---

72. 따라서 니디치가 "비록 승리를 거두는 데 어려움이 있더라도 하나님은 정당하고 거룩한 전쟁의 배후에 계시고, 궁극적인 성공을 보장하신다"라고 주장한 것은 지나치다("'Sodomite' Theme in Judges 19-20," 372).

"어찌하여 이스라엘에 이런 일이 생겼는가?"(21:1-7)

내레이터는 베냐민 지파가 거의 다 살육당한 장면을 묘사한 다음, 연합체 구성원들이 자기 딸들을 베냐민 사람과 결혼시키지 않기로 했던 이전의 맹세를 삽입 정보로 독자에게 제시한다(21:1).

이 정보가 앞뒤 내용과 어떤 관련이 있는지가 처음에는 별로 명확하지 않다. 간혹 성경 내레이터들은 당장에는 무관해 보였다가 이야기의 뒷부분에 가서야 관련성이 명확해지는 정보를 제시하곤 하는데, 이 경우도 그렇다.

이야기가 재개되면서 사람들이 다시 벧엘에 이르러 여호와 앞으로 왔다는 정보가 제공된다. 그리고 거기서 일어난 사건에 대한 묘사가 주목할 만하다. "백성이 벧엘에 이르러 거기서 저녁까지 하나님 앞에 앉아서." 그다음 내레이터는 그들이 다시 한 번 저녁까지 하나님 앞에 앉아서 울었다고 보고한다. 사람들이 온종일, 계속, 저녁까지 하나님 앞에 앉아 있었다는 이 묘사에는 내레이터가 사람들의 울음에 관해 말하기 전인데도 무언가 감동적인 것이 있다. 물론 이 이야기에서 사람들이 하나님 앞에서 운 일이 몇 번 있었지만, 이번에는 전에 없던 강렬한 슬픔이다. 그들은 "소리를 높여 크게 통곡하였다"(21:2(새번역)). 이스라엘 사람들이 그토록 갈망하던 승리의 순간이 바로 가장 깊은 슬픔의 순간이라는 점은 매우 아이러니하다.

이스라엘 사람들은 비통한 눈물을 흘리며 여호와께 부르짖는다. "이스라엘의 하나님 여호와여, 어찌하여 이스라엘에 이런 일이 생겨서 오늘 이스라엘 중에 한 지파가 없어지게 하시나이까?"(21:3). 이 이야기에서 이런 물음이 이미 두 번 나왔다. "이 악한 일이 어떻게 일어났느냐?/어찌 됨이냐?"(20:3, 12). 일어난 재난의 원인이 명시적으로 언급된 이번 질문, 곧 세 번째 질문은 이야기 전체에서 핵심 물음이자 가장 심오한 신학적 순간이다. 19장에서 젊은 여인이 자기 남편을 떠나 아버지의 집으로 돌아가며 시작된 드라마는 한 부족 전체를 잃는 고통스러운 이 절망의 순간이 어떤 의미에서는 절정이다. 왜 이런 끔찍한 일이 일어났는가?

보통 그렇듯이 본문의 세부 사항이 이를 밝혀 준다. 사람들은 이긴 형식의 발화를 통해 **이스라엘의 하나님**이신 여호와께 부르짖는다. 이 세부 사항에는 이 재앙에 대한 책임이 왠지 여호와께 있다는 듯한 미묘하고 은근한 암시가 담겨 있다. 그들의 질문은 암묵적으로 '당신이 **이스라엘**의 하나님이시라면, 왜 **이스라엘**이 지금 폭력으로 부서져 있습니까?' 하고 묻고 있다. 이러한 울부짖음의 이면에는 앞선 신탁에 대한 기억이 있는지도 모른다. 그 신탁이 자기 형제들을 멸망시키라고 촉구하는 것 같았다. 하지만 이러한 질문을 던진다는 사실 자체는 무언가 끔찍하게 잘못되었다는 인식과 어떻게 이런 일이 일어날 수 있었는지 어쩔 줄 몰라 하는 상태를 나타낸다. 물론 이는 아이러니하다. 이런 비극이 이스라엘 사람들의 선택으로 일어났다는 많은 증거가 내레이터의 이야기에 나와 있기 때문이다.

게다가 무엇이 사태를 이 지경까지 몰고 왔는지에 대한 잠재적인 반성의 순간도 찰나일 뿐이다. 이러한 반성의 순간을 이야기의 이 위치에 배치함으로써 폭력의 뿌리와 결과를 모두 고찰할 기회를 당사자들보다 독자들에게 더 제공한다. 그리고 놀랍게도, 어쩌면 짐작한 대로, 이스라엘 사람들에게는 더 큰 폭력을 초래할 다음 문제로 재빨리 넘어갈 기회가 된다. (이야기의 앞부분에 나오는 레위인과 마찬가지로,

여기 그들의 행동에서 학대자의 전형적 패턴―피해자에 대한 폭력, 외견상의 회개, 그리고 이어지는 더 큰 폭력―이 연상된다.) 여기서 연합체에 참가하지 않은 사람들에 대한 숙청을 독자에게 알리는 정보가 5절에 나오면서, 본문의 흐름이 약간 끊어진다. 베냐민 사람과의 결혼 금지에 관한 1절의 삽입 정보와 마찬가지로, 불참자에 대한 사형을 알리는 이 정보는 나중에 중요해질 것이다. 이 관찰에 대한 후속 조치가 바로 이어지지 않고, 6절에서 다소 놀라운 사건의 전환이 보고된다. 즉, 이스라엘 사람들은 남은 베냐민 사람(남자 6백 명)을 동정하지만, 1절에 보고된 금지령 때문에(우리는 그 관련성을 이제 본다) 베냐민 자손이 결혼할 수 없게 되고 더 나아가 부족 보존을 위한 생산을 할 수 없게 될 것을 걱정한다. 이스라엘 지파 중 하나가 끊어진다는 비통에 찬 깨달음은 3절에서 그리고 6절에서 한 번 더 하나님을 향한 울부짖음에 반영되어 있으며, 그들의 접근 방식에 변화를 촉발한다. 그러나 폭력이 낳은 문제를 바로잡으려는 노력이 더 큰 폭력을 초래할 뿐이다.

폭력의 순환: 야베스 길르앗(21:8-14)

베냐민 사람에게 아내를 주기 위해, 연합체는 미스바에서 연합체에 참여하라는 초기의 요청에 응하지 않은 집단으로부터 아내를 취하려는 계획을 짠다. 400명의 처녀를 제외한 야베스 길르앗의 모든 주민, 곧 모든 남자와 여자와 아이를 죽이려고(멸망시키고자) 군대가 파견된다. "여호와여, 어찌하여 이스라엘에 이런 일이 생겼습니까?"라는 비통에 찬 울부짖음에서 나올 수 있었던 깨달음의 순간이 증발했다. 이 고뇌를 해결하기 위해, 사람들은 애초에 이스라엘을 찢어 놓았던 폭력으로 되돌아간다. 슬픔을 회복하기 위해 터무니없이 아이러니한 노력이 펼쳐진다. 그들은 더 많은 동족을 말살함으로써 이스라엘의 구성을 더욱 찢어 놓는다.

내레이터는 이 계획에 대해 명시적으로 판단할 필요가 없다. 내러티브 자체가 이스라엘의 어리석음을 드러낼 것이기 때문이다. 이스라엘은 이전의 폭력으로 인한 결과를 또 다른 폭력으로 바로잡으려는 어리석음을 범한다. 14절 마지막 문구는 이스라엘의 온전함을 회복하려는 계획 중 이 부분에 대한 미묘한 평가를 제시한다. 야베스 길르앗의 젊은 여성들을 베냐민 사람에게 주었을 때, 남자 수에 비해 여자 수가 충분하지 않음이 분명했다(남아 있는 베냐민 남자 600명에 야베스 길르앗 여자 400명이 있으니, 계산해 보면 알 수 있다). 본문을 문자 그대로 읽으면 "그들은 이처럼 그들 수만큼 찾지 못했다." 이 마지막 문구는 200명의 여성이 부족하다는 점뿐만 아니라 이 계획 전체의 성격에 대해서도 언급하는 것이다. 즉, 불완전한 결과는 불완전한 노력의 성격을 상징한다는 점을 언급하는 것이다. 이러한 해석은 내가 보고 싶은 것을 보는 해석으로 여겨질 수 있다. 하지만 베냐민 사람에게 필요한 정확한 여성의 수를 제공함으로써 적절한 해결책을 제안하는 것이 얼마나 쉬운 일이었을지 생각해 보라. 남자 6백 명에 여자 6백 명이 있었다면, 이러한 사실로 인해 내러티브가 이 해결책에 암묵적으로 승인한 것처럼 내비쳐질 수도 있었을 것이다.

폭력의 순환: 실로의 여인들(21:15-25)

이 이야기의 마지막이자 사사기의 마지막 부분은 베냐민 남자에게 아직 200명의 여인이 부족한 문제를 다룬다. 베냐민 남자들이 자손을 생산하지 못하면 지파 하나가 사라지게 되고 열한 부족이 남은 이스라엘은 상당히 약해지고 그렇게 변한 상태로 영원히 가기 때문에, 이 성가신 난제를 그냥 지나칠 수 없다. 폭력이 또 다른 폭력을 낳는 패턴은 이 이야기가 시작될 때부터 이야기의 특징이었고, 이야기가 암울한 결론에 다다르는 동안 수그러들지 않고 계속될 것이다. 하지만 내러티브는 장로들이 실로의 처녀들을 훔치려는 끔찍한 계획을 발표하기 전에, 지금까지의 사건들에 대한 놀랄 만한 평가를 내놓는다. "백성들이 베냐민을 딱하게 여겼으니[베냐민을 위하여 뉘우쳤으니] 왜냐하면 여호와께서 이스라엘 지파들 중에 한 지파가 빠지게 하셨기 때문이다"(21:15). 이 수수께끼 같은 진술은 여러 다른 해석이 가능하다.

이것이 겉으로 보이는 것처럼 정말 내레이터의 의견일까? 얼핏 읽기엔 내레이터가 자기 의견을 주장하면서 마치 사실을 진술하는 것처럼 하고 있는 것 같다. 하지만 자세히 생각해 보면 다른 가능성이 보인다. 이 구절은 시점의 변화가 한 문장 안에서 일어나는 간접 자유 화법의 예일 수도 있다(이 문학적 장치에 대해서는 앞서 설명했다). 앞부분이 담고 있는 정보는 내레이터의 시점에서 나왔고 사실 진술로 보이지만("백성들이 베냐민을 딱하게 여겼다"), "왜냐하면"('키'ㅋ)이 이끄는 뒷부분에서 시점이 백성들의 시점으로 옮겨 간다. 백성들의 시점에서 볼 때, 여호와께서 이스라엘 지파 중 하나가 빠지게 하셨고, 그런 이유로 그들이 베냐민을 딱하게 여긴 것이다.

현 상황을 이렇게 보는 것의 놀라운 특징은 이스라엘의 구성이 찢어진 이 상황에 대한 책임을 하나님께 돌린다는 것이다. 이는 신탁이 베냐민 지파의 파괴로 이어졌다는 이스라엘의 인식에서 비롯된 것일 수 있으며, 물론 어떤 면에서는 그게 사실일 수도 있다. 그러나 지금까지 이야기를 읽어 온 독자는 이러한 책임 전가가 자명하지 않다고 볼 것이다―독자는 계속 쌓이고 쌓이는 재앙의 책임을 백성에게 돌릴 가능성이 크다. 이전에 폭력으로 발생한 문제에 대해 폭력적인 해결책을 구상함으로써 폭력의 순환을 영속시킨 이는 이스라엘 사람들이다. 이 부분이 이스라엘 사람들의 관점을 표현한 것이라면, 자기기만의 깊이를 드러내는 것이다. 또한 자기 행동으로 인해 발생한 바람직하지 않은 결과를 남의 탓으로 돌리는 인간의 경향성을 보여주는 전형적인 사례다.[73]

그러나 어쩌면 이 언급은 하나님께서 이스라엘의 한 지파가 빠지게 하심으로써 그들의 불순종에 대한 벌을 내리셨다는 내레이터의 의견이 반영된 것일 수도 있다. 다시 말해, 인간의 불순종에 대한 신적 형벌이라는 점에서 한 지파가 빠지는 것에 대한 궁극적 권한을 하나님께 둘 수 있다. 이는 구약성경에 널리 퍼져 있는 신학적 신념 중하나, 곧 하나님이 모든 역사, 특히 이스라엘 역사의 주권자시라는 신념에 부합한다는 점에서 전적으로 그럴듯한 해석이다. 후대 해석자들은 바벨론 유배를 바로 이런 식으로 이해한다. 바벨론 유배가 인간이 불순종한 결과이면서 또한 불순종한 이스라엘을 처벌하시는 하나님의 주권적 권한의 영역에 속한다고 말이다. 이 구절에서 내러티

---

73. Klein, *Triumph of Irony*, 188을 보라.

브의 시점이 애매한 것(내레이터의 시점인가 이스라엘의 시점인가?)은 이처럼 사건의 책임 소재를 파악하는 것의 복합성을 반영한다. 신적 주권과 인간의 행동 사이의 경계는 종종 불분명하다.

책임 소재를 여호와께 둔 직후인 16절의 언어는 현재의 곤경에서 폭력의 역할을 다시 강조한다. 장로들은 베냐민의 여인이 다 "몰살되었으니"[74] 이제 그 남은 남자들에게 어떻게 해야 할지 묻는다. 미스바에서 했던 이전의 맹세,[75] 곧 이스라엘 여자를 베냐민에게 주지 않겠다는 맹세 때문에 이스라엘 여인들이 베냐민의 아내가 될 가망이 없어졌으므로, 장로들은 기괴한 계획을 세운다. 실로의 젊은 여성들이 매년 있는 여호와의 명절에 춤추러 나올 때 그 여인들을 납치하자는 계획이다.

내레이터는 이 계획이 극악하다는 점에 대해 논평할 필요가 없다. 젊은 여인들―여호와의 성스러운 명절에 춤을 추는 여인들―을 납치하려고 대기하고 있는 남자들의 모습을 그리는 것만으로도 현대 독자들은 물론이거니와 고대 독자들에게도 혐오감을 자아냈을 것이다. 하지만 내러티브가 중립을 유지하고 있지는 않다.[76] 수전 애커먼

---

74. "베냐민에 여자가 남아 있지 않다"라고 옮긴 NRSV의 번역은 폭력의 심각성을 너무 누그러뜨린다.

75. 입다도 사사기 11장에서 불길한 서원을 했고, 올슨은 여기서 이스라엘 백성들의 서원이 가져올 비극적 결과에서 사사기 11장에 대한 메아리를 예리하게 관찰한다 ("Judges," 886).

76. 나와 반대로, 엘리스 바흐는 "실로 사건 결과에 대한 내러티브의 유일한 관심사는 이 소녀들을 취하는 행위가 부족 남성들에게 오해받아서는 안 된다는 것"이라고 주장한다. 바흐는 동사 '아라브'(אָרַב)와 '하타프'(חָטַף)를 "여성들이 축제 춤을 추며 빙빙 도는 것"과 대조하지만, 이상하게도 이것을 내레이터가 납치에 대해 실망한 증거로 보지 않는다("Rereading the Body Politic: Women and Violence in Judges 21,"

은 다음과 같이 날카롭게 지적한다. "여기서 아이러니한 병치의 냄새가 난다. 19:1-20:48에서는 베냐민 사람들이 섹스를 목적으로 레위인의 아내를 취한 것이 범죄로 간주되지만, 21:15-25에서는 같은 베냐민 사람들이 가서 실로의 젊은 여인의 모임에서 섹스 파트너 겸 아내를 취하도록 장려된다."[77] 이 여인들 납치를 묘사하는 데 사용된 언어는 명시적인 논평만큼이나 분명하게 이 사건에 책임이 있는 자들을 판단한다. 한 번은 장로들의 입에서 자기 정죄의 형태로 평가가 나온다. 장로들은 베냐민 자손에게 자기를 위할 여자를 "붙잡으라"('하타프'חטף)고 말한다(21절). 이 동사는 히브리 성경에서 보기 드물게 딱 두 번 더 나온다. 그 두 번 모두 시편 10:9에 나오는데, 압제자가 연약하고 가련한 희생자를 잡는 맥락이다. (하나 덧붙이자면, 이 장면에 나오는 '숨다', '매복하다'라는 뜻의 또 다른 폭력 동사 '아라브'ארב도 시편 10:9에 두 번 나온다.)[78] 그리고 일어난 일에 관한 내레이터의 요약 설명에 또 다른 독특한 평가 용어가 나온다. "베냐민 자손이 그같이 행하여, 춤추는 여자들 중에서 자기들의 숫자대로 훔쳐[붙들어]['가잘'גזל] 아내로 삼아"(삿 21:23). 보다 중립적으로 표현하려 했다면 보통 '취하다'라는 의미로 쓰이는 '라카흐'לקח가 나왔을 것이다. 하지만 이러한 단어 선택은 여성들이 강제로 붙잡히고, 약탈당하고, 강탈당하고, 훔쳐졌다는 내레이터의 관점을 반영한다.

레위인의 아내는 계속되는 폭력의 순환에 기폭제 역할을 했지만,

BibInt 6 [1998]: 10). 오히려 그녀는 "페미니스트 비평가라면, 성경 내레이터가 실로 처녀들의 아버지와 형제들을 달래기로 계획한 것처럼 쉽게 독자들까지도 달래도록 내버려 둘 수 있는가?" 하고 묻는다(11).

77. Ackerman, *Warrior, Dancer, Seductress, Queen,* 254.

78. Bach, "Rereading the Body Politic," 10.

이 시점에서는 거의 잊혔을 수도 있다. 하지만 그녀가 남편에 의해 (두 번) "붙잡혔"기에, 우리는 길르앗 야베스 여인들의 "붙잡힘"을 통해 다시금 그녀를 떠올리게 된다—이야기는 여성에 대한 폭력으로 시작해서 여성에 대한 폭력으로 끝맺지만, 폭력의 희생자는 1명에서 600명으로 기하급수적으로 늘어났다.[79] 애커먼은 여기서 "뒤틀린 평행점"을 본다. "베냐민 사람들이 에브라임 여인을 폭행한 것에 대한 비난으로 시작된 이야기가 베냐민 사람들이 에브라임 여인들을 유린한 것에 대한 용인으로 마무리된다"는 것이다.[80] 이 마지막 장면에서, 내레이터는 또다시 레위인의 아내를 강탈한 범죄자 무리와 이스라엘 사이의 동일한 점을 떠올리게 한다고 페기 카무프는 지적한다. "레위인의 원수를 갚은 복수자들은 베냐민 처벌을 마무리하고 나서 다음과 같이 자각하게 된다. 본인들이 범죄자들을 처벌했지만 본인들도 그들과 같은 부류라는 점, 그리고 (실로의 아버지들이) 복수를 요구한다면 자신들이 방금 행한 것과 같은 식의 복수임에도 거절해야 한다는 점"(22절).[81]

마지막 평가(21:24-25)

드라마는 끝났고 내레이터는 마지막으로 정리할 세부 사항만 남겨두고 있다. 내레이터는 이스라엘 사람들이 자기 조상의 상속지로 흘

---

79. Trible, *Texts of Terror*, 83.
80. Ackerman, *Warrior, Dancer, Seductress, Queen*, 255.
81. Peggy Kamuf, "Author of a Crime," 193. 앨리스 바흐는 '필레게쉬'에 대한 강간과

어졌다는 소식을 전한다. "그 때에 이스라엘 자손이 그곳에서 각기 자기의 지파, 자기의 가족에게로 돌아갔으니['바이트할레쿠'ויתהלכו], 곧 각기 그곳에서 나와서 자기의 기업으로 돌아갔더라"(24절). 언뜻 보면 이는 19장에서 자기 남편을 떠난 젊은 여인의 죽음에서 시작된 긴 갈등의 끝을 알리는, 이스라엘 백성의 고향 귀환에 대한 꽤 단조로운 설명으로 들린다. 하지만 여기서 한 번 더 내레이터는 아이러니를 드러낸다. 사사기 전체에 걸쳐 이스라엘 지파의 분열은 전면에 드러나 있었다. 각 지파는 제각기 행동했고, 열두 지파 간 연합은 보기 힘들었다. 그러나 이 책의 마지막 이야기에서 열한 지파 사이에 일종의 연합이 이루어진다. 사실상 베냐민 지파도 용서받고 아내를 제공받음으로써 마침내 열두 지파가 연합한 것으로 보인다.

그러나 내레이터는 각 지파의 분리와 고립, 심지어 이스라엘 사람 각 개인을 미묘하게 강조함으로써 이런 생각을 약화한다. 그들은 "각기 자기의 지파, 자기의 가족"에게로, "각기 자기의 기업으로" 돌아갔다.[82] 또한 '가다'('할라크'הלך)라는 규칙 동사를, 다른 방향으로 간다는 특수한 함의를 담기도 하고 또한 방향의 무작위성을 전달할 수도 있는 형태[히트파엘 형태]로 사용함으로써 연합되지 않았음을 강조한다.[83] 이러한 형태는 매우 드문 경우인데(왜 보다 일반적이고 평범한

사사기 21장 여인들에 대한 '강간'을 명확하게 비교한다("Rereading the Body Politic," 1-19). 키프는 강간 사건들이 내러티브를 틀 짓는 방식이 "이스라엘 공동체의 몸과 삶의 부서짐"을 나타내는 수단이라고 본다("Rapes of Women," 86).

82. 하지만 미가 4:4의 경우에는 이런 유형의 언어가 위로를 준다(조엘 카민스키가 나에게 알려 준 것이다). 물론 여기에는 "그래, 어쨌든 우리는 집에 가서 이 난장판을 기억 저편에 묻을 수 있겠지" 하는 식의 서글픈 위로의 요소는 있을 것이다.

83. 각각 시 77:18(영어[한글] 성경 17절), 55:8(영어[한글] 성경 7절)에서 그런 의미로 사용된다.

형태로 사용하지 않았는가?), 형태 자체가 주의를 끌기도 하고, 이 귀환이 연합이 아니라 분열로 특징지어진다는 인상을 강화한다. 이스라엘 연합체는 결국 부족들을 하나로 묶지 않고 갈라놓는다.[84]

마지막에 가서 내레이터는 결론적 판단으로 속내를 드러내고, 그간 일어난 일에 대해 명시적으로 도덕적 평가를 내린다. "그 때에 이스라엘에 왕이 없으므로 사람이 각기 자기의 눈에 옳은 대로 행하였더라"(25절). 이 진술은 이중적인 문학적 기능을 한다. 첫째, 19:1에 있는 이야기의 첫 행과 수미상응을 형성한다("이스라엘에 왕이 없을 그 때에"). 이 문구는 군주제의 부재가 도덕적 무정부 상태를 초래했다는 내레이터의 판단으로 이야기 내용을 둘러싸며 잡아 주는 한 쌍의 책 표지 역할을 한다. 그러나 여기 마지막에 와서 내레이터는 모두 각자 자기 눈에 옳은 대로 행했다고 덧붙임으로써 앞의 내용을 더욱 명시적으로 비난한다. 이야기를 풀어 나가는 동안에는 내레이터가 등장인물과 그들의 행위를 명시적으로 비난하기를 꺼리기 때문에, 독자는 마지막 문구를 통해 내레이터의 미묘한 관점을 더욱 분명하게 들을 수 있다. 스튜어트 라신은 다음과 같이 예리하게 관찰했다.

레위인의 발언으로 촉발된 이스라엘 사람들의 복수는 그 잔학 행위 자체만큼이나 기괴하다. … 이 일련의 사건이 레위인의 비겁함, 냉담함, 터무니없는 망각에서 시작되어 회중 앞에서 그의 자기중심적 부정직함으

---

84. 나와는 달리 알베르토 소진(J. Alberto Soggin)은 이 연합체를 "필요하다면 무력으로 이스라엘에서 법과 질서를 유지할 수 있는 충분한 능력이 있는" 것으로 본다 (*Judges* [trans. John Bowden; OTL; Philadelphia: Westminster Press, 1981], 300).

로 촉발되었다는 사실은 시대의 혼란을 강조한다. 사람들을 단결시킬 왕이 없어서 각자 자기 눈에 옳은 대로 행했으며, 더욱이 그 눈은 법, 연민, 책임을 보지 못하는 눈이었다. 이 혼란스러운 시기에 이스라엘은 이러한 일련의 사건으로만 연합할 수 있었다.[85]

하지만 이 구절은 19장에서 시작된 이야기의 수미상응 역할을 할 뿐만 아니라, 사사기 전체에 잘 맞는 결말이기도 하다. 이 구절은 종종 사사기(혹은 적어도 사사기의 최종 편집본)의 군주제 지향성에 대한 증거로 읽히지만, 이는 지나친 단순화다. 이 구절을 사사기에 반영되어 있는 인간의 조건에 관한 일반적 관찰로 이해하는 것도 마찬가지로 적절하다. 이스라엘이 자신들의 선입관념에 따라 여호와의 신탁을 해석했을 때, 그들은 "자기 눈에 옳은 것"을 하고 있지 않았는가? 점점 커지는 폭력의 순환은 부분적으로는 리더십 실패에서 비롯된 것이고, 또한 폭력으로 발생한 문제를 폭력적으로 해결하려 하는 인간의 경향성에서 비롯된 것이기도 하다. 사람들이 유효한 소통을 특징으로 하는 하나님과의 의미 있는 관계와 언약에 대한 신실함을 포기할 때 이런 일이 발생한 것이다. 데니스 올슨의 요약이 적절하다. "따라서 사사기는 리더십과 권력이 있는 인간적 구조의 필요성, 인간의 부패 및 그로 인한 쇠락의 불가피성, 세상에서 하나님의 목적을 이루기 위해 이렇게 결함 있는 인간의 구조와 공동체를 통해서 일하

---

85. Lasine, "Guest and Host," 49-50. 사사기 19-20장에 대한 라신의 해석은 뒤죽박죽인 세상을 묘사하고자 하는 내러티브의 의도를 성찰하는데, 나의 본문 이해와 많은 유사성이 있다.

시는 하나님의 은혜로운 뜻에 대한 냉정하고도 성숙한 그림이다."[86]

인간의 조건과 폭력

이 책은 구약성경 안에 있는 여성들에 관한 책이지만, 여기 이 끔찍한 이야기는 대부분 남성들에 관한 내용이다. 19장에서 자기 집과 남편을 떠난(아마도 그 결과를 감수할 만한 충분한 이유가 있어서 떠났을 것이다) 젊은 여인은 점점 커지는 폭력의 순환 속에서 거의 잊혔다. 거의 잊혔지만 완전히 잊힌 것은 아니다. 이 이야기가 성경에 포함된 것은 성경 저자들이 여성의 폭력과 고통에 무관심했기 때문이 아니라, 오히려 여기에 묘사된 폭력을 중요한 **신학적** 문제로 보았기 때문이다.[87]

타미 슈나이더는 이 본문에 관한 페미니스트 비평 상당수가 폭력에 대한 내러티브의 우려를 인정하지 않는 이유 중 하나를 정확히 집어낸다. "그들이 이야기를 사사기라는 더 큰 내러티브에 연결하지 않았다"는 것이다.[88] 사사기 전체의 맥락에서 이 여인에게 일어난 일을

---

86. Olson, "Judges," 866. 대니얼 블록은 내레이터의 관심사가 정치적 진화(political evolution)라기보다 백성들의 "영적 권력 이양"(spiritual devolution)을 연대기적으로 기록하는 것이라고 이해한다("Echo Narrative Technique in Hebrew Literature: A Study in Judges 19," *Westminster Theological Journal* 52 [1990]: 331).
87. 유연희도 여성의 희생을 전면에 그리는 내러티브의 관심을 강조한다("*Han*-Laden Women," 41).
88. Tammi J. Schneider, *Judges* (Berit Olam; Collegeville, MN: Michael Glazier, 2000), 245. 사사기의 문학적 구조에 관해서는 다음을 보라. Barry G. Webb, *The Book of the Judges: An Integrated Reading* (JSOTSup 46; Sheffield: JSOT Press, 1985).

살펴보면 신학적인 문제가 전면에 드러난다. 수잔 니디치가 지적했듯이, "남자가 자기 첩에 대해 무감각한 것, … 그의 이기심은 사실 이스라엘에서 더 큰 공동체 관계의 축소판이다."[89] 고독한 여인에 대한 폭력에서 남성과 여성 모두 살해되는 내전으로, 그리고 결국 이스라엘 전체의 상처와 분열로 이어지는 이야기의 진행은 신학적 성찰 방법 몇 가지를 함축적으로 제공한다. 첫째, 이는 여성에 대한 폭력과 보다 일반적인 폭력 사이의 내적 관계를 암시한다. 사사기에서 폭력이 점점 악화되는 것은 사사기에 등장하는 여성들의 지위가 점점 악화되는 것과 평행을 이룬다. 대니얼 올슨이 지적했듯이, 사사기에서 여성의 지위와 처우는 사사기에서 이스라엘의 사회 및 종교 생활이 건강한지 나타내는 지표다.[90] 최근의 연구도 이러한 연관성을 뒷받침한다. 아프가니스탄 탈레반 치하에 있는 여인들의 삶에 관한 서구의 관심과 우려는 특정 사회에서 여성의 지위가 그 사회가 폭력적이고 불안정한 정도와 관련된다는 연구를 언론이 보도하는 배경이 되었다(여성이 평등한 쪽으로 가는 사회는 사회 안정성과 경제적 안정성이 더 높았다).[91]

---

89. Niditch, "'Sodomite' Theme," 371.
90. Olson, "Judges," 872–73. 슈나이더도 이만큼 철저하지는 않지만 이렇게 연결 짓는다(*Judges*, 289).
91. Barbara Crossette, "Living in a World Without Women," *New York Times*, Sunday, 4 November 2001, sec. 4, p. 1. 이와 관련하여, 여성이 갖는 자신의 성생활(sexuality)에 대한 통제권과 사회적 안정성 사이의 연관성에 대해서는 예컨대 다음을 보라. Rachel L. Swarns, "South Africa's AIDS Vortex Engulfs a Rural Community," *New York Times*, Sunday, 25 November 2001, sec. A, p. 1; 그리고 Denise Ackermann, "Tamar's Cry: Re-Reading an Ancient Text in the Midst of an HIV/AIDS Pandemic"(이 논문은 2001년 11월 19일 덴버에서 열린 SBL 연례 모임에서 발표된 것이다).

구약성경은 이러한 연관성을 알고 있을 뿐만 아니라, 그것이 하나님 백성의 삶에 미치는 영향에 대해 우려하고 있다. 구약성경의 또 다른 두 강간 이야기는 이 이야기와 흥미로운 유사점을 보여 준다. 창세기 34장에서는 디나가 강간당하고, 그녀의 형제들은 그 불의에 '복수'하기 위해 끔찍한 폭력을 대대적으로 휘두른다. 사무엘하 13장에서는 다말이 강간당하고, 그녀의 오빠는 불의에 '복수'하기 위해 대대적인 폭력에 착수한다. 그리고 이는 결국 다윗 왕가의 많은 사람을 죽이는 또 다른 폭력 행위의 시발점이 된다. 세 가지 강간 이야기를 종합해 보면, 한 여성에 대한 강간과 학대가 광범위한 폭력으로 인정사정없이 이어지는 불안한 패턴이 드러난다. 그런데 성경은 왜 이런 연관성을 강조할까? 사사기 19-21장의 증거는 단지 강간 사건에 그런 연관성이 있다는 점을 지적하려는 것이 아니라, 강간 사건이 그러한 연관성을 우리의 관심, 심려, 성찰이 필요한 신학적 문제로 제기하고 있음을 시사한다.

앨리스 키프는 강간당한 여성들의 몸을 "전쟁으로 혼란에 빠진 사회의 몸"을 나타내는 표지로 읽는다. 내러티브는 이러한 "표지"를 통해 정곡을 찌르는 비판을 제시하는 것이다.

이 강간 이야기를 통해, 그리고 폭행당한 여성의 눈을 통해 전달된 공포를 통해 남성들의 전쟁은 비판과 판단을 받게 된다. 이들 히브리 이야기에서 공동체, 서로 연결되어 있음, 언약을 나타내는 표지인 여성의 몸은 희생과 성폭행이라는 이미지를 통해 인간 공동체 안에서 깨짐이라는 현실을 증언하는 강력한 수사적 상징을 제공한다.[92]

종종 페미니스트 주석가들은 이 이야기에서 여성들은 침묵하고 오로지 남성들만 입을 열고 있음을 지적한다.[93] 그러나 이야기가 비난하지 않는 등장인물도 오로지 여성들이다—내레이터는 어떤 여성도 고발하지 않는다. 반면 모든 남성은 어떤 식으로든 폭력에 연루되어 있다.[94] 여기서 내가 말하고자 하는 바는 젠더에 기반하여 지나치게 단순화된 어떤 도덕을 강요하는 게 아니다. 오히려 내러티브의 관점에 주목할 때 이 이야기를 하나님 말씀으로 듣는 새로운 방식이 생긴다는 점을 제안하고자 한다.

이 이야기를 풀어내는 방식에서 또 다른 관련 문제가 매우 중요한 역할을 한다. 모든 폭력 행위는 또 다른, 더 파괴적인 폭력 행위를 촉발한다. 이 이야기는 해피엔딩을 고안해 냄으로써 이 문제를 덮어 버리려 하지 않는다. 여기에는 해피엔딩이 없다. 내전이 어처구니없는 결말(실로의 여인들 납치)로 끝난 후 이스라엘 각 지파는 고향으로 맥없이 돌아간다. 이스라엘 전체는 그 오롯함에 큰 상처를 입었다. 이것이

---

92. Keefe, "Rapes of Women," 94. 강간 사건들 사이의 연관성에 대해서는 또한 다음을 보라. Niditch, "'Sodomite' Theme," 365–78. 이 세 본문 사이의 연관성 및 그것이 폭력과 어떤 관계인지에 대해서는 다음을 보라. Frank M. Yamada, "Configurations of Rape in the Hebrew Bible: A Literary Analysis of Three Rape Narratives" (Ph.D. diss., Princeton Theological Seminary, 2004). 이 세 본문 사이의 연관성, 그리고 여성에 대한 폭력과 그에 따른 폭력의 폭발 사이의 연관성을 전면에 배치하는 방식은 엑섬의 견해를 반박한다. 엑섬은 성경 이야기에서 폭력의 젠더적 성격이 고려되지 않았으며, 본문이 여성에게 가해진 폭력을 여성 탓으로 돌린다고 본다(Exum, *Fragmented Women*, 176–98, 특히 182, 194).

93. 예컨대 Bohmbach, "Conventions/Contraventions," 88.

94. 19:2에서 여인의 행동을 묘사하기 위해 '자나'(זָנָה)라는 말을 사용하는 것을 그녀에 대한 비난으로 본다면, 이는 유일한 예외일 것이다(예컨대 다음을 보라. Müllner, "Lethal Differences," 138).

승리의 대가다. 내레이터가 이야기에 대한 독자의 인식을 능란하게 형성한 결과, 우리는 레위인 아내의 비극적 운명에 대해 다른 방식으로 더 적절하게 반응할 수 있지 않았나 하고 생각하게 된다. 이야기를 풀어내는 방식은 독자인 우리가 이 고대의 이야기를 통해서 폭력에 반응하는 방법에 관해 무엇을 배울 수 있는지 묻도록 유도한다.

신학자 로완 윌리엄스는 2001년 9월 11일의 폭력으로부터 우리가 무엇을 배울 수 있을지에 대해 비슷한 질문을 던졌다. 그는 이렇게 제안한다. 폭력은 하나의 언어인데, 다른 언어로 반응하기로 선택하는 것은 결코 소극적으로 반응하는 쪽을 지지하는 게 아니라, "무언가가 변화할 수 있게 행동하려 한다"는 의미이며, 이는 "우리가 무력하지 않음을 우리 자신에게 확인시키고자 행동하는 것이 아니다."[95] 이스라엘 사람들이 폭력적인 해결책에 계속 의존하는 것에는 자신이 무력하지 않음을 확인하고자 하는 기색이 있다. 그리고 로완 윌리엄스가 알려 주는 또 다른 사실이 있다. 이야기를 읽는 방식을 형성하는 내레이터의 단서들에 귀를 기울이면서도, 폭력 성향을 우리가 아니라 등장인물에게만 있는 것으로 생각해 버릴 위험은 있다. "우리가 납득하지 못하는 것을 '악'으로 규정하는 데는 … 감상적인 면이 있다. 그것은 우리를 방면해 주고, 다른 사람의 파괴적인 행위에서 우리가 무엇을 **인식**할 수 있는지에 관한 물음을 회피하게 해 준다. 이러한 자기 성찰적 질문 없이 반응하면 아무것도 바뀌지 않는다."[96] 문제를 다른 장소 다른 시간, 더 나아가 다른 사람에게 속한 것

95. Rowan Williams, *Writing in the Dust: After September 11* (Grand Rapids: Eerdmans, 2002), 24.
96. 같은 책, 21.

으로 보기는 너무 쉽고, 문제를 우리 자신의 것으로 보기는 훨씬 더 어렵다. 하지만 그렇게 보는 것이 더 충실하며 더 큰 희망을 담고 있다. 내레이터는 우리가 이 이야기를 읽으면서 등장인물들의 행동을 평가하도록 차분히 부추긴다. 그러나 또한 마찬가지로 중요한 점은 우리가 이 인물들의 경험 속에 공감적으로 들어가서, 그들이 바로 우리이므로 그들과 함께 앉아 부르짖을 수 있도록 차분히 부추긴다는 것이다.

마지막으로, 나는 이 이야기를 읽는 여성들이 젊은 여인에 대한 학대 묘사가 자신들의 경험과는 거리가 있다고 생각하지 않았으면 한다. 이 경험은 여전히 무수한 여성에게 먼 이야기가 아닐뿐더러, 계몽되었다고들 하는 서구를 포함하여 지구 곳곳에서 무서우리만큼 현실적이다. 이 이야기에서 나는 내레이터 기예의 미묘함을 캐내는 데 관심을 두었는데, 그 이유 하나는 다음과 같은 생각이 거짓인 게 내레이터의 미묘함에서 드러나기 때문이다. 즉, 그 여인의 운명, 이어지는 폭력으로 살해된 모든 사람의 운명, 그리고 살인을 저지른 사람의 운명은 하나님께서 그리 관심 두지 않는 문제라는 생각 말이다. 이스라엘의 더 큰 이야기 가운데 이 이야기는 공동체의 삶을 지배하는 하나님의 법이 완전히 부재한 최악의 지점을 보여 준다. "모든 사람이 각기 자기의 눈에 옳은 대로 행하였더라"라는 말로써 말이다. 이는 단순히 다가올 군주제 확립을 위한 프로파간다가 아니다. 그보다도 이 이야기는—폭력에 관한 명제들 또는 철학적 논쟁을 통해서가 아니라—이야기에 몰입함으로써 윤리적으로 성찰할 기회를 제공한다. 내레이터는 현재 벌어지고 있는 일에 관해 어떻게 생각해야 하는지를 독자에게 명시적으로 말하지는 않지만, 우리 생각의 방향을 제시하는 이정표를 제공한다. 요컨대 이야기는 중립적으로 전개되지 않는다. 독자가 사건들에 관한 내레이터의 판단을 감지할 수 있을 뿐만 아니라(그리고 이 경우 신적 판단이 암시된다), 인간의 조건과 폭력 성향에 대해 진지하게 성찰하도록 차분히 유도하는 방식으로 전개된다. 이스라엘 사람들은 상실의 한복판에서 하나님이 어디 계신지 의아해하며 울부짖었고, 내레이터는 한 가지 대답의 방향으로 우리를 몰고 간다─하나님은 내러티브의 세부 사항 속에, 여인의 침묵 속에, 딸의 마음에 이야기하도록 사위를 붙잡아 놓는 아버지의 집요한 노력 속에, 죽어 가면서 문지방을 붙잡은 그녀의 두 손에 계신다. 그리스도인이라면 이 내러티브의 세부 사항에서 십자가 신학과의 동질성을 알아볼 것이다.

4장

구원하는 여인들

출애굽기 1-4장에서 초규범적 구원의 가치들

이야기에서 가장 흥미로운 측면들은 대체로 외치는 부분보다 속삭이는 부분에 있다. 즉, 명시적으로 말하는 것보다 암시적인 것에 있다. 특히 이야기가 암시하는 가치들을 이해하고자 할 때 그렇다. 예컨대 《스타트렉》 오리지널 TV 시리즈 이야기는 먼 미래의 우주 탐험에 관한 이야기지만, 에피소드마다 재현되는 기본 가치관은 20세기 미국 중산층의 가치다. 커크 선장과 승무원들은 우주 곳곳에서 만나는 외계 문화에 민주주의, 자기 결정권, 근면함이라는 가치를 옹호하고 전파한다. 이 프로그램 시청자 대다수가 이러한 가치를 공유하고 있어서 거의 인지하지 못하고 있지만, 이런 가치들이 매우 많이 나타난다.

이 장에서 제시하는 읽기 전략은 이야기에 암묵적으로 함의된 가치에 귀 기울일 것을 요구한다. 이 장의 경우 출애굽기 1-4장에 나오는 이야기, 즉 여성이 젠더, 인종, 계급의 경계를 넘어서 폭력에 저항하고, 그렇게 함으로써 앞으로 일어날 경계를 넘는 다른 구원의 기폭제이자 모델이 되는 이야기를 다룬다. 이 이야기에 함의된 가치들,

이를테면 폭력에 직면한 약자를 초집단적으로 협력하여 돌보기 같은 것들은 어떤 의미에서 '여성의 가치'로 이해될 수 있을까? 이 장 마지막 부분에서는 '젠더화한' 가치들(이 장의 경우 특정 행동과 가치를 여성과 연관 짓는 일)의 도전과 이점을 고찰해 볼 것이다. 하지만 이 문제를 숙고하는 것 자체가 목적은 아니다. 출애굽기 1-4장의 가치를 '여성의 가치'로 생각하는 궁극의 목적은 출애굽기 앞부분에 나오는 구원 이야기들이 인간 정체성 구조들(인종, 젠더, 계급)에 의존하는 정도를 고찰하고, 동시에, 여성이 수행한 초규범적 구원 행위들을 통해 그러한 범주들 자체가 허물어지는 정도를 고찰하는 것이다.[1]

생육과 번성(1:1-12)

출애굽기가 시작되는 방식을 보면 성경의 다른 책들과 마찬가지로 남자들에 관한 이야기일 것 같다. 1장의 첫 몇 구절은 요셉을 따라 이집트로 내려간 지파들로 구성된 야곱의 남자 후손(야곱의 딸인 디나는 없다)의 족보를 보여 준다. 이 후손들은 다산하여 "온 땅에 가득하게"(1:7) 될 정도로 번성했고 그 수가 엄청나게 늘었다. 여기서 사용된 생육 번성이라는 언어가 창세기 1장의 창조 이야기를 떠올리게 한다는 점을 많은 독자가 알 것이다. 창세기 1장에서는 생육하고 번성하여 땅에 충만하라는 명령이 인간에게 주어진다(창 1:28; 9:1, 7).[2]

---

1. '초규범적 구원'(transgressive deliverance)이라는 말로 내가 의미하는 바는 약자와 억압받는 사람의 해방을 방해하는 젠더, 계급, 민족의 구분을 허용하지 않는—인간의 완전한 번영을 방해하는 한 그러한 인간 정체성 구조를 존중하지 않는—구원 행위다.

여기에 사용된 동사 중 하나('쇠라츠'תרש)는 보통 동물(길짐승)의 다산성을 표현하는 데 사용된다.[3] 현대의 관용어로 말하자면, 이스라엘 사람들은 토끼처럼 번성한 것이다.[4] 따라서 히브리인의 생육은 창조 때 표현된 하나님의 뜻을 이룬 것이면서 동시에 이 이야기의 핵심을 이루는 극적인 갈등의 근원이 된다. 하나님의 뜻을 이룬 다산은 또한 이집트 왕을 불안하게 만들었고, 이집트 왕은 자기 땅 한가운데서 히브리인들이 번성하는 것을 염려하게 된다.

히브리인의 상황에 관한 설명에서 별로 언급되지 않는 또 다른 특징은 그토록 번성하는 데 필수적인 여성의 역할이다. 이야기의 이 지점에서는 남성만 언급되고 있지만, 아이들을 건강하게 번성하는 위험한 임무는 여성의 몫이다. 여성이 임신하고 안전하게 출산하고 성인이 될 때까지 양육했다. 오늘날 일부 지역도 그렇지만 고대 세계는 영아 사망률이 극도로 높았다.[5] 따라서 고대에는 환경이 아무리 좋

2. 이 장들에서 창조 주제들에 대한 특별한 강조에 대해서는 다음을 보라. Terence E. Fretheim, *Exodus* (Interpretation; Louisville: John Knox Press, 1991), 24–41. 『출애굽기』, 강성열 옮김(서울: 한국장로교출판사, 2001). Cf. James S. Ackerman, "The Literary Context of the Moses Birth Story (Exodus 1–2)," in *Literary Interpretations of Biblical Narratives* (ed. Kenneth R. R. Gros Louis with James S. Ackerman and Thayer S. Warshaw; Nashville: Abingdon Press, 1974), 76–77.

3. 다음을 보라. 창 1:20–21; 7:21; 8:17; 인간에 관해서는 9:7을 보라.

4. 대나 놀런 퓨얼(Danna Nolan Fewell)과 데이비드 건(David M. Gunn)도 같은 영어 숙어를 언급한다(*Gender, Power, and Promise: The Subject of the Bible's First Story* [Nashville: Abingdon Press, 1993], 92).

5. 다음을 보라. Athalya Brenner, *The Intercourse of Knowledge: On Gendering Desire and 'Sexuality' in the Hebrew Bible* (BIS 26; Leiden: Brill, 1997), 61–69. 브레너는 출산 여성의 높은 사망률도 강조한다.

아도 아이들을 건강하게 낳고 기르는 것이 상당한 능력을 요구하는 일이었다. 히브리 여성들이 아이들을 건강하게 낳아 양육해야만 히브리인들이 매우 강해지고 땅을 가득 채울 수 있다(1:7). 이러한 배경에서 본문은 이 정도의 인구 폭발은 신의 섭리에 의한 것임을 암시한다. 핵심 갈등을 알리는 이 도입 구절(1:1-7)에서 여성은 명시적으로 언급되지 않지만, 7절은 여성이 이 드라마의 주역이 될 것이며 이미 무대에 나와서 하나님의 뜻을 이루는 데 참여하고 있음을 독자들에게 미세하게 알린다("이스라엘의 아들들"만 줄곧 나오는 와중에!). 일부 페미니스트 주석가들은 산파들이 등장하는 1:15 전까지 이 이야기는 '여성의 이야기'가 아니라고 제안하지만, 자세히 읽어 보면 처음부터 '여성의 이야기'임이 내비쳐지고 있다.[6]

시간이 흘러 이집트 지도층과 이스라엘 사람들의 관계가 단절된다. 요셉은 죽었고 새로운 왕이 등장한다. 새로운 왕은 히브리인들과 개인적인 관계가 없다. 흔히 그렇듯이 '타자'를 대표하는 사람과 인간적 관계가 형성되면 그들 집단 전체를 인간답게 할 수 있지만, 그런 관계가 없으면 집단 전체가 비인간화될 수 있다.[7] 따라서 개인적인 친분이 없는 새 왕이 빠르게 번성하는 이스라엘 사람들을 위협으로 여기는 것은 어쩌면 당연한 일이다(1:9-10). 왕은 이스라엘 사람들이 이집트의 적들과 연합군을 형성하여 전쟁을 벌이고 궁극적으로 그 땅에서 탈출할 것이라고[8] 두려워한다. 본문은 이러한 왕의 편집증 외

---

6. 예컨대 다음을 보라. Renita J. Weems, "The Hebrew Women Are Not Like the Egyptian Women: The Ideology of Race, Gender and Sexual Reproduction in Exodus 1," *Semeia* 59 (1992): 28.

7. 이런 이유로, 북아일랜드의 가톨릭과 개신교 청소년(또는 이스라엘과 팔레스타인 청소년)들이 함께 여름을 보내며 공동의 경험을 하는 평화 만들기 노력이 있는 것이다.

에는 왕이 두려워하는 이유를 제시하지 않는다. 이러한 왕의 반응은 역사상 여러 사회에서 흔히 볼 수 있는 것이다. 왕은 다른 민족 집단의 사람 수가 늘어나는 것만으로 멸망할 수 있다는 편집증적 환상을 품는다. 이야기는 아이러니하게도 이러한 편집증을 이용한다. 상상이 현실이 될 것이다. 파라오바로는 이스라엘 사람들이 파멸을 가져올까 두려워서 그들을 압제하지만, 결국 그의 압제에서 출발하여 (신적 개입을 통해) 이스라엘이 파라오를 파멸에 이르게 한다.

왕의 발언에 나타난 한 가지 특징은 우리의 논의에서 주목할 만하다. "그들이 더 많게 되면 전쟁이 일어날 때에 우리 대적과 합하여…"(1:10)라는 문구에 여성 복수 동사가 별다른 이유 없이 등장한다. 마소라 본문에서 "일어나다"('티크레나'תִּקְרֶאנָה)라는 동사의 어형이 여성 복수형인 것은 이 동사의 주어가 여성 단수형 명사 "전쟁"인 것 같다는 점을 고려할 때 이상하다. 다른 사본 전통들에서는 "전쟁이 우리를 [상대로?] 일어나다"를 의미하는 '티크라에누'תִּקְרָאֵנוּ로 수정한다.[9] 다른 성경 본문에는 이 동사가 명사 '전쟁'과 가까운 위치에 나타나지만,[10] 이 수정이 제안하는 바와 같이 '전쟁'('밀하마'מִלְחָמָה)이 이 동사('카라'קָרָא)의 주어인 경우는 어디에도 없다. 대부분의 번역은 이

---

8. 이 문구는 "그 땅에서 올라간다"이다. 많은 독자가 아는 바와 같이, 이는 이스라엘이 이집트에서 탈출하는 전조가 된다.

9. NJPS와 NRSV 모두 동사 어미의 애매함을 깔끔하게 피해 가도록 "전쟁이 일어날 경우"(in the event of war)로 번역한다. 브레바드 차일즈는 이러한 수정을 주장하면서 레 10:19에 비슷한 사례가 있다고 언급하지만, 그 사례는 이 구절을 설명해 주지 못한다(Brevard S. Childs, *The Book of Exodus: A Critical, Theological Commentary* [OTL; Philadelphia: Westminster Press, 1974], 5).

10. 민 21:33; 신 2:32; 3:1; 29:6; 수 8:14; 10:24; 11:20; 삼상 4:1, 2; 17:2, 8; 삼하 10:9; 18:6; 왕하 14:7; 대상 19:10, 17; 욜 3:9; 4:9; 미 3:5.

이상한 동사 형태가 이치에 맞도록 합리적으로 다른 사본을 따른다. 하지만 더 난해하더라도 인내심을 가지고 마소라 본문대로 읽는다면(전통적인 본문 비평 원리), 무엇을 발견할 수 있을까? 다른 사본을 따라 번역한 본문들이 이치에 잘 맞지만, 그럼에도 마소라 본문을 따라 다음과 같이 번역할 수도 있다. "그들이 더 많게 되면 그들이[여성 복수형; 즉, 여인들이] 전쟁을 일으킬/선포할 때에…." 언뜻 보기에 이치에 그리 맞지 않을 수도 있다—이 동사의 선행사 역할을 하는 여성들이 이야기에 명시적으로 언급되어 있지 않기 때문이다. 하지만 앞서 언급했듯이, 1:7에 이스라엘 자손의 어마어마한 번성이 처음 묘사된 이후 그 여성들은 암묵적이지만 매우 존재감 있으며 적극 활동하고 있다. 이 여성 복수 동사는 왕의 공포 뒤에 있는 진짜 근원이 매우 빠르게 건강한 아이들을 생산하는 여성들이라는 점, 즉 그녀들이 다산을 통해 왕을 상대로 전쟁을 벌일 수 있다는 점을 미세하게 드러내고 있다. 이런 점에서 이 여성 복수 동사는 사실상 프로이트의 말실수 같은 기능을 하고 있다.

이스라엘 사람들의 빠른 번성을 막기 위해 왕은 강제 노동으로 그들을 억압하기로 결정한다. 하지만 이러한 결정은 이스라엘 여인들이 더 많은 아이를 낳기 위해 견뎌야 하는 산고의 수를 늘릴 뿐이다. 인구를 줄이기 위해 고안한 전략이 오히려 인구를 늘리는 아이러니는 수 세기 동안 독자들에게 기억되고 있다.[11] 이러한 인구 폭발은

11. 에드워드 그린스타인(Edward L. Greenstein)은 *HarperCollins Study Bible*에 넣은 자신의 주석에서, 10절의 "그들이 더 번성할까"(lest they multiply) 하는 왕의 두려움과 12절의 "그들이 더욱 번성하여"(thus they multiplied) 사이의 아이러니한 말놀이를 정확히 본다— 영어보다 히브리어로 읽을 때 훨씬 더 비슷하게 들린다 (*HarperCollins Study Bible* [ed. Wayne A. Meeks; New York: HarperCollins,

"땅에 충만하라"는 창세기의 명령을 실현하는 신적 섭리의 결과로 보는 것이 타당하다. 하지만 이 아이러니의 깊이를 알아차린 독자는 별로 없다. 아마 남성뿐만 아니라 여성도 이러한 강제 노동을 하고 있었지만,[12] 아이를 임신하고 성인이 될 때까지 양육하여 건강한 아이의 수를 유지하는 것을 넘어 늘리기까지 했다. 남성은 베이비붐에서 중요한 역할을 하지만(당연히 남성이 없이는 베이비붐이 일어날 수 없으므로), 남성의 기여는 잠깐이다. 여성의 역할이 훨씬 더 많고 장기적이다. 여성들은 어려운 과제를 만났다—고된 노동에 시달리면서도 건강한 아이를 낳아 기를 만큼 강건해야 했다.[13] 다른 경우를 보면 모두 고된 노동과 빈곤이라는 환경이 유아 생존율을 낮추는 경향이 있기 때문에, 왕의 논리가 틀린 것은 아니다.[14] 하지만 이 사람들, 특

1993], 79).

12. 윌리엄 프롭(William Propp)은 여성들이 강제 노동에 참여하지 않았다고 넌지시 내비친다(*Exodus 1-18: A New Translation with Introduction and Commentary* [AB 2; New York: Doubleday, 1999], 132). 그러나 여성들이 벽돌 생산 등의 활동을 하지 않았더라도 히브리 남성들을 먹이고 입히는 등 지원 업무도 파라오에게 봉사하는 일이므로, 가정 전체가 강제 노동에 참여한 것으로 간주해야 한다는 점은 논란의 여지가 없어 보인다.

13. 아이들을 수유(모유 수유)하는 것은 흔히 생각하는 것만큼 간단하고 쉽지 않다. 성공적으로 아이에게 수유하려면 엄마도 충분히 먹고 마시고 잠을 자야 한다. 게다가 이러한 요건 중 어느 하나가 부족하거나 정서적인 스트레스를 받는다면, 모유 공급이 줄거나 그칠 수 있다.

14. 프롭은 파라오의 전략에서 "전제와 결론이 무관함"을 인지했다. 즉, "어떻게 압제가 인구를 줄이겠는가? 언뜻 생각하기에 건강 악화와 작업장 사고가 떠오를 수도 있을 것이다. 베커 쇼어(Bekhor Shor)는 단지 사람들이 너무 피곤해서 성생활을 하지 못할 것이라고 제안한다."(*Exodus* 1-18, 132). 여기에는 무엇이 인구 증가와 관련되는지에 관한 남성 특유의 관점이 반영되어 있는 것 같다. [출산과 양육이라는] 매우 지난하고 부단한 과제에서 성생활은 가장 쉽고 가장 순간적인 측면이다.

히 여성들은 아이들을 "폭발적으로 증가시킴"('파라츠'חרפ를 "퍼져나가다"로 옮긴 NRSV는 의미를 너무 밋밋하게 만든다)으로써 고통과 죽음의 논리를 거스르고 있다. 이집트인들이 이스라엘 자손들을 "두려워"하게 되는 것은(12절) 압제당하면서도 아이들로 가득 채우는 이 여인들 때문이다.

다른 사람 구하기 제1부: 남자아이를 구하는 여인들(1:13-22)

이 계획의 명백한 실패(유산으로 귀결되지 않았다는 점에서)로 인해 이집트인들은 인간의 인내를 넘는 노동으로 히브리인들을 억압했다("어려운 노동으로 그들의 생활을 괴롭게 하니"). "엄하게"는 13-14절에서 두 번 반복되고 "노동"의 어근은 다섯 번 나타난다. 이는 독자들이 억압의 혹독함을 주시하게 한다. 왕은 마침내 강제 노동만으로는 문제의 근원을 다룰 수 없다는 점을 깨닫고, 히브리 여인들을 좀 더 집중해보니 그들은 계속해서 높은 빈도로 출산하고 있었다. 왕은 "히브리 산파들"—십브라와 부아—에게 이 상황에 대해 말한다(1:15). 본문은 이 산파들의 민족 정체성을 애매하게 말한다(아마 의도적으로?). 십브라와 부아는 히브리 여인들을 돌보는 이집트인일 수도 있고(히브리 여인들의 산파들), 히브리인 산파일 수도 있다.[15] 만약 이들이 실제로

---

15. 십브라와 부아는 셈족 이름이지만, 이 문제에 대한 결정적 답을 주기에 충분한 증거는 아니다. 이 논의에 관해서는 다음을 보라. J. Cheryl Exum, "'You Shall Let Every Daughter Live': A Study of Exodus 1.8–2.10," in *A Feminist Companion to Exodus to Deuteronomy* (ed. Athalya Brenner; FCB 6; Sheffield: Sheffield Academic Press, 1994), 48. 모셰 그린버그(Moshe Greenberg)는 그들이 이집트

이집트 여성이라면, 민족적 경계를 넘어 구원에 영향을 미친다는 주제가 이 이야기에서 처음으로 나온 것이다. 그들이 이집트인이든 히브리인이든, 본문의 애매함은 독자로 하여금 정체성이 갖는 함의들을 숙고하게 함으로써 민족적 차이가 이야기에서 중요한 주제임을 알린다. 그들이 히브리인인지 혹은 이집트인인지가 이야기에 어떤 차이를 가져오는가?

왕은 히브리 인구를 줄이려면(그래서 왕이 상상으로 우려하는 그들의 위협을 줄이려면) 히브리 여인들의 출산 자체에 더 초점을 맞춰야 한다는 점을 뒤늦게나마 정확하게 추측한다. 하지만 산파들에게 명령을 내리면서 큰 실수를 한다. 왕은 여자아이는 죽이지 말고 남자아이만 죽이라고 지시한다. 그래서 이집트 내 히브리인의 수를 완전히 없애지는 말고 급격히 줄이고자 했다. 성경 시대에는 히브리 민족의 정체성이 남계로 계승되었고, 따라서 이 계획이 그들 인구수를 감소시키리라 생각할 수 있다. 하지만 이제까지의 이야기 전개가 이러한 논리를 거스르고 있고, 현재 상황을 만든 것도 아이를 낳는 여성들의 강인함이었다.[16]

인구 증가를 억제하려면 여자들을 제거하는 것이 더 논리적인 접근 방식이다—남성은 그 수가 적어도 많은 아이를 낳을 수 있지만, 여성의 수가 적으면 아이를 많이 낳을 수 없기 때문이다. 오늘날 사슴 개체수가 '과밀한' 교외 지역들은 이 사실을 안다. 따라서 암사슴

인이라고 주장한다(*Understanding Exodus* [New York: Behrman House, 1969], 26-27).

16. 고대 해석가들도 이 결정에 대해 의아해했다. 흔한 설명은 여성들이 군사적 위협을 가하지 않는다는 것이었다. 다음 책에 있는 논의를 보라. James L. Kugel, *The Bible As It Was* (Cambridge: Harvard University Press, 1997), 289-90.

여러 마리를 죽여야 수사슴 사냥이 허용된다. 왕은 출산 순간에 초점을 두면서도,[17] 인구 폭발의 근원이 주로 남성이 아니라 여성이며 따라서 이집트 권력의 위협으로 나타나는 이가 여성이라는 점을 인식하지 못하고 있다.[18] 이전의 실수를 반복한 셈이다. 파라오는 가부장제 이데올로기에 사로잡힌 다른 사람들과 마찬가지로 여성의 힘과 특징을 무시한다. 하지만 독자이자 신앙인인 우리에게 가장 중요한 점은 성경은 그렇지 않다는 것이다. 가부장적 사유는 남성이 여성보다 더 중요하고 더 가치 있음을 필수적으로 가정하지만, 이 이야기 자체가 이러한 가정의 오류를 날카로운 아이러니로 드러내고 있다. 파라오는 두 번이나 여자아이를 살려 두라고 명령했고(1:16, 22), 그렇게 함으로써 자신의 계획을 좌절시킬 힘—여성의 힘—을 강화하고 있다.

파라오를 거역한 두 산파의 용기는 강조되어야 한다. 누구라도 당연히 파라오를 두려워한다. 하지만 산파들은 파라오를 두려워하는 마음보다 "하나님을 두려워하는" 마음이 훨씬 크기에 남자아이들을 죽이지 않았던 것이다. 산파들은 남자아이들을 죽이지 않은 이유를 묻는 왕의 질문에 이렇게 답한다. "히브리 여인은 애굽 여인과 같지 아니하고 동물 같아서[건장하여]['하보트'ꓨꓨꓨ] 산파가 그들에게 이르기 전

17. 스콧 모샤우저(Scott Morschauser)는 이집트의 증거를 바탕으로 산파가 남자아이를 출생 후가 아니라 자궁 안에서 죽였을 것이라고 제안한다("Potters' Wheels and Pregnancies: A Note on Exodus 1:6," *JBL* 122 [2003]: 731–33).
18. 필리스 트리블은 이야기 후반부에서 미리암의 역할을 숙고하며 다음과 같이 말한다. "파라오가 여성의 힘을 알아차렸다면, 그는 자신의 명령을 바꿔서 아들들이 아니라 딸들을 죽였을 것이다"("Bringing Miriam Out of the Shadows," in *Feminist Companion to Exodus to Deuteronomy*, 168–69). 엑섬도 지나가는 말로 비슷한 언급을 한다("Let Every Daughter Live," 44).

에 해산하였더이다"(1:19). 창세기 31장에 나오는 라헬의 발언과 마찬가지로, 이 발언은 여러 층위로 작동한다. 한 가지 층위는 여인들이 남자아이를 죽이지 않은 진짜 이유를 숨기고 있다는 점에서 거짓말이다. 진짜 이유는 하나님에 대한 경외심 때문이었다. 그들은 그런 행위가 하나님 뜻에 반하는 끔찍한 행위라고 믿고 있다. 하지만 다른 층위에서 보면, 히브리 여인들의 출산 능력이 동물 같다(그들이 "불어나"swarm)는 점이 이야기에 이미 명확히 나와 있으므로 참말이다. 어쩌면 히브리 여인들은 정말로 산파의 도움이 닿기도 전에 빨리 낳았을지 모른다. 이 맥락에서 산파의 발언은 비하성 표현이 아니며, 자식을 많이 낳을 수 있는 동물의 번식 능력은 긍정적인 특징이다. 풍성한 번성이 이 이야기의 맥락에서 생명을 의미하기 때문이다.

게다가 산파들의 대답은 왕의 선입견을 이용한다는 점에서 특히 영리하다.[19] 아마 왕은 히브리 대중을 이미 인간 이하라는 부정적 의미에서 동물로 생각하고 있으므로, 그녀들의 설명이 진실하다는 점을 의심할 마음이 없는 것 같다. 우리는 왕이 그녀들의 주장에 대해 '그래, 맞아. 나도 그들이 그렇다고 생각했어'라고 하며 고개를 끄덕이는 모습을 볼 수 있다.[20] 이와 같이 산파 여인들은 잠재적인 폭력

19. 윔스(Weems)는 상당한 통찰력으로 이야기의 이러한 측면을 다룬다("Not Like the Egyptian Women," 28–30). 실제로 내러티브 자체가 이러한 선입견을 이용한다—내러티브는 이스라엘 사람들을 동물 떼("불어나"[swarming])처럼 묘사하는데, 이는 파라오가 이스라엘 사람들을 보는 방식이다. 하지만 내러티브는 이를 긍정적인 방식으로 전환한다. 즉, 이스라엘 사람들은 창조 때 주어진 약속과 명령을 성취한 것이다.

20. 일라나 파르데스도 비슷한 주장을 하는데, 그 까닭은 쉽브라와 부아가 "타자는 자연에 가깝다는 흔한 인종차별적 관념"에 의존한다고 보기 때문이다(Countertraditions in the Bible: A Feminist Approach [Cambridge: Harvard University Press, 1992], 82).

에서 노련하게 벗어난다. 그녀들의 대답을 이런 식으로 표현함으로써, 그녀들의 말은 파라오뿐만 아니라 이야기를 읽는/듣는 사람에게도 각기 다른 의미를 전달하게 된다. 기민한 독자들은 이 말에서 히브리 여인들을 인간 이하로 비하하는 목소리를 듣는 대신, 극도의 압박 상황에서도 번성할 수 있었던 히브리 여인들의 능력을 칭송하는 목소리를 듣는다. 산파들의 발언은 바흐친이 "이중 음성 담화"라고 부른 것의 사례를 보여 준다. 우리는 이를 2장에서 논했고, 창세기 31장에서 라헬의 발언과 마찬가지로 여기서도 성경 속 여인들의 발언에 들어 있는 지배 담론과 가치에 대한 저항을 목격한다.[21]

파라오의 계략들은 히브리 여인들의 강인함과 출산 능력을 과소평가했기 때문에 실패한다. 더 넓은 신학적 의미에서 보면, 파라오는 연약한 자를 위해서 연약한 자—무력해 보이는 자—를 통해서 구원 사역을 하시는 하나님의 능력을 과소평가한 것이다.[22] 이 사건들에서 하나님의 역할은 21절에 명시적으로 드러난다. 하나님은 십브라와 부아의 용기에 대해 직접 그들의 가정에 보상하신다.[23] 그들은 아이들을 구했고, 그들은 자기 아이들로 보상받는다. 그들의 행동에 합당한 보상이다. 내레이터는 거의 같은 호흡으로, 히브리 민족이 계속

---

21. 히브리 성경에 나타난 여성과 속임수 사이의 연관성을 여성의 성품에 관한 가부장제 폐단의 흔적으로 읽어야 하는지는 논란 거리다. 에스더 푹스는 폐단의 흔적으로 읽어야 한다는 입장을 주장한다("Who Is Hiding the Truth? Deceptive Women and Biblical Androcentrism," in *Feminist Perspectives on Biblical Scholarship* [ed. Adela Yarbro Collins; SBLBSNA 10; Chico, CA: Scholars Press, 1985], 137–44). 이 책 2장에서 분명히 밝혔듯이, 나는 여성의 속임수가 부정적으로 인식되는 일반적 규칙에 따라 성경 속 여성의 속임수를 보지 않는다.
22. 프레다임은 이 점을 강조한다(*Exodus*, 37).
23. 문자적으로는 '집'(개역한글)이지만 집안(개역개정)을 의미한다.

번성하고 있으며, 산파들의 보상과 마찬가지로 히브리 민족의 출산율 증가의 배후에 하나님이 계신다고 말한다.

파라오는 이러한 실패를 경험하고 히브리 인구를 줄이기 위한 다른 계획을 고안한다. 히브리 아이들이 태어날 때까지 기다렸다가 남자아이를 나일강에 던지는 것이다(1:22). 파라오가 이렇게 전략을 짜는 것은 그가 이전에 세웠던 계획이 왜 실패했는지를 이해하지 못하고 있다는 사실을 드러낸다. 이전 계획들은 그가 하나님과 히브리 여인들을 과소평가했기 때문에 실패한 것이다. 파라오는 남자아이들이 커서 전투할 수 있는 성인이 되는 것을 우려하고 있지만, 전쟁에 대한 두려움은 왕이 실제 일어나고 있는 일을 제대로 보지 못하게 주의를 분산시킨다. 이는 현대 문제와도 유사하다. 남성들을 히브리 힘의 원천으로 보는 이집트 왕의 편협한 시야는 여성보다 남성을 가치 있게 여기는 가부장적 문화를 반영한다. 성경 이야기는 이러한 관념을 약화하고, 그 대신 여성을 히브리 힘과 번영의 원천으로 보는 그림을 제시한다. 파라오는 자신의 편견으로 사리를 분별하지 못하여 히브리 인구의 증가를 막지 못했다. 파라오는 이러한 점을 보지 못해서 독자의 조롱거리가 된다. 고대의 가부장 문화는 남성에게 더 높은 가치를 두지만, 이 이야기는 그러한 가치관을 사실로 받아들인 사람들의 맹목과 무능을 드러냄으로써 가부장제 이데올로기를 슬며시 해체한다.

또 다른 페미니스트적 관점에서는 이에 대해 반대할 수도 있다. 내레이터가 여성에게 내재한 다른 어떤 자질이 아니라 단지 출산 능력과 관련해서만 여성을 높게 평가한 것일 수 있기 때문이다. 이는 분명 사실이다. 하지만 본문을 낳은 고대의 문화적 맥락을 인정하고, 본문에서 현대적인 우려를 발견하는 우리의 맥락을 인정하면 완전히 설득력 있는 반론은 아니다. 다만 내가 주장하는 바는 여성에 대한 파라오의(그리고 당시 문화의) 편견이 잘못일 뿐만 아니라, 그러한 편견을 받아들인 사람에게 치명적 결과를 초래할 수 있다는 점을 본문이 드러낸다는 것이다. 캐서린 두웁 자켄펠드가 룻기를 다루며 지적한 바와 같이, 여기서도 "특정한 사회적 구조를 넘어 그 근저의 원리"[24]를 살펴보아야 한다. 이 본문이 존재한다는 사실이 하나님께서 성차별 이데올로기를 뒷받침하는 뒤틀린 논리를 받아들이지 않으신다는 증거이고, 이와 같이 이 이야기는 이러한 성차별 이데올로기의 내적 모순을 신학적으로 성찰하도록 독자들을 슬며시 초대하고 있다.

다른 사람 구하기 제2부: 모세를 구하는 여인들(2:1-10)

일부 페미니스트 학자들은 출애굽기 1-2장 이야기 전체가 문제 있다고 본다. 이것이 남성을 파멸에서 구하는 여성에 관한 이야기이기 때문인데, 이는 모세의 안전을 걱정하는 여성 무리에게 둘러싸인 아기 모세의 경우에서 가장 분명하게 나타난다. 이 관점에 따르면, 이 이야기 속 여성은 순전히 남성의 시각으로 구성된 가부장제의 이상적인 여성상이다. 여성은 남성을 돌보는 자이며, 진정한 관심의 초점은 결국 남성이다. 셰럴 엑섬이 약간 경멸 조로 지적했듯이, 이는 "다섯 명의 여성과 한 아기"의 이야기다.[25] (나중에 살펴보겠지만, 모세가 성인

---

24. Katharine Doob Sakenfeld, *Ruth* (Interpretation; Louisville: John Knox Press, 1999), 87. 『룻기』, 민경진 옮김(서울: 한국장로교출판사, 2004).

이 되었다고 해서 구원이라는 주제가 사라지는 것은 아니며, 여성들이 항상 구원 역할을 하는 것도 아니다.) 아기 모세의 구조는 새로운 인물이 등장하면서 시작되지만("레위 가족 중 한 사람 man이 가서…"[2:1]), 이 남자가 이야기에서 중요한 역할을 할 것이라는 추정은 오래 못 간다. 룻기에서는 이야기가 시작될 때만 남성들이 등장하고, 거의 곧장 그림에서 사라진다. 여기서도 마찬가지다. 모세의 레위 혈통을 밝히기 위해 레위 가족 중 한 사람이 언급되고, 곧장 장면에서 사라진다. 룻기와 마찬가지로 이는, 이 지점까지는, 여성들에 관한 이야기이기 때문이다.

이 이야기는 우리에게 익숙하다. 하지만 그로 인해 세부 사항을 빠르게 지나쳐서는 안 된다. 이 이야기에 대해 우리 대부분이 기억하는 플롯의 큰 윤곽만큼이나 세부 사항이 많은 의미를 전달하기 때문이다. 아이의 아름다움으로 인해 어머니는 타르[역청]로 봉한('하마르'חמר)[26] 상자를 만든다. 이는 같은 어원에서 온 모르타르[흙 이기기]('호메르'חמר)라는 연관어를 떠올리게 한다. 1:14에서 이스라엘 사람들을 강제로 동원한 억압 수단 중 하나를 묘사하기 위해 모르타르라는 말이 사용되었다. 이러한 되울림은 두 맥락의 차이를 강조한다. 이 어근이 앞서는 이집트인의 학대와 히브리인의 고난에 대한 수단을 나타냈고, 여기서는 히브리 여인의 수중에 있는 구원의 수단을 가리킨다.[27]

25. J. Cheryl Exum, "Second Thoughts About Secondary Characters: Women in Exodus 1.8–2.10," in *Feminist Companion to Exodus to Deuteronomy*, 75.
26. 이 어근은 2:3에 두 번 나오는데, 그중 한 번은 '칠하다, 바르다' 또는 내가 번역한 대로 '봉하다'(seal)라는 뜻에 해당하는 동사로 사용된다. 독자들은 이 장면이 창세기에서 노아가 방주를 만드는 장면을 재현하는 방식―모세의 어머니와 노아는 모두 구원자다―에 주목하곤 한다.
27. Exum, "Let Every Daughter Live," 54.

일라나 파르데스가 지적했듯이, 모세의 어머니는 십브라와 부아의 전략과 비슷한 것으로 파라오의 명령을 거역한다. 파라오는 남자아이를 나일강에 던지라고 명했지만, 모세의 어머니는 남자아이를 나일강에 "던져 보내는" 행위를 함으로써 파라오의 명령에 따르는 시늉만 한 것이다.[28] 이와 같이 내러티브는 풍성한 아이러니를 즐긴다. 모세의 어머니는 파라오의 명령에 순종한 반면, 파라오의 딸은 아이를 강에서 건져 냄으로써 자기 아버지의 명령에 불순종한다. 이집트인들은 히브리인처럼 행동하고, 히브리인들은 이집트인처럼 행동한다―민족적 정체성이 애국 행위를 규정해야 할 것 같지만, 여기서는 여성들의 행동에 수반되는 아이러니들로 인해 애국 행위가 모호해진다.[29] 히브리 성경의 다른 곳에서와 마찬가지로, 아이러니라는 내러티브 전략을 동반하는 속임수의 윤리라 할 만한 것을 통해, 여성들은 자기 목표를 이룬다. 여기서 그 목표는 분명 생명을 살리는 목표다.

아이의 어머니는 이런 식으로 파라오에게 순종/불순종하고 나서 서서히 장면에서 멀어진다. 그리고 아이의 누나가 등장하여 아이가 담긴 상자를 지켜본다. 파라오의 딸과 그녀의 시녀들이 등장한다. 상자를 본 파라오의 딸은 상자를 자신에게 가져오게 하여 열어 본다. "그 아기를 보니―보라, 아기가 우는구나―그녀가 그를 불쌍히 여겨"(2:6). 이렇게 '힌네'ִ הֵנֵּה("보라")로 시작하는 히브리어 구조는 내레이터의 시선에서 등장인물의 시선으로 시점의 변화를 알리는 데 흔히 사용된다.[30] 따라서 독자인 우리는 내레이터와 함께 구경하는 입

---

28. Pardes, *Countertraditions*, 82.
29. 제러미 쉬퍼(Jeremy Schipper)가 개인적으로 소통하는 중에 이 점을 말해 주었다.

장에서가 아니라 불현듯 저 여성의 눈을 통해서 아이를 보게 된다.[31] 이 부분에서 특히 주목할 만한 점은 모세의 아름다움에 관한 언급이 없다는 것이다―앞서 모세의 어머니는 모세의 아름다움 때문에 위험을 감수하면서까지 아이 구하기를 서슴지 않았지만, 여기서는 모세의 아름다움에 대한 언급이 없다.[32] 그 대신 내러티브는 파라오의 딸이 아이에게 연민을 느끼는 까닭이 **아이가 울고 있기 때문**이라는 암시를 준다. 그녀는 아이가 타고난 어떤 미적인 특성이 아니라 아이의 무력함과 취약함에 반응한 것이다(혹은 적어도 아이의 미적인 특성은 울음에서 느껴진 무력함보다 부차적인 이유로 작용한다).

내가 볼 때 이 차이는 상당히 중요하다. 우리가 윤리적 반응에 관

30. "남자아이"라는 명사에 정관사가 없다. 즉, 본문은 "보라, 그 남자아이가 울고 있다"라고 말하지 않는다. 정관사가 있었다면 화자의 시점이 계속 이어지고 있다는 암시를 풍겼을 것이다. 정관사의 부재는 아이가 아이를 보는 사람의 의식 속에 들어온 것이 처음이라는 인상을 강화한다. 하지만 정관사의 부재는 명확한 의미를 제시하는 게 아니라 그저 암시적인 느낌을 전달할 뿐이다. 일부 성경에는 이 절에 "그 상자 안에"라는 문구가 추가되어 있는데, 이 경우 정관사의 존재는 히브리어가 암시하는 시점의 이동을 가로막는다.

31. 요피 시버트-호머스(Jopie Siebert-Hommes)는 모세의 출생부터 입양까지의 구절의 구조가 파라오의 딸이 아이를 바라보는 것을 중심으로 하여 교차 대구를 형성하고 있다고 지적한다("But If She Be a Daughter … She May Live! 'Daughters' and 'Sons' in Exodus 1-2," in *Feminist Companion to Exodus to Deuteronomy*, 70-71). 코츠(Coats)는 "불쌍히 여겨"(pitied)가 "~을 당하지 않게 하다"(spared)도 의미할 수 있으므로 연민과 구원이 의미론적으로 동류라고 지적한다(George W. Coats, *Moses: Heroic Man, Man of God* [JSOTSup 57; Sheffield: JSOT Press, 1988], 44).

32. '토브'(טוב)라는 단어는 아름다움 이상의 의미를 담고 있다―'건강한, 좋은, 아름다운'이라는 더 넓은 의미로 이해되어야 한다. 따라서 차일즈가 이 맥락에서 '토브'가 '건강한'을 의미한다고 제안한 것은 옳지만, 이 단어의 의미를 망라하는 제안은 아니다(*Exodus*, 18)

해 생각하는 방식이라는 측면에서 말이다.[33] 텍스트는 파라오 딸의
미적 반응이 아닌 감정적 반응을 명시적으로 강조함으로써, 감정으
로 촉발된 공주의 윤리적 반응뿐만 아니라 이 이야기의 청자/독자인
우리의 감정적 반응까지도 정당화한다.[34] 위에서 언급한 '힌네' 구조
는 독자를 파라오 딸의 입장으로 데려가서 독자들도 그녀처럼 우는
아이에게 연민으로 반응하도록 부추기는 역할을 한다. 혹자는 감정
은 특히 여성과 관련되므로 아이에 대한 감정적 반응이 여성에게서
나온 것은 대수롭지 않다고 주장할 수도 있다.[35] 하지만 이는 고대 이
스라엘의 맥락과는 다른 매우 현대적인 발상일 것이다. 여기서 사용
된 불쌍히 여김('하말' חמל)이라는 말은 여성과의 특별한 연관성 없이
구약성경 전체에 두루 나타난다.[36] 따라서 본문은 젠더적 특수성이
아니라, 저 아이에 대한 저 여성의 감정적 반응을 강조하고 있으며,
이는 이 이야기를 읽는 모든 청자와 독자에게 감정적 반응이 적합하

33. 이는 모세를 구하려는 어머니의 노력이 파라오 딸의 반응보다 어딘가 덜 윤리적이
라고 폄훼하는 것이 결코 아니다. 모세의 어머니가 아이를 향한 모성애에 사로잡혔
고 이것이 모세의 아름다움(창세기 1장의 창조의 아름다움을 되울리고 있는 '토브'
를 그가 구현함)으로 한층 더해졌다고 본다고 해도 이상하지 않다.
34. 철학자 마사 누스바움은 적절한 윤리적 반응에서 감정의 중요성을 강력하게 논증한
다(특히 다음 책을 보라. *Upheavals of Thought: The Intelligence of Emotions*
[Cambridge: Cambridge University Press, 2001]. 『감정의 격동: 누스바움의 감정
철학 3부작』, 조형준 옮김[서울: 새물결, 2015]).
35. 본질주의 논증과 문화적 젠더 논증의 차이에 관해서는 이 장의 마지막 부분을 보라.
36. 이 어근은 많이 나오는데, 그중에서도 사무엘하에 나올 때는 특히 주목할 만하다. 나
단은 비유를 통해 가난한 사람의 어린 양을 불쌍히 여기지(sparing/pitying) 않은
사람을 [그 사람의 입을 통해] 책망한다(삼하 12:6). 그리고 사무엘하 21:7에서 다윗
은 므비보셋을 아낀다/불쌍히 여긴다(spares/pities). 다음을 보라. Exum, "Let Ev-
ery Daughter Live," 58.

다는 점을 정당화한다. 에스겔 16:5는 우리의 이야기와 묘하게 유사한데, 하나님 외에는 아무도 고아가 된 아기(이스라엘)를 불쌍히 여기지 않아서 들에 버려졌음을 알레고리적으로 이야기한다. 감정을 긍정적으로 묘사하는 일이 별로 없는 에스겔은 여기서 하나님의 감정적 반응을 윤리적으로 중요한 것으로 나타낸다.

파라오의 딸은 에스겔 본문에 나오는 하나님처럼 아이를 불쌍히 여기고, 분명히 들을 수 있게 소리를 내어 "이는 히브리 사람의 아기로다"[37] 하고 말한다. 칙령 때문에 강물에 떠 있는 남자아기를 (상자가 있든 없든 간에) 히브리 아기로 간주하는 것은 자연스럽다. 본문에 따르면 파라오의 딸이 아기를 본 다음 보인 뚜렷한 반응은 이 정도다. 파라오의 딸이 이 아기를 이집트 아기들과 어떤 식으로든 다른 정체성으로 식별한다는 사실은 "차이가, 또는 차이에 대한 가정이 이야기에 새겨져 있다"[38]라는 레니타 웜스의 지적을 분명히 보여 준다. 정체성에 관한 주장은, 파라오의 딸이 남자아이에게 취한 보호 행동이 젠더, 계급, 더 불길하게는 민족적 경계까지도 넘어선다는 점을 그녀 본인도 인지하고 있음을 독자들에게 알리는 신호다. 그녀가 남자아이를 보자마자 그의 민족 정체성에 주목한 점은 모든 히브리 남자아이는 물에 던져야 한다는 자기 아버지의 선포를 암묵적으로 떠올리게 한다. 남자아이의 정체성을 식별함으로써 독자는 그녀가 **본인도 인지하고 있듯이** 중대한 결정의 순간에 직면했음을 알게 된다.

---

37. 아니면 더 구체적으로는 히브리 "남자아이" 중 하나일 것이다. 이렇게 번역하는 것은 파라오의 칙령을 훨씬 더 직접적으로 재언급함으로써, 딸의 행위가 초규범적임을 강조한다.

38. Weems, "Not Like the Egyptian Women," 30.

자신의 정서적/윤리적 충동을 따르고 자기 아버지를 거역할 것인가, 아니면 자기 아버지를 따르고 자신의 정서적/윤리적 충동을 거역할 것인가. 이는 다른 방식으로도 드러난다. 그녀는 하녀들에게 들릴 만큼 큰 소리로[39] 정체성 발언을 함으로써, 속에만 담아 둘 수도 있었던 도덕적 딜레마가 공공연하게 드러나고, 이어지는 그녀의 행동은 도덕 증언의 형태가 된다.

이 긴박한 순간에, 아기의 누나(미리암으로 추정된다)가 갈대 습지에서 모습을 드러낸다. 그녀가 파라오의 딸에게 건넨 물음은 겉보기에는 무심결에 던진 듯 평범하지만, 매우 특별하다. "내가 가서 당신을 위하여 히브리 여인 중에서 유모를 불러다가 이 아기에게 젖을 먹이게 하리이까?"(2:7). 공주가 이 아이에 대해 본인이 느끼는 연민을 주변 사람들에게 어떤 식으로든가 드러냈기 때문에, 미리암이 용기를 내어 이렇게 물어본 것일까? 아니면 공주의 반응은 그 주변 사람들에게는 분명하지 않았고 다만 독자/청자만 알 수 있는 것일까? 여하튼 미리암은 이런 식으로 질문을 건넴으로써 마치 파라오의 딸이 **이미** 아이를 구하기로 결정한 것처럼 그녀에게 상황을 제시하고 있다. 이렇게 묻는 것 자체가 아이를 이 상황에서 벗어나게 할 수 있다고 가정함으로써 공주의 선택지를 좁히려는 것이다. 하지만 공주는 "히브리 남자아이라서 나일강에 던지려 하고 있었다"라고 대답할 수도 있고, 따라서 미리암이 다른 가능성을 제안한 것을 고발할 수도 있다 (미리암의 질문은 파라오의 칙령을 대놓고 어기고 있으므로 어마어마한 용기가 필요한 것이다).

---

39. 물론 이러한 점을 본문에서 확실하게 추론할 수는 없다. 히브리어 어근 '말하다'는 내적인 생각을 암시할 수도 있다(Propp, *Exodus 1-18*, 151을 보라.)

하지만 미리암이 실제로 던진 질문에 대해 이렇게 답하기는 어렵다. 질문에는 구원에 대한 가정이 내재해 있으며, 이는 파라오의 딸이 그 제안에 긍정적으로 응답하도록 유도한다. 유모와 수유에 대한 언급은 아이의 곤궁과 취약함을 떠올리게 하며, 따라서 질문이 아이의 울음과 연결된다. 미리암은 파라오의 딸이 자신의 제안대로 하면 아이의 울음이 잦아들 수 있음을 내비친다. 요컨대 미리암의 질문은 질문 자체가 파라오 딸의 도덕적 반응을 형성할 만큼 세심하게 짜여 있다. 본문 안의 모든 사회적, 정치적, 경제적 기준에서 볼 때 파라오의 딸은 모든 권력을 가지고 있고, 미리암은 그런 힘이 없지만 자신보다 더 큰 특권과 힘을 가진 사람의 도덕적 반응을 형성할 수 있는 수사적 힘을 지니고 있다.

흔히 회자되는 것처럼 미리암의 질문은 다른 더 구체적인 방식에서 보아도 기발하다. 히브리 유모를 아이 울음소리에 대한 해결책(결국 이것이 울음소리로 유발된 공주의 연민 감정을 진정하는 역할을 할 것이다)으로 언급하는 것은 여러 차원으로 기능한다. 이야기 초반에는 본문 자체가 젠더 및 민족에 관한 파라오의 편견을 효과적으로 이용하여 그것들을 드러내고 조롱한다. 파라오는 남성 우월성, 남성의 힘에 대한 믿음 때문에 히브리 남성을 몰살시키려 하지만, 사실 히브리 민족 번성에 일차적 책임을 지고 있는 것은 여성이다. 여기서의 전략은 더 부드럽지만, 효과가 더 약해지는 않다. 히브리인 유모를 찾아 주겠다는 미리암의 제안은 이미 본문에 각인되어 있는 민족적 차이 관념을 이용한다. 즉, 공주는 민족과 계급의 선을 넘는 것은 사회 규범을 이탈하는transgress 것이므로, 히브리인 아기에게는 히브리인 유모가 필요하다고 가정할 것이다. 동시에 히브리 유모를 어필하는 것은 공주가 미리암의 제안에 설득되면 최소한 일시적으로라도 아이를 엄마와 재결합시킬 수 있다는 의미다. 그런 다음 아이의 어머니가 수유에 대한 삯을 받게 되면(9절) 미리암의 전략은 성공으로 마무리된다.[40] 이 지점에서 파라오의 딸은 (본인이 아이의 친모에게 수유 삯을 지불하고 있다는 것을 알았든 몰랐든 간에) 젠더, 민족, 계급을 초월한 구원 행위에 알면서도 가담한 것이다.[41]

우리가 파라오의 경우에서 볼 수 있는 것은(그리고 그의 딸을 통해 더 미묘하게 볼 수 있는 것은) 본문이 젠더·민족·계급 정체성_{동일성} 및 차이의 굳건함에 관해서 등장인물들이 인식하는 바를 이용하여 그러한 차이의 범주 자체를 약화한다. 여성들, 곧 히브리 여성과 이집트 여성은 여기서 아기로 대표되는 사회에서 가장 취약한 구성원을 구하기 위해 공모한다.[42] 이를 다가올 더 큰 출애굽에 대한 부차적 사건으로 읽을 수도 있겠지만(어떤 페미니스트 학자들은 이 본문을 그렇게 다루어 왔다), 나는 다른 식의 독해, 명백히 **신학적인** 독해를 제안하고자 한다. 나는 이 이야기가 모세를 통해 이스라엘을 구원하신 하나님의

---

40. 노예 생활을 하는 히브리인들의 경제적 자원이 부족한 상황을 고려할 때, 이 일의 아이러니는 특히 달콤하다. 자기 엄마에게 수유를 받는다는 것은 모세에게도 다행스러운 일이다. 일반적인 "유아 사망률은 16-18% 정도였지만, 유모에게 보내진 아이는 절반에서 2/3가량이 사망했다"(David I. Kertzer and Marzio Barbagli, eds., *Family Life in Early Modern Times, 1500-1789* [vol. 1 of *The History of the European Family*; New Haven: Yale University Press, 2001], 194)라는 19세기 프랑스의 통계를 생각해 보라. 유모에게서 자라는 아이의 사망률이 고대 이스라엘에서 훨씬 더 낮았을 것이라 상상하기는 어렵다.

41. 다른 비이스라엘 여성도 비슷한 방식으로 행동한다. 예를 들어 여호수아 2장의 라합과 사사기 4장의 야엘이 그렇다.

42. 이는 다섯 여성과 한 아기에 대한 엑섬의 발언을 읽는 다른 방식이다. 아기는 무력한 모습으로 사회에서 가장 취약한 사람들을 상징한다.

역사하심에 관한 '진정한' 이야기 앞에 나오는 주변적 이야기가 아니라, 이 구원 이야기에 새겨진 젠더, 민족, 계급을 뛰어넘는 초규범적 행위가 장차 모든 인류를 신적으로 해방하는 일에 관한 본보기를 제공한다고 제안하고자 한다.[43] 이스라엘이 이집트 종살이에서 해방된 것은 하나님의 구원 의지가 더 펼쳐진 것이지만, 그것만이 본보기는 아니다. 출애굽이 매우 극적이고 거대한 규모로 펼쳐 내는 부분이 앞선 구원 이야기에서 조용히 예고되고 있다.[44] 오직 이 덜 화려한 형태의 이야기에서만 정체성 형성의 경계가 흐릿해지는 것을 볼 수 있다. 오직 여기에서만 궁극의 구원 행위에는 젠더, 민족, 계급을 중심으로 한 인간의 편견이 고려되지 않을 것이라는 발상을 접할 수 있다.

---

43. 나는 레니타 웜스와 비슷하지만, 그녀는 본문의 이데올로기적 성격과 그 안에서 작동하는 권력의 작용을 강조하는 반면, 나는 명확히 신학적인 접근을 취하고자 한다. 그녀는 글을 마무리하면서 출애굽기 1장이 차이에 도전하는 것이 아니라 차이를 "재구성할"(recast) 뿐이라고 경고한다("Not Like the Egyptian Women," 32-33). 찰스 이스벨(Charles Isbell)도 출애굽기 1-2장과 1-14장의 연관성에 관심을 두지만, 그의 방법론은 상당히 다르다. 그는 출애굽기 1-2장과 1-14장의 구조적 유사성과 '핵심어'의 유사성을 조사하고, 앞장들이 출애굽기의 더 큰 이야기의 '서곡'을 형성한다고 결론 내린다("Exodus 1-2 in the Context of Exodus 1-14: Story Lines and Key Words," in *Art and Meaning: Rhetoric in Biblical Literature* [ed. David J. A. Clines, David M. Gunn, and Alan J. Hauser; JSOTSup 19; Sheffield: JSOT Press, 1982], 37-59). 다음을 참조하라. Michael Fishbane, "Exodus 1-4: The Prologue to the Exodus Cycle," in idem, *Text and Texture: Close Readings of Biblical Texts* (New York: Schocken Books, 1979), 63-76.

44. 프레다임은 아기를 구하는 여성들의 행동과 이스라엘의 구원하시는 하나님의 행동 사이의 평행점을 예리하게 관찰한다(*Exodus*, 33, 38-39). 프롭도 "참으로 파라오의 딸이, 이스라엘을 물에서 구하시고 자기 아들이라고 하시는 하나님 자신[원문 그대로임]을 상징한다고 간주할 수도 있다"고 본다(*Exodus 1-18*, 154).

다른 사람 구하기 제3부: 여인들을 구하는 모세(2:11-22)

많은 페미니스트 독자들은 이 이야기가 성인 모세가 무대에 오르면서 끝난다고 생각한다. 아이 모세를 구하고 파라오의 집에서 안전하게 유년기를 보내게 해 준 여인들은 (미리암을 제외하고) 무대에서 영원히 사라진다. 어떤 페미니스트 독자들이 보기에는, 그녀들이 문자로 나타나지 않는 것은 여성이 가부장제의 도구에 불과한 불안한 현실을 상징한다. 그녀들은 한 남자아기가 성인 남자가 되어 이스라엘 해방이라는 더 큰 영광으로 나아갈 수 있도록 그를 구하려고 무대에 투입된 가부장제의 도구에 불과한 것이다.[45] 하지만 이야기의 결말을 어디로 잡느냐에 따라 많은 것이 달라진다. 2:11-22의 장면을 출애굽에서 펼쳐지는 더 큰 이야기를 이루는 한 부분으로 본다면, 다른 패턴이 나타난다. 여성들이 모세를 구한 다음 모세가 한 무리의 여성들을 구하기 때문에, 우리는 이야기의 전면에서 여성의 사라짐과 여성의 궁극적 종속을 보는 대신, 다시 한 번 젠더와 민족의 경계를 넘어서는 상호 구원의 패턴을 감지할 수 있다. 그리고 이는 마침내 하나님께서 이스라엘을 구원하시는 것으로 절정을 이룬다.

남성들과 폭력(2:11-15)

청년이 된 모세는 왕궁의 보호에서 멀리 벗어나서 자기 민족의 노예 생활을 보게 되는데(2:11), 그들과 처음 만나는 순간 상당한 폭력이

---

45. Exum, "Secondary Characters," 75.

발생한다. 남성과 폭력을 연관시키는 것은 매우 진부한 이야기지만, 이 이야기에서 앞서 여자들이 등장하는 장면과 남자들이 무대에 오르는 이 장면의 대조는 그 연관성을 매우 선명하게 부각한다. 여성들의 이야기는 협력을 막기 위해 사회적으로 구성된 장벽에 대한 조용하지만 강력한 저항을 그림으로써 협동을 주제로 삼았다. 구원자가 모두 여성이었으며 경계를 넘어 협력할 수 있었다는 점은 이어지는 장면에서 모세를 포함한 모든 남성이 보이는 폭력성과 극명하게 대비된다('싸우다'와 '죽이다'라는 동사가 이 장면의 모든 절에 나오고, 간혹 두 번 이상 나오기도 한다). 이집트인이 히브리인을 구타하는 모습을 목격한 모세는 그 이집트인을 죽인다. 많은 주석가가 이 장면이 모세의 성품을 긍정적으로 반영한다고 해석해 왔다―이 장면은 결국 모세가 자기 민족과 자신을 동일시하고 그들의 고통을 종식하고자 하는 그의 깊은 헌신을 드러내기 때문이다.[46] 어떤 의미에서 이 행위는 모세가 이스라엘 사람들을 이집트 지배에서 벗어나게 하는 데 관여할 것을 예고하지만, 이스라엘의 해방은 모세가 아닌 하나님의 무력 사용으로 이루어진다.

모세는 이집트인을 죽인 다음 날 또 다른 폭력을 목격한다. 이번에는 두 명의 히브리인이 서로 싸울 때 모세가 다시 개입한다. 여기서 갈등을 중재하려는 그의 성향이 더욱 드러나는데, 이런 특성은 앞으로 모세에게 크게 유용할 것이다. 하지만 모세는 전날 이집트인의 죽음이 그의 책임이라는 사실이 널리 퍼졌음을 알게 된다. 그는 계획범죄(2:12) 결과로 도망쳐야 했다. 모세의 행동을 긍정적인 시각에서 바

---

46. 이 구절을 해석한 역사에 관해서는 다음을 보라. Childs, *Exodus*, 40–42.

라보려는 시도들이 있지만, 그럼에도 본문은 폭력의 장점에 대해 분명한 입장을 취하지 않는다. 테렌스 프레다임은 이와 같이 여성 저항의 "비폭력에서 몰래 범한 폭력으로 이동한 것은 … 이집트 압제의 성격이 변한 것과 관련될 수도 있다"고 제안한다.[47] 하지만 여성들의 구원 행위(완전히 비폭력적이나 효과적인 저항)와 모세와 관련된 사건들(쪽력적이고 비효과적인 저항)이 확연히 병치되는 방식은 폭력에 대해 젠더가 반영된 비판이 작동한 것일 수 있음을 시사한다.[48] 여성들의 이야기에 경계를 넘나드는 협력과 그 구원적 결과들이 주제화되어 있다면, 남성들이 만나는 이야기에는 폭력과 그 해로운 결과들이 전면에 등장한다. 이러한 사건의 병치는 차이를 강조할 뿐이다.[49]

여인들 구하기(2:16-22)

모세는 (이집트인 살해 소식을 들은) 파라오의 분노를 피해 미디안에 이른다(2:15). 가부장적 신랑감이 우물에서 신부를 만나는 성경의 고전적이고 전형적인 장면이 여기서도 시작된다.[50] 미디안 제사장의 일곱

---

47. Fretheim, *Exodus*, 43.
48. 차일즈는 젠더를 분석의 프리즘으로 삼지 않으면서도 모세의 행동들을 긍정적으로 보는 경향이 덜하다. "성경 본문은 이 문제의 윤리에 대해 명시적 결론을 내리지 않으면서도 구원이 일어나지 않았다는 점을 매우 분명히 한다"(*Exodus*, 45).
49. 데니스 올슨은 이 이야기에서 단일한 도덕을 상정하는 것을 조심해야 한다고 주장하지만, 모든 특수성의 대비에 주목한다("Violence for the Sake of Social Justice: Narrative, Ethics and Indeterminacy in Moses' Slaying of the Egyptian," in *The Meanings We Choose: Hermeneutical Ethics, Indeterminacy and the Conflict of Interpretations* [ed. Charles H. Cosgrove; London: T & T Clark, 2004], 138-48).

딸은 우물에서 목자들에게 위협을 당한다. 목자들은 제사장의 양 떼가 물에 다가오지 못하게 쫓아낸다. 모세는 이집트에서 히브리 남자들을 도우려고 했던 것처럼, 젊은 여인들을 도우려고 개입한다. 본문은 모세가 어떻게 개입해서 상황을 바꾸는지를 밝히지 않지만, 앞 장면과 달리 폭력을 언급하지는 않는다. 이번 모세의 행동 묘사에는 폭력적인 동사가 넘치기는커녕, 하나같이 긍정적인 함의를 담고 있는 동사들이 사용된다. "모세가 그들을 구해[도와]"(17절), "모세가 우리를 건져내고"(19절). 이는 모세가 배워 나가는 과정을 반영하는 것일 수도 있다—이 이야기에서 그는 점차 성숙해지고 중재 기술을 익혀서 그의 능력치가 개입하고자 하는 욕구의 강도와 비등해지는 것으로 묘사된다. 이집트에서의 개입과 마찬가지로, 물과 관련된 이번 갈등도 이집트 탈출에서 모세의 역할을 예고한다. 물을 가로지르는 이집트 탈출에서 모세의 역할이 내러티브의 지평선 너머로 어렴풋이 나타난다.[51]

그러나 우리의 논의와 더 직접적으로 관련된 흥미로운 점은 모세가 어렸을 때는 한 무리의 여성에게 구원을 받았고, 지금은 어떤 고약한 목자들로부터 한 무리의 여성을 구함으로써 화답한다는 것이다. 앞의 구출 이야기와 마찬가지로, 이 이야기에서도 젠더와 민족의 경계를 넘나든다. 나일강 변의 여인들과 마찬가지로 모세도 이 미디안 여인들을 보호하기 위해 민족이라는 벽을 넘어서는 행동을 한

---

50. 전형적인 장면에 관해서는 다음을 보라. Robert Alter, *The Art of Biblical Narrative* (New York: Basic Books, 1981), 47-62. 『성서의 이야기 기술』, 황규홍·박영희·정미현 옮김(서울: 아모르문디, 2023).

51. 같은 책, 57.

다.[52] 독자인 우리가 앞선 구원 이야기를 배경으로 하여 이 구원 이야기를 이해해야 한다는 점이 은근히 내비쳐지는데, 그 딸들이 자기 아버지에게 무슨 일이 일어났는지 설명하는 부분에서 더욱 그렇다. "한 애굽 사람이 우리를 목자들의 손에서 구하고 우리를 위하여 물을 길어 양 떼에게 먹였나이다"(2:19). 딸들은 모세가 자신들을 구했다는 점보다 **모세가 그들에게 물을 길어 줬다**는 점을 강조한다(이 구절의 히브리어 구조가 이러한 측면을 강조한다). 언뜻 보기에 물을 긷는 것은 모세가 딸들을 위해 한 행동 중 가장 사소해 보일 수도 있다.[53] 그러나 강조점은 "구하고"나 "물을 먹였다"에 있지 않고 물을 긷는drawing 데 있다. 본문은 이런 모습을 슬쩍 내비침으로써 모세가 파라오의 딸에 의해 물에서 건져진drawn 유명한 일화를 다시 가리킨다.[54] 이러한 암시는 독자가 이 사건들을 모세의 삶에서 별개의 무관한 사건이 아니라, 중요하게 연관된 사건으로 생각하게 만든다. 이 내러티브는 사회적으로 구성된 정체성 규정이라는 단단한 벽을 약화하는 상호 구원의 패턴을 펼쳐 낸다.

52. 여기서는 젠더의 경계를 넘는 것이 초규범적인 것 같지 않다. 다른 여러 시대와 문화에서도 남성이 여성을 보호하는 것은 정상적인 일로 여겨졌기 때문이다. 따라서 민족적 경계가 더 중요할 수 있다.
53. 프롭은 여인들이 이미 물을 길었다(16절)는 문제를 관찰하면서, 여인들이 그러한 일을 수행하는 모세의 겸손에 주목하고 있다고 제안한다. William C. Propp, *Exodus 1-18* (AB, 2; New York: Doubleday, 1999), 173.
54. 이 동사들이 같은 동사는 아니다. 하지만 파라오 딸의 입에서 나온 말의 형태가 다른 어디에도 나오지 않아서 일반적으로 잘못된 어원으로 여겨지기 때문에, 이 동사들을 통한 암시(allusion) 효과에 큰 걸림돌은 아니다. 모세는 이집트식 이름이다("그의 이름을 모세라 하여 이르되 이는 내가 그를 물에서 건져내었음이라"(출 2:10)). Propp, *Exodus 1-18*, 152-53을 보라.

출애굽 이야기는 민족 정체성이 중심이 되는 이야기다. 하나님은 히브리인들을 이집트에서 이끌어 내셔서, 민족성을 큰 특징으로 하는 한 민족을 형성하신다. 그들은—단연코—이집트인이 아니며, 곧 이집트 땅 사람들과 민족적으로 분리되는 것이 가장 중요해질 것이다. 그러나 앞서 살펴본 바와 같이, 민족과 같은 인간의 정체성 구조들은 출애굽기라는 더 큰 이야기의 도입부인 첫 두 장에서 계속해서 미묘하게 약화된다. 이렇게 정체성이 모호해지는 일은 지금까지 이야기의 플롯에서만 일어나지 않고, 모세라는 인물 자체에서도 일어난다. 모세의 민족 정체성은 처음부터 모호하다. 그는 히브리인이면서 이집트인이다. 그는 자신을 히브리 민족과 동일시하려 하지만(2:11), 그들 중 하나로 받아들여지지 않는다(2:14). 나중에 르우엘의 딸들은 자기 아버지에게 모세를 이집트인으로 소개한다(2:19). 모세는 미디안 여인 십보라와 결혼한 후(또 민족을 넘는다), 자기 아들 이름을 게르솜('그곳 나그네'의 언어유희)이라 짓는다. 왜냐하면 그가 "타국에서 나그네가 되었기"(2:22) 때문이다. 이는 모호함에 관한 증거를 망라하고 있지는 않지만, 모세의 정체성을 둘러싼 혼란을 넌지시 내비치고 있음은 분명하다—히브리인도 아니고 이집트인도 아닌 그는 이제 미디안 사람과 결혼하여 이집트 바깥에서 살고 있는데, 이집트조차 그의 고향은 아니다(다른 히브리인들과 마찬가지로).

다른 사람 구하기 제4부: 백성을 구하시는 하나님(2:23-25)

출애굽기 처음 두 장에서 구원에 관한 이야기들, 곧 한 무리의 여인이 모세를 구한 이야기와 모세가 한 무리의 여인을 구한 이야기는 하나님이 이스라엘을 종살이에서 구하시려 한다는 점을 암시하며 마무리된다. 하나님이 백성들의 고통 소리를 "들으시고", 그들 조상과 맺은 언약을 "기억하시고", 이스라엘 사람들을 "인식하신다"[기억하셨더라]. 즉, 하나님은 이스라엘의 종살이를 보고 계시는데, 종살이를 보시고 행동하실 목적으로 보고 계신다(2:23-25). 이 짧은 단락은 처음 두 장에 나오는 짧은 구원 장면과 앞으로 전개될 더 큰 구원 이야기 사이의 가교를 형성한다. 이 가교 기능에서 두 측면이 주목할 만하다. 첫째, 이야기가 전개되는 방식에 따르면, 백성들은 하나님이 그들을 주목하시기 전부터 오랫동안 종살이하며 고통 소리를 내고 있었다. 마치 상당한 시간이 흐른 후에야 히브리인들을 종살이에서 해방시켜야겠다는 생각이 하나님께 떠오른 것처럼 보인다. 이 특정한 순간에 하나님께서 조상들과 하신 신적 언약을 "기억"하시도록[55] 자극한 것은 무엇일까? 출애굽 내러티브라는 틀에서 볼 때, 하나님께서 히브리인들을 해방시킨다는 암시는 출애굽기에서 첫 번째 구원 행위가 아니라 **세 번째** 구원 행위다. 사실을 과장하지 않고 그대로 본다면,[56] 우리는 이 세 번째 구원이 앞선 두 구원을 어떤 식으로 본떴다고 인식할 수 있다—적어도 일련의 세 구원 행위 중 세 번째로 나온다.

이 구절들이 앞선 구원 이야기들과 연결되는 두 번째 방식은 이야

---

55. 하나님의 "기억하심"의 다중 의미에 관해서는 Propp, *Exodus*, 4-7을 보라.
56. 나는 앞의 두 행위가 하나님으로 하여금 세 번째이자 더 광범위한 구원 행위를 추구하도록 자극했다고 말하는 게 아니다. 다만 세 구원이 전개되는 방식에서 세 구원 간의 더 실질적인 관계가 연상된다고 말하고 있을 뿐이다.

기가 묘사하는 구원의 성격과 범위에 있다. 앞서 논한 바와 같이, 이 첫 구출 이야기들에는 계급, 민족, 젠더라는 사회적 경계를 넘나드는 것이 두드러지게 나타난다. 이러한 특징이 매우 두드러지면서 인간의 사회적 구조에 틈을 내는 것이 구원의 중요한 함의 중 하나로 내비쳐진다. 이러한 사회적 구성물보다 더 큰 초규범적 구원이 주제로 나타나면서 우리가 23-25절을 읽는 방식에 영향을 미치고, 또한 하나님이 곧 이스라엘을 고통에서 구하기 위해 행동하신다는 암시를 던져 준다. 물론 출애굽 자체에 민족 구분(한 민족이 다른 민족에게서 구원될 것이다)과 계급 차이(노예들이 주인으로부터 해방될 것이다)가 강하게 전제되어 있다. 이러한 구분이 유지되지 않고는 이스라엘의 해방 이야기가 성립될 수 없다. 처음 두 장의 구원 이야기는 이러한 사회적 구성물에 대해 이와는 다른, 잠재적으로 전복적인 관점을 제시하는데, 이러한 관점은 더 큰 이스라엘의 해방 이야기와의 대화 안으로 들어가야 한다.[57] 이 짧은 해방 이야기는 신적 행동에 관한 다소 다른 패러다임을 제시한다. 하나님은 이 첫 번째 거대한 해방에서 이스라엘이라는 특수성을 선택하실 수도 있지만, 출애굽기의 이 처음 부분에서 성경 자료는 미래의 신적 행동에 대한 다른 모델, 더 광범위

---

57. 존 콜린스(John Collins)가 중재적인 목소리를 낸, 존 레벤슨(Jon Levenson)과 호르헤 픽슬리(Jorge Pixley) 사이의 논쟁(in *Jews, Christians, and the Theology of the Hebrew Scriptures* [ed. Alice Ogden Bellis and Joel S. Kaminsky; SBLSymS 8; Atlanta: Society of Biblical Literature, 2000], 215-75)이 이와 관련된다. 레빈슨은 픽슬리가 출애굽 사건 해석을 지나치게 보편화했다고 비판하는 반면, 콜린슨은 레빈슨이 출애굽 사건을 지나치게 특수화하는 반대 극단으로 간다고 지적한다. 내가 여기서 추구하는 주장의 노선은, 출애굽 사건 자체는 (특히 이스라엘에 관한 것이라는 점에서) 매우 특수하지만, 신학적으로 읽은 출애굽기는 덜 특수하고 더 보편적인 가능성을 가리키는 해방의 모델을 제시한다는 점을 강화한다.

한 모델도 제시한다.

다른 사람 구하기 제5부: 출애굽기 3-4장의 여성들

여성의 두드러진 구원자 역할은 모세가 불타는 떨기나무에서 하나님을 만나며 끝날 수도 있지만, 출애굽기 3-4장에는 잘 알려지지 않은 다른 여인들이 등장하여 연약하고 취약한 사람들을 구원하는 역할을 일관되게 수행한다. 3-4장에서 첫 번째 여인 무리는 출애굽기 3:22에 잠깐이지만 비중 있게 등장한다. 이 여성들을 살펴본 다음, 모세의 아내 십보라가 등장하여 하나님께 도전하고 용기 있는 한 번의 단호한 행동으로 모세를 구하는 기이한 에피소드를 살펴보자.

출애굽기 3:22에 나오는 이름 없는 여인들은 그냥 지나치기 쉽다. 이 여인들은 여호와와 모세 사이의 유명한 대화의 한가운데 등장한다. 이는 모세가 하나님께 어떻게 이스라엘을 구원할지에 관한 행군 명령을 받고, 이 임무에는 하나님이 예상하신 것보다 훨씬 더 큰 저항이 있을 것이라고 아뢰는 장면이다. 하나님은 모세가 파라오와 대화해야 하나 파라오는 듣지 않을 것이며, 그런 다음 하나님께서 이집트를 치셔서 파라오가 이스라엘 백성들을 놓아주게 될 것이라고 설명하신다(3:18-20). 그런 다음 이 해방에서 자주 간과되는 측면이 나온다―하나님께서 이집트인이 이스라엘 백성에게 호의를 베풀게 하셔서 이집트인이 이스라엘인에게 노정에 필요한 물품을 공급할 것이다(3:21). 이 구절은 자주 놓치는 정치적 현실을 강조한다. 즉, 이집트의 진짜 문제는 이집트인이 아니라 고집 센 국가 수장인 파라오라는 점이다.[58] 여호와는 다음으로 이집트인들의 도움이 구체적으로 어떻게 나타날지 설명하신다. "각 여인은 모두 이웃 사람과 이웃집에 거류하는 모든 여인에게 은 패물과 금 패물과 의복을 요구하여 너희 아들들과 딸들을 꾸미라"(NRSV를 약간 수정함). NRSV는 이 구절의 구체적인 젠더 뉘앙스를 잘 포착하고 있다. 하나님은 여정을 계속하는 데 도움이 될 귀중품과 의복을 이웃 여인들과 이웃집에 거류하는 여인들에게 요구할 사람이 여인들이라고 확고하게 말하신다.[59] 또다시 우리는 이집트 여인들(아마도 노예가 아닌)이 국가 권력으로 억압받는 사람들을 해방하기 위해 노예인 이스라엘 여인들과 협력하는 것, 즉 해방을 위해 민족과 계급의 경계가 무너지는 것을 보게 된다. 따라서 이집트 여인들은 이집트 "약탈"에 연루되고, 히브리 민족을 속박에서 구원하는 일에서 히브리 여인들과, 또한 여호와와 한편이 된다.[60] 이 사건은 파라오의 딸이 모세의 어머니에게 수유 삯을 냈던 때를 되

---

58. 그러나 공모를 암시하는 1:11-14의 복수 동사를 참조하고, Propp, *Exodus 1-18*, 130-32를 보라.

59. 나중에 11:3과 12:35-36에 언급될 때는 젠더 뉘앙스가 사라진다. 사마리아 오경은 젠더를 특정하는 언어를 대부분 제거하는 쪽을 선호한다. 그것은 "각 여인은 그녀의 (여성) 이웃에게 요구할 것이다"라고 하는 대신, "남자가 그의 (남성) 이웃에게 요구하고, 여성은 그녀의 (여성) 이웃에게 요구할 것이다"라고 제시한다.

60. "약탈"이라는 개념을 둘러싼 신학적 관심에 관해서는 Childs, *Exodus*, 175-77을 보라. 3:22에서 히브리 여인들이 귀중품과 유용한 물품을 가지고 여정을 시작하도록 이집트 여인들이 돕는 것에 관한 묘사에서 3:22의 마지막 동사 "약탈"은 문제가 될 법한 느낌과는 달리 내 생각에는 문제가 되지 않는다. 이 묘사는 히브리인들이 미지의 세계로 떠날 준비를 하게 하고 강제 노동을 하지 않았다면 받지 않았을 '임금' 중 일부를 취하게 하는 연대 행위를 연상시킨다. 비슷한 해석으로는 다음을 보라. Umberto Cassuto, *A Commentary on the Book of Exodus* (Jerusalem: Magnes Press, 1967), 44.

울린다. 이집트 여성이 히브리 여성을 경제적으로 도운 것은 이번이 두 번째다.[61]

모세가 여호와의 지시를 받고 가족과 함께 십보라의 아버지와 미디안 땅을 떠나서 이집트로 돌아가는 길에 갑작스럽고 불가사의하게 폭력적인 여호와께 살해당하는 것을 십보라가 막는 사건이 발생한다(4:24-26). 이 짤막하고 이상한 이야기는 오랫동안 해석자들을 당혹스럽게 했으며, 나도 결정적인 해석을 제시할 수 없다.[62] 그럼에도, 한 여성이—다름 아닌 신을 상대로!—모세를 성공적으로 지켜 낸 것은 출애굽기 1-3장이라는 더 큰 맥락에서 보아야 한다. 거기서 여성들은 구원자로서 매우 두드러진 행동을 하고, 연약한 사람을 보호한다는 주제가 나타난다.[63] 거기에는 취약한 아기 모세를 구하고 이집트 당국자들에 맞서 억압받는 히브리인들을 지원하는 여인들이 있었다. 그리고 이제 생명을 지키려는 여성의 행동은 이해하기 힘든 이

---

61. 이러한 연결점을 만든 것은 제러미 쉬퍼 덕분이다.

62. 대명사들이 모세를 가리키는지 아니면 그의 아들을 가리키는지를 포함하여, 이 문제들에 관한 논의로는 Childs, *Exodus*, 95-104를 보라. 프롭은 여호와께서 이집트인의 죽음에 대해 모세에게 책임을 물으셔야 한다고 주장한다(Propp, *Exodus 1-18*, 233-38). 에마뉘엘 레비나스의 연구가 여기서 유용할 수 있다. 하나님께 모세는 이제 급진적으로 강력해졌지만 또한 하나님 외부에 있는 존재, 곧 무화(annihilate)시키고자 하는 "타자"를 상징할 수 있다(*Totality and Infinity: An Essay on Exteriority* [trans. A. Lingis; Pittsburgh: Duquesne University Press, 1969], 198.

63. 파르데스의 접근 방식은 내가 여기서 추구하는 방식보다 더 정신분석적이지만, 유사점도 있다. 예를 들어, 그녀는 이 장면에서 십보라의 용기와 모세의 소극성을 대조하며 다음과 같이 관찰한다. "십보라가 신속하고 강력하게 무대 중앙으로 이동하는 모습은…영웅주의에 가부장적으로 전제된 것들에 도전을 가한다"(*Countertraditions*, 85). 궁극적으로 파르데스는 이집트 신화와의 비교를 바탕으로 이 이야기에서는 십보라가 여신의 역할을 한다고 주장한다(87-97).

유로 갑자기 모세를 향한 폭력적인 충동을 표출하는 여호와 안의 무시무시한 적수를 마주하게 된다. 본문이 이 사건에 대한 십보라 내면의 경험에 관해서 침묵하고 있지만, 이 이야기의 제의적·종교적 배경이 무엇이든 간에 그녀가 모세를 보호하는 과정에서 보여 준 용기와 기민한 지성에 감탄하지 않을 수 없다.[64] 그녀의 행동으로 구원의 순환은 계속된다—모세는 또다시 여성에게 구원받아서 결국 다른 사람들을 구할 수 있게 된다.[65]

여성의 가치들?

1983년 셰럴 엑섬은 출애굽기 1-2장이 현대 페미니스트에게 강력한 해방의 이미지를 제공한다고 단언하는 논문을 발표했다.[66] 1994년에 발표한 출애굽기 1-2장에 관한 두 번째 논문에서는 1983년 논문에서 주장했던 것 중 상당 부분을 철회하고, 여성들의 이야기가 '진짜' 이야기—모세의 부상과 모세와 하나님의 관계—에 의해 빠르게 빛을 잃고 추월당한다고 관찰하며 유감스러워했다. 출애굽기 5장이 시

---

64. 본문은 4:25에서 아기를 "그녀의 아들"로 기술함으로써 그녀의 행위 주체성을 더욱 강조한다.

65. 엑섬은 "거친 방식으로 모세를 구원하기 위해 여성이 다시 등장하는 것을 여성이 본문에서 투쟁 없이 기록되기를 거부하는 사례로, 다시 말해 내러티브가 양심의 가책을 느끼는 증상으로 볼 수 있다"고 제안하지만, 엑섬이 볼 때는 이마저도 이어지는 내용에서 모세의 지배에 압도되고 있다("Secondary Characters," 84).

66. 원래 J. Cheryl Exum, "'You Shall Let Every Daughter Live': A Study of Exodus 1:8-2:10," *Semeia* 28 (1983): 63-82로 출간되었다. 이후 *Feminist Companion to Exodus to Deuteronomy*에 포함되어 재출간되었다.

작되면서 여성은 무대에서 사라지고, 미리암을 제외하면(미리암도 나중에 그 역할이 사라진다. 또는 신뢰를 잃게 된다) 아무도 언급되지 않는다. 엑섬은 출애굽기 앞부분의 여성 묘사를 가부장적 이데올로기의 도구로 평가 절하하지만, 이러한 견해는 가부장제에 대한 획일적 시각에 의존한 것이다.[67] 나는 가부장제 이데올로기가 출애굽기 1-2장에서 여성의 긍정적 역할을 무효화한다는 엑섬의 주장에 대해 두 가지 반론을 제시한다. 첫째, 그러한 견해는 본문을 납작하게 하고, 온갖 문학에 문화적 저항이 존재하는 다양한 방식을 가려 버린다. 나는 가부장제가 그렇게 일관적이지 않다고 생각한다. 그렇다면 이 장들에 나오는 여성들을 순전히 가부장제의 구성물이나 왜곡으로 치부할 수 없다. 오히려 본문 자체가 전통적인 가부장제의 가치들과 긴장 관계에 있는 가치들을 끌어올리고 있다.[68]

둘째, 성경을 해석할 때 본문의 성격에 관하여 어떤 신학적 가정을 취하느냐에 따라 많은 부분이 달라진다. 성경을 경전으로 읽는다는 것은 본문이 삶을 긍정하는 방식으로 우리를 형성하려 한다는 근본 가정에서 출발하는 것이며, 따라서 우리는 말씀이 큰 소리가 아닌 작

---

67. 엑섬은 "출애굽기 1:8-2:10은 출애굽과 방랑에 관한 대부분의 이야기에서 여성의 역할이 주어지지 않았다는 사실에 대한 일종의 보상 기능을 한다"라고 주장한다. 또한 "여성의 경험은" 예컨대 모세와 하나님의 모성적 측면과 미리암의 모습에 나타나면서 "대체되고 왜곡되었다"라고 주장한다("Secondary Characters," 85-87). 이와 유사한 의심의 해석학을 사용하는 에스더 푹스도 이러한 행보를 이어간다("A Jewish-Feminist Reading of Exodus 1-2," in *Jews, Christians*, 311).
68. 레티나 웜스도 이 이야기를 "두 가지 상반된 관점 사이의 싸움에 대한 … 목격이자 산물인" "사회적 생산물"로 보는 견해를 지지한다. 전통적인 독해의 위험은 "지배적인 목소리만 주목할 가치가 있는 목소리가 되어 버리는 것"이다("Not Like the Egyptian Women," 25-26).

은 소리로 속삭이고 있는 것은 아닌가 하는 의심이 들 때, 매우 주의 깊게 귀를 기울여야 한다. 요컨대, 나는 억압으로부터의 구원이라는 주제를 설정하는 데 있어 여성의 긍정적 역할을 강조한 액섬의 초기 논문이 이러한 점에 더 가깝다고 생각한다.

출애굽기 앞부분에 등장하는 모든 여성은 압도적인 폭력의 위협에 맞서 생명을 지키기 위해 어마어마한 위험을 무릅쓰고 간계와 속임수를 동원하여 행동한다. 프레다임의 표현을 빌리자면 "남성 지배적인 체제에 맞서 생명을 위해 자기 생명의 위험을 감수한 것이다."[69] 게다가 처음 두 장에 등장하는 히브리 여성과 이집트 여성, 곧 십브라와 부아와 이름 없는 여인들은 전통적으로 확고하게 자리 잡은 경계, 특히 민족과 계급의 경계를 초규범적으로 넘어서는 엄청난 위험을 감수한다. 폭력에 가장 취약한 이들을 돌보고 양육하는 협력망을 형성하기 위해서 말이다. 이 장들의 암묵적 가치들은ㅡ예를 들어, 취약한 이들을 보살피고 양육하는 것, 이러한 가치를 위해 속임수를 사용하고 관습적 경계를 초규범적으로 넘어서는 것ㅡ특별히 '여성적인 가치'로 이해될 수 있을까? 출애굽기 앞부분에 나오는 이야기에 내재한 가치들에 관해 내가 주장한 것과 같이, 본문에 암묵적으로 담긴 가치들을 초규범적인(좋은 의미에서 초규범적인) 것으로 식별하는 것이나 돌봄의 윤리를 드러내는 것으로 식별하는 것은 하나의 과제다. 하지만 이러한 가치들이 특히 여성과 관련된다고 주장하는 것은 또 다른 문제다. 이런 식의 주장은 본질주의라는 혐의를 받을 수 있다. 본질주의는 여성과 남성이 일반적으로 상반되는 어떤 근본 특성

69. Fretheim, *Exodus*, 39.

내지 성품을 가지고 태어난다(예컨대 여자는 보살피고 협력하는 성품, 남자는 공격적이고 경쟁적인 성품을 타고난다)는 생각으로, 문제시되고 있다.[70] 그러나 본질주의적 주장이 유지될 수 없다면, 확연한 협력 및 돌봄의 윤리와 상당수의 여성이 출애굽기 1-4장에 동시에 현전한다는 점을 어떻게 설명할 수 있을까? 이 이야기의 가치들이 특히 '여성의 가치'라고 주장할 만한 방법이 있을까?

순수한 본질주의의 함정에 빠지지 않더라도 히브리 성경에 여성 집단이 존재할 때 특정한 일단의 가치들이 나타난다고 주장하는 게 가능하며, 또한 이러한 동시 등장은 그런 가치들이 '여성의 가치'로 불릴 수 있음을 시사한다. 이 책 2장에서 나는 아탈리아 브레너와 포켈리언 반 디크-헴스의 연구에 대해 논했다. 그들은 히브리 성경 안에서 여성 전통과 '여성 문화'를 반영하는 여성의 목소리가 경우에 따라 남성의 목소리 및 전통과 구별될 수 있다고 주장했다.[71] 그들은

---

70. 본질주의와 그 반대인 구성주의(대략적으로 성 정체성이 문화에 의해 형성된다는 생각)에 관한 좋은 논의로는 다음을 보라. Serene Jones, *Feminist Theory and Christian Theology: Cartographies of Grace* (Minneapolis: Fortress Press, 2000), 22-48. 문제는 상당히 복잡하다. 존스의 주장처럼, 수많은 그리스도교 페미니스트는 본질주의와 구성주의 사이에 있는 입장을 취한다. 즉, "젠더에 대한 구성주의적 비판에는 박수를 치지만, 보편자들(또는 본질들)을 완전히 포기하는 것에 대해서는 불안감을 느끼는" "전략적 본질주의" 또는 "규범적 구성주의"다.(44). 존스는 본질주의적 사고에 내재한 문제들을 설명하지만, 개신교 신학에 필연적인 본질주의적 경향은 인정한다(예컨대, 인간의 죄성은 모든 사람에게 보편적으로 해당한다). 그녀는 "종말론적 본질주의로서의 페미니스트 신학적 인류학"에 대해 서술한다. 이는 "자연적인" 또는 "주어진" 것에 대한 과거의 향수가 아니라 "구속된 인류를 향한 하나님의 뜻"에 대한 신학적 비전에 뿌리를 둔 것이다(54-55).

71. Athalya Brenner and Fokkelien van Dijk-Hemmes, *On Gendering Texts: Female and Male Voices in the Hebrew Bible* (BIS 1; Leiden: Brill, 1993), 특히 1-13. 반대 입장에 대해서는 다음을 보라. Fuchs, "Jewish-Feminist Reading of

"F" 본문들(고대 이스라엘의 여성 문화 및/또는 전통의 흔적들을 담고 있는 본문들)이 "여성의 본질"을 반영하는 게 아니라, **문화적** 차이를 반영한다고, 즉 "각 젠더에 부여된 다양한 **사회적 위치**"를 반영한다고 설명함으로써 본질주의의 문제를 피해 갔다.[72] 이들의 논증은 방법론적인 측면에서 비판의 여지가 있지만, 그럼에도 불구하고 젠더 분석을 통해 유용하게 밝혀지는 유사점들을 특정 본문들이 담고 있는 방식에 주목하는 데 도움이 된다.

출애굽기 1-4장에서 '여성의 가치들'에 관해 이야기하는 과제는 다음과 같은 중요한 방법론적 도전에 직면한다. 출애굽기 1-4장이 여성 특유의 가치들을 드러내는지를 확인할 수 있을 만큼 고대 이스라엘 문화에 대한 정보가 충분한가? 반 디크-헴스와 브레너의 연구에도 비슷한 방법론적 문제가 있다.[73] 하지만 출애굽기 1-4장에 여성의 가치가 존재한다고 논증하는 것은 브레너와 반 디크-헴스가 제안하는 것보다 조금 더 쉽다. 고대 이스라엘의 사회문화적 현실과 성경 본문 사이의 불분명한 연결고리를 구축하는 것만이 유일한 방법은 아니다. 우리는 그 대신 **문학적** 논증을 제시할 수 있다. 같은 이야기에서 남성 등장인물들 가운데 작동하는 가치들과 명백히 상반되는

Exodus 1-2," 307-26.

72. 반 디크-헴스는 이러한 구분을 통해 본질주의자들의 주장에 대한 쉬슬러-피오렌자의 우려를 불식한다(*On Gendering Texts*, 25).

73. 이들이 사용하는 방법은 고대 이스라엘과는 다른 계몽주의 이후 시기의 서구 여성 문화와 문학에 관한 연구를 기반으로 한다. 이 시기는 여성의 경험을 형성하는 요인들에 관해 많이 알려진 시기다. 따라서 브레너와 반 디크-헴스의 방법은 순환논리를 피해 가지 못한다. 즉, 고대 이스라엘의 '여성 문화'에 대해 우리가 아는 것은 대부분 본문에서 유추한 것이지만, 어떤 본문이 '여성 문화'를 반영하는지를 알려면 우리가 본문을 선별해야 한다.

특정한 가치들을 지닌 여성 등장인물이 상대적으로 많이, 게다가 **동시에 등장**한다는 점이 젠더적 접근을 가능하게 하고, 심지어 설득력 있게 만든다.[74]

출애굽기 1-4장에서 생명을 지키려는 여성들 쪽의 일관된 노력과, 이를 위해 사회적 제약과 집단 정체성의 경계를 감히 초월하려는 노력은 이러한 행동들이 이 이야기의 맥락에서 여성의 가치를 반영한다는 점을 시사한다. 생명을 지키려는 여성의 노력과 생명을 파괴하려는 남성(대개는 파라오, 하지만 모세도!)의 일관된 노력 사이의 명백한 대조는 이러한 주장을 강화하며, 이는 또한 성경 자체가 민족적, 젠더적, 계급적 편견이라는 타락한 논리를 드러내는 동시에 여성의 가치를 긍정하고 있음을 시사한다. 페미니스트 학자들은 이 이야기의 여성들이 궁극적으로 출애굽기 전체 이야기에서 지워지거나 사라진다고 한탄하지만, 나는 개별 여성은 이야기에서 사라질 수도 있겠지만 그들의 가치들은 사라지지 않는다는 점을 보여 주고자 했다.[75] 앞서 논한 것처럼, 여성들이 연약한 이들의 생명을 지키고자 모든 역경에 맞서 취약한 사람들을 구하기로 한 것은 여호와 하나님과 모세가 이스라엘 백성을 이집트에서 인도해 낼 생각을 시작하기도 전에 구원

---

74. 이는 고대 이스라엘에서의 여성의 경험 및 가치와의 연결고리들이 작동하지 않는다는 말이 아니라, 단지 '여성의 가치'에 대한 논증이 그러한 연결고리에 관한 논증으로 인해 서거나 넘어지지 않는다는 말이다.

75. 따라서 나의 주장은 이 이야기에 대한 트리블의 다음과 같은 평가와는 거리가 멀다. "가부장적 이야기꾼들은 자신들의 과제를 잘 수행했다. 그들은 여성을 사라지게 했다." 하지만 트리블은 출애굽기 내러티브의 마지막 부분에서 여성들의 "묻혀 있던 이야기" 파편들이 다시 드러나는 것을 보고, 여성들이 "구원의 알파와 오메가요, 알레프와 타브"임을 확인하게 된다("Bringing Miriam Out," 169, 172). 또한 Exum, "Second Thoughts," 75-87을 보라.

이라는 가치를 도입한 것이다.[76] 하나님이 무대에 들어오셔서 어떤 의미에서 여성들로부터 구원이라는 과제를 넘겨받으셨을 때, 그 순간 초규범적transgressive, 탈규범적이었던 '여성의 가치들'은 규범적인normative '신적 가치들'이 된다. 이 신적 가치들은 비록 그 경계들이 인간의 정체성을 규정하더라도 모든 사회적, 정치적, 문화적으로 구성된 한계에 맞서 모든 인류의 해방을 지향한다.[77] 경계를 넘나드는 용기 있는 행동으로 구현된 여성들의 '구원의 가치'는 앞으로 다가올 신적 구원 행동을 예고한다.[78]

성경 속 개별 여성 인물들에 대해 학문적으로 초점을 두는 것은 성경에서 '여성의 가치'가 얼마큼 작용하고 있는지를 보기 어렵게 만든다. 구약성경에서 여성이 등장하는 곳마다 '여성의 가치'가 반드시 나

---

76. 이는 하나님께서 이전에는 활동하지 않으셨다는 말이 아니다. 예컨대 1장에서 산파들은 하나님의 뜻을 수행하고 있다고 이해된다. 도널드 고완은 이 장에서 하나님의 부재를 강조하면서 여성의 활동을 너무 무시하고 있다(여성의 활동이 "아이에 대한 애정"에서 비롯된다고 본다). 고완은 "사람들이" 하나님의 부재에 직면하여 "자신이 할 수 있는 일을 하는데, 이 이야기에서 그것은 그리 좋은 것이 아니다"라고 단언한다(Donald E. Gowan, *Theology in Exodus: Biblical Theology in the Form of a Commentary* [Louisville: Westminster John Knox Press, 1994], 3-4).

77. 레벤슨은 자신의 해방신학 비판에서 이스라엘의 구원의 특수성을 강조하는데, 나는 다르게 생각한다("Liberation Theology and the Exodus," 215-30). 또한 같은 책에 실린 호르헤 픽슬리와 존 콜린스의 응답을 보라(각각 "History and Particularity in Reading the Hebrew Bible: A Response to Jon D. Levenson," 231-38, 그리고 "The Exodus and Biblical Theology," 247-62). 레벤슨의 지적은 탁월하지만, 나는 하나님의 구원의 궁극적 궤적이라는 그리스도교의 정경적 맥락 안에서 생각하고 있고, 따라서 온 인류를 포함하는 것을 생각하고 있다.

78. 프레다임은 노련하게 연관성을 끌어낸다. "이 모세 이야기는 … 이스라엘의 구속 경험에 대한 패러다임을 구성한다. 공주의 활동이 하나님의 활동과 평행하듯이, 모세의 경험은 이스라엘의 경험과 평행한다"(*Exodus*, 40).

타나는 것은 아니기 때문이다. 어떤 개별 여성들은 이러한 가치를 반영한다고 할 수 있지만(예컨대 라합, 에스더), 개별 여성의 이야기들에서 '여성의 가치'가 일관적으로 작동하는 것 같지는 않다. 협력과 돌봄이라는 가치가 여성 무리에게서 나타나는 다른 예로 입다의 딸의 마지막 여정에 동행한 여성들이 있고(삿 11), 심지어 슬로브핫의 딸들도 그렇다(민 27).[79] 또 다른 확연한 예는 룻기다. 이 경우들은 대부분, 특히 룻기와 출애굽기 1-2장의 경우, 여성들이 암묵적으로 공유하는 가치들이 남성들이 그들 주변에 행동으로 드러내는 가치들과 극명하게 대조된다.[80] 출애굽기에서 파라오는(그리고 훨씬 덜하지만 모세도) 그런 대조되는 가치를 구현한다. 룻기의 경우 이러한 점이 정경적으로 경험된다. 영어 성경(헬라어 성경 전통에 기반한)에서는 사사기 마지막 장들에서 이스라엘이 부족 내부의 혼동과 폭력에 빠진 광경(남자들이 스스로 광란의 폭력에 빠진다)을 강렬하고 통렬하게 묘사한 직후에 룻기가 나온다.[81] 이러한 사사기 마지막 장들을 읽은 다음 룻

---

79. 물론 여성들 사이에 갈등이 없는 것은 아니다―창세기에 나오는 아내들 간의 경쟁(사라와 하갈, 라헬과 레아. 비록 후자는 결국 협력하지만[창 31:14]), 그리고 아기를 두고 솔로몬에게 중재를 구하는 두 여인(왕상 3장)을 떠올려 보라.

80. 현상에 관한 또 다른 배치에 관해서도 약간 생각해 볼 필요가 있다. 고완(*Theology in Exodus*, 1-24)은 출애굽기 1-2장에서 하나님의 부재가 상당히 의도적인 것이며, 출애굽기 나머지 부분에서 명시적인 하나님의 임재와 극명한 대조를 이룬다고 강력히 주장한다. 그는 출애굽기 1-2장의 사건들이 하나님의 직접적 개입 없이 섭리적으로 펼쳐지는 방식이 에스더에서 사건이 벌어지는 방식과 유사하다고 지적한다. 흥미롭게도 룻기에서도 같은 유형의 하나님의 섭리적 비개입이 분명하게 나타난다. 하나님의 목적을 이루기 위해 사역하는 여성들은 하나님의 직접적 개입을 대신하는 역할을 하는 경향이 있는 것 같다.

81. 토드 리나펠트는 룻기가 사사기와 사무엘상 모두와 본질적 연관성을 가지고 있으며, 칠십인역에서 사사기와 사무엘상 사이에 룻기가 배치된 것은 오랜 숙고의 결과였고,

기를 시작하는 것은 갓 입은 상처에 치유의 향유를 붓는 것이다.

따라서 구약성경에서 '여성의 가치'가 실제로 나타나는 것은 여성들이 집단으로 함께 일할 때이며, 대개 이러한 집단은 민족이나 계급적 차이가 전통적인 경계들(이는 보통 때 같았으면 그들을 분리시켰을 것이다)을 넘어서 단결하지 못하게 걸림돌이 되는 것을 수수방관하지 않는다. '정체성 정치'가 사람들을 점점 더 작은(그리고 점점 실효성 없는) 집단으로 쪼개 놓는 우리 시대에, 구약성경은 상반되는 것을 강력하게 주장한다. 여성들이 함께 뭉칠 때 특히 힘을 발휘한다는 생각을 여전히 유지하면서 말이다.

인종, 민족, 계급적 배경이 다른 여성들이 교회 생활에서, 그리고 공동선을 위해 함께 일할 방법을 찾을 수 있다면 오늘날 어떤 변화가 일어날 수 있을까? 나는 다양한 인종, 계급, 민족 집단들, 심지어 종교 집단들의 단합된 행동을 방해하는 목표의 다양성과 권력 불평등 같은 어려운 문제들을 다루지 않고도 이러한 변화가 이루어질 수 있다고 믿을 만큼 순진하지는 않다. 그럼에도 정체성 정치는 궁극적으로 공동선이라는 이익이 아니라 자기 이익이라는 좁은 형태로 촉진되므로, 공동생활의 어떤 특정 영역은 개선할 수 있지만 폭력과 같은 더 큰 문제를 해결할 수는 없다.[82] 출애굽기 1-4장에서 여성들이 가져온 구원은 하나님의 일의 일부이며, 몇 장 후에 하나님께서 이스라엘에 가져오실 구원을 예고한다. 출애굽기 1-4장을 성경으로 읽는

부차적이고 부수적인 점이 아니라고 주장한다. Tod Linafelt, *Ruth* (Berit Olam; Collegeville, MN: Liturgical Press, 1999), xviii.

82. 지난 몇 년간 밀리언 맘 마치스(Million Mom Marches) 조직은 여성들이 함께 일할 때 어떤 일이 일어날 수 있는지를 보여 주는 소박하지만 희망적인 신호였다.

것은 그 이야기가 구현하는 가치들에 관해서 읽는 것이며, 우리를 가르는 경계들을 넘어 하나님의 일에 참여할 가능성을 기뻐하는 것이며, 그것이 제기하는 도전을 인정하는 것이다. 취약한 사람들을 보호하고 폭력에 맞서기 위해 함께 일하는 여성들은 하나님의 일을 하는 것이다. 그리고 그것은 바로 우리의 일이다.

5장

속삭이는 말씀

룻기에서 모든 방법을 종합하기

앞 장들에서 나는 여성에 관한 이야기를 읽기 위한 세 가지 전략을 제안했는데—(1) 여성의 말하기 (2) 내레이터의 관점 (3) 내레이터의 가치관과 세계관—각 전략은 구약 이야기 특징에 주목하며 읽어야 하는 것이었다. 그리고 각 전략이 다양한 유형의 이야기에 어떻게 사용될 수 있을지를 보였다. 이제 나는 이 세 가지 전략이 어떻게 하나의 이야기를 효과적으로 조명할 수 있는지를 보이고자 한다. 나는 룻기 서두에 나오는 나오미의 말하기에 초점을 두고 있는데, 왜냐하면 그녀의 항의가 두 가지 방식으로 플롯을 이끌어가기 때문이다. 첫째, 룻은 나오미의 항의를 해결하기 위해 행동한다. 둘째, 이야기가 마무리될 때 명확하게 해결되는 것이 바로 나오미의 항의[고초]이기 때문이다. 나는 또한 내레이터가 등장인물에 대한 공감을 불러일으키는 방식을 살펴보기 위해 내레이터의 관점에 초점을 둘 것이다. 이는 다시 내러티브 윤리에 관한 성찰로 이어지는데, 독자가 등장인물에게 공감하게 하는 내러티브의 설득 방식은 내러티브가 특정한 윤리적 반응을 어떻게 조장하는지에 관한 물음을 낳기 때문이다. 마지막으로 세계관의 문제를 살펴볼 것이다. 이 이야기에 암묵적으로 흐르는 가치들을 잠정적으로나마 '여성의 가치'로 분류할 수 있을까?

내 의도는 해석의 가능성들을 모조리 다루는 게 아니라, 이러한 전략이 함께 작용할 때 우리의 성경 본문 이해를 어떻게 향상시킬 수 있는지를 제안하는 것이기 때문에, 나는 이전 장들보다 덜 철두철미하게 이 전략들을 사용할 것이다. 나오미 이야기의 경우, 이 세 전략을 사용한 즉각적인 결실은 내가 이러한 전략으로 인해 어떻게 나오미 이야기와 욥 이야기가 관련되는지에 대해 생각하게 되었다는 점이다. 특히 여성의 말하기에 주목하는 첫 번째 전략으로 인해 나는 나오미의 경험과 욥의 경험 간에 확연한 연결점을 관찰하게 되었다. 나오미와 욥을 비교하는 것은 언뜻 보기에 이러한 읽기 전략이 룻기를 조명하는 방식을 보이고자 하는 나의 주된 목적에서 이탈한 것으로 보일 수 있지만, 전략들 자체가 나오미의 이야기를 이해하기 위해 나오미와 욥을 비교하는 것이 중요하다는 점을 가리킨다. 이러한 전략들을 통해 나오미를 읽으면 욥기로 이어진다. 욥과 나오미의 이야기는 함께 볼 때 서로를 밝혀 준다. 욥과 나오미 이야기는 젠더가 인간의 혼란에 관한 특정한 예술적 표현에 영향을 줄 수 있는 방식을 조명해 준다. 하지만 나오미와 욥을 함께 생각해 보기 전에 먼저 나오미의 상황에 초점을 두고 시작하는 것이 좋을 것이다.

나오미기 Naomi記

많은 사람이 이 이야기의 중심에 룻이 있다고 생각한다. 어쨌든 이 책 이름이 룻의 이름 딴 것이니까! 그리고 룻은 타인(죽은 남편 말론과 나오미)의 이익에 헌신하고자 명백히 가장 자신에게 유리한 쪽을 거부했다는 점에서 매우 전통적이며 논란의 여지가 없는 여성 캐릭터다. 21세기 북미를 비롯한 여러 다양한 시대와 장소의 문화에서 여성의 희생을 지나치다고 할 수 있을 정도로 매우 높게 평가한다.[1] 반면 나오미는 룻과 반대로 다소 자기 중심적으로 보일 수 있다.[2] 나오미는 겉으로 보기에 룻만큼 매력적인 인물은 아니다. 하지만 이 이야기의 중심에 실제로 룻이 아니라 나오미와 그녀의 곤경이 자리하고 있다는 강력한 주장이 펼쳐질 수 있다.[3] 이 책의 플롯을 움직이는 것은 나오미의 발언—나오미의 항의—이며, 특히 결론에서 해피엔딩으로 마무리되는 나오미의 상황이다—이때 룻은 이야기의 배경으로 사라져 버린다.

1. 더 광범위한 페미니스트 운동과 페미니스트 신학은 현대 사회가 여성의 자기-지우기에 높은 가치를 두는 것을 날카롭게 비판해 왔다. 특히 그리스도교 페미니스트 신학은 자기-지우기를 창조 질서의 위반으로 보고 거부한다—그것이 하나님의 형상대로 창조된 모든 인간에게 부여된 완전한 존엄성을 부정하기 때문이다.

2. 대나 놀런 퓨얼과 데이비드 건이 이런 방향으로 가는 것으로 보인다. "나오미 발언의 중심에는 나오미가 있다"("'A Son Is Born to Naomi!': Literary Allusions and Interpretation in the Book of Ruth," in *Women in the Hebrew Bible: A Reader* [ed. Alice Bach; New York: Routledge, 1999], 234; 원래는 *JSOT* 40 [1988]에 발표되었다). 피터 콕슨(Peter W. Coxon)의 응답을 보라. "Was Naomi a Scold? A Response to Fewell and Gunn," *JSOT* 45 (1989): 25-37. 또한 퓨얼과 건의 재응답인 다음 글을 보라. "Is Coxon a Scold? On Responding to the Book of Ruth," *JSOT* 45 (1989): 39-43.

3. 프레드릭 부시가 "의심할 여지 없이 이 책에서 가장 중요한 인물은 나오미다"라고 명백히 주장했듯이, 이 점을 간과하지 않은 주석가도 몇몇 있다. Frederic W. Bush, *Ruth, Esther* (Word Biblical Commentary 9; Dallas: Word Books, 1996), 49. 『룻기·에스더』, 정일오 옮김(서울: 솔로몬, 2007).

따라서 이야기의 시작점에서 나오미와 그녀를 둘러싼 핵심 문제, 즉 플롯을 움직이는 문제에 주목할 필요가 있다. 나오미의 관점에 접근하기 위해 우리는 나오미가 자신의 곤경을 표현하는 방식—내레이터나 독자가 아니라 **그녀** 본인이 상황을 인식하는 방식—에 세심하게 주의를 기울일 것이다.

하지만 나오미가 자기 상황을 어떻게 이해하고 있는지 고찰하기 전에, 내레이터가 우리에게 설명하는 대로 그 상황을 개략적으로 스케치할 필요가 있다. 엘리멜렉이라는 남자와 그의 가족(아내 나오미와 두 아들 말론과 기룐)은 기근으로 인해 유다에서 '이방' 모압 땅으로 이주한다. 그리고 5절에서 남자들은 모두 죽는다. 나오미는 두 며느리와 함께 남겨지지만, 본문은 두 며느리의 존재를 곧장 인지하지 않고, 5절에서 나오미의 외로움을 강조한다. "말론과 기룐 두 사람이 다 죽고 그 여인은 두 아들과 남편의 뒤에 남았더라." 안타깝게도 나오미와 그녀의 가족이 모압에서 10여 년을 보내며 아들들이 결혼도 했지만 아이는 없었다. 고대 이스라엘에 살았던 대부분의 여성과 마찬가지로, 나오미에게도 자녀와 손주를 통해 가족이 계승되는 것이 최고로 중요했을 것이다. 하지만 나오미에게는 이제 자녀도 손주도 없다.

이러한 상실과 부재는 나오미의 가족 구성에 변화를 가져오는데, 이는 이야기의 핵심을 관통한다. 고대 이스라엘에서 가족은 생존과 번영을 위해 남성과 여성과 자녀로 구성되어야 했다. 남성과 자녀의 부재는 가족의 경제적 생존과 사회적 지위를 모두 심각하게 위태롭게 했다. 비혼 여성은 대개 가난하여 공동체가 베푸는 아량에 의존해야 했다(이 같은 이유로 고아와 과부를 돌보라는 선지자적 요청이 있었다). 자녀는 여성에게 크나큰 축복으로 여겨졌고, 자녀가 없다는 것은 불안과 사회적 지위 상실의 원인이 되었다(따라서 창세기에서 열왕기하에 이르는 내내 여성의 불임이 두드러진 주제다). 그래서 남편에 이어 두 아들까지 잃은 것은 나오미에게 충격적인 변화를 불러오는 사건이다. 그녀의 며느리들은 그녀에게 유일하게 남은 가족 구성원이지만, 이런 상황에서 젊은 여인들은 대부분 자기 아버지의 집으로 돌아갈 것이고 따라서 사실상 나오미 가족의 종말을 의미하기 때문에 보통 이런 상황에서 그들의 존재는 나오미에게 거의 위로가 되지 않을 것이다.[4] 이렇게 며느리들이 남편 없이 있으면 나오미가 가족을 이루는 데 도움이 되지 않기 때문에, 5절에서 며느리들이 나오미와 함께 남아 있다고 언급하지 않은 것이 이해가 된다.

1-5절에서 이 사건들을 무덤덤하게 이야기하는 서술 방식은 나오미에게 닥친 재앙과 상반된다. 남자들이 모두 죽고 대를 이을 자식도 없는 나오미의 삶은 사실상 의미를 상실한 것이고 생존 가능성 자체도 불투명해졌다. 이야기의 나머지 부분은 이런 문제들을 다룬다.

첫 번째 전략: 나오미의 말을 심각하게 받아들이기

우리의 목적상 특히 흥미로운 것은 나오미 본인이 이 사건들에 대한 자기 경험을 표현하는 방식이다. 책 전반에 다른 사람에 대한 하나님

---

4. 놀랍게도 나오미는 젊은 여성들에게 그들 어머니의 집으로 돌아가라고 권한다. 다음을 보라. Carol Meyers, "Returning Home: Ruth 1:8 and the Gendering of the Book of Ruth," in *A Feminist Companion to Ruth* (ed. Athalya Brenner; FCB 3; Sheffield: Sheffield Academic Press, 1993), 85-114.

의 축복을 청원하는 것은, 룻과 보아스가 태도와 행동으로 '헤세드'חֶסֶד (언약적 신실함)를 청원하고 구현하는 것과 마찬가지로 다음과 같은 점을 강조하는 기능을 한다. 즉, 하나님을 향한 등장인물들의 깊은 신실함이 자기 주변 사람들을 신실하게 대하는 바탕이 된다. 캐서린 두 웁 자켄펠드가 말한 것처럼 "하나님은, 주변 사람들과의 성실한 상호 관계에서 하나님의 성실하심을 나타내고자 하는 신실한 사람들의 일상 행동을 통해 일하고 계신다."[5] 이러한 상황은 영어 성경에서 룻기 바로 앞에 배치된 사사기 마지막 부분에 묘사된 상황과 극명하게 대조된다. 사사기에서는 수직적인 신-인간 관계의 무질서가 수평적인 인간 간 관계의 무질서의 바탕이 된다―사람들이 하나님께 신실하지 않은 것이 서로에게 신실하지 않은 태도로 이어진다.

룻기에서는 이러한 상황이 완전히 반전된다. 헤세드가 룻기 전체에 흠뻑 스며들어 있기 때문에, 나오미가 처음 내뱉은 말이 이 이야기에 매우 적절해 보인다. "너희가 죽은 자들과 나를 '헤세드'[선대]한 것 같이 여호와께서 너희를 '헤세드'하시기를 원하며"(8절). 다른 누군가를 향한 축복 청원, 그리고 '헤세드' 행위, 곧 성실한 친절 행위는 이야기 전체의 핵심 주제―다른 사람을 향해 여호와의 축복을 구하는 것과 인간의 '헤세드' 행위에 참여하는 것이 어떻게 하나님의 백성을 향한 신적 '헤세드'를 표현하고 구현하는지―다.

그러나 여기서 나오미가 며느리들에게 신적 축복을 청원하는 말은 기대에 못 미치는 느낌이다. 그녀는 '여호와께서 내게 복을 내리신 것처럼 너희에게도 복 주시기를…'이라고 기도하지 않고, "너희가

5. Katharine Doob Sakenfeld, *Ruth* (Interpretation; Louisville: Westminster John Knox Press, 1999), 15-16.

죽은 자들과 나에게 신실했던 것 같이 여호와께서 너희에게 신실하시기를…"이라고 기도한다. 여기서 독자들은 놀랄 것이다. 하나님이 인간에게 신실함의 모범을 보이신 게 아니라, **젊은 여성들이** 하나님께서 따르셔야 할 신실함의 모범을 보인 것이다![6] 나오미가 기근과 남자 가족들 전부가 죽는 경험을 했던 것을 고려할 때, 이 첫마디 말에서 나오미가 하나님의 신실하심을 어떻게 이해하고 있는지 궁금할 수 있다. 왜냐하면 나오미는 본인이 경험했던 것보다 며느리들이 하나님께 **더 나은** 대우를 받기를 바라는 마음을 전통적인 축복 청원 형태를 통해 표현하고 있는 것 같기 때문이다.

나오미의 다음 발언은 여호와께 받았으면 했던 것과 실제로 받은 것 사이에서 그녀가 느낀 괴리를 확인해 준다. "여호와께서 너희에게 허락하사 각기 〔새〕 남편의 집에서 평안/든든함〔위로〕을 얻게 하시기를 원하노라"(9절). 또다시 우리는 여호와께서 나오미에게 주신 것—그녀 남편의 집에서는 든든함을 얻지 못했다!—과 오르바와 룻이 받았으면 하는 것 사이의 괴리에 주목하게 된다. 여기서 나오미의 말에 거짓이 있지는 않지만(그녀는 틀림없이 며느리들의 더 나은 미래를 바라고 있다), 그녀의 말은 이야기가 진행됨에 따라 점점 더 분명해지는 씁쓸함을 넌지시 담고 있다.[7]

6. 여러 주석가들이 이 점을 관찰했다. Phyllis Trible, *God and the Rhetoric of Sexuality* (OBT; Philadelphia: Fortress Press, 1978), 169–70; Sakenfeld, *Ruth*, 25; Danna Nolan Fewell and David Miller Gunn, *Compromising Redemption: Relating Characters in the Book of Ruth* (Louisville: Westminster John Knox Press, 1990), 71.

7. 이러한 견해는 브렌트 스트론(Brent Strawn)의 룻기 1:8의 케티브/케레 분석으로 더욱 뒷받침된다("y'šh in the Kethib of Ruth 1:8: Historical, Orthographical, or Characterological?", 미출간 논문).

그런 다음 11-13절에서 나오미는 오르바와 룻이 자신에 대한 신실함을 더 보일 필요가 없다(무슨 소용이 있겠는가?)고 설득하고자, 독자들이 엉뚱하다고 생각할 만한 반사실적인 가상의 시나리오를 제시한다. "너희가 어찌 나와 함께 가려느냐? 내 태중에 너희의 남편 될 아들들이 아직 있느냐?" 이는 물론 수사적 의문rhetorical question이며, 며느리들과 독자들에게 '당연히 없습니다!'라는 대답을 곧장 유도하는 물음으로, 이렇게 마무리될 물음이다. 그런데 나오미는 계속해서 "내 딸들아, 되돌아가라. 나는 늙었으니 남편을 두지 못할지라"라고 하며 이 시나리오를 마무리 짓지 않고 이어 나간다. 며느리들과 독자들은 모두 고개를 끄덕일 것이다. '네, 그렇죠. 저희도 압니다'—너무 분명하니까. 하지만 나오미는 이상한 판타지를 계속 이어 간다. "가령 내가 소망이 있다고 말한다든지 오늘 밤에 남편을 두어 아들들을 낳는다 하더라도 너희가 어찌 그들이 자라기를 기다리겠느냐?"(12^b-13^{a}절).

이 발언에 대해 세 가지 관찰이 가능하다. 첫째, 나오미는 거의 지나가는 말 같지만 그래도 분명하게 자신에게 아무런 희망이 없다고 생각한다고 말한다. 따라서 독자는 나오미가 자기 상황을 절망적으로 보고 있음을 처음으로 알게 된다. 둘째, 나오미가 며느리들을 위해 그들의 새 남편을 낳는다는 이상하고도 비현실적인 시나리오는 그녀가 처한 비통하고 비극적인 상황을 반영한다. 완전히 새로운 가족—새 남편과 새 자녀—을 떠올려 보는 것은 첫 번째 가족을 잃은 상실감을 강조할 뿐이다. 그녀가 이 시나리오를 실현하는 것이 불가능함을 알고 있으면서도 완전히 새로운 가족이라는 판타지를 표현했다는 사실은 가족을 잃은 상실감이 얼마나 깊은지를 보여 준다. 희망은 가족의 건강과 온전함에 있기에, 나오미는 회복된 가족이라는 불가능한 판타지를 표현함으로써 자신의 절망을 표현한다. 마지막으로, 전체 시나리오는 나오미에게 노쇠한 이미지를 더한다. 나오미는 결핍, 텅 빔, 무력함, 늙음, 죽음에 둘러싸여 있고, 이것들과 붙어 있다.

그리고 이 모든 슬픔과 텅 빔과 죽음은 모두 하나님 탓이다. 그저 새 가족이 불가능함을 증명하기 위해 떠올려 보았던 판타지가 끝날 무렵, 나오미는 모든 것의 바탕에 깔린 확신을 털어 놓는다. "여호와의 손이 나를 치셨으므로 나는 나보다 너희로 말미암아 더욱 마음이 아프도다"(13ᵇ절).[8] 이 모든 슬픔이 불운의 결과(성경적 개념이 아니다)도 아니며, 나오미가 이토록 개인적인 재앙을 당할 만한 일을 했다는 암시도 내러티브에 나타나지 않는다. 오히려 나오미는 자기가 이런 식으로 고통당하는 것이 신의 뜻―"여호와의 손"이 그녀를 적극적으로 공격한 것―이라고 믿는다. 이는 불안감을 안겨 주는 고백이며, 이 말이 만일 사실이라면 나오미의 미래가 참으로 암담함을 암시한다. 오르바가 나오미에게(그리고 룻에게) 작별을 고하는 선택을 하는 건 당연한 일이다(14절).

룻이 나오미에게 유명한 충성을 선언한 후(16-19절), 두 여인은 베들레헴으로 향하는데, 그들이 온다는 소식으로 마을이 떠들썩하다. 마을 여성들은 나오미의 모습―세월과 슬픔과 죽음으로 그녀의 행색이 알아보기 어렵게 변했다―에 먹먹해졌다. 나오미는 앞서 했던 그간 있었던 모든 일의 원인 분석을 되풀이하며, 자신의 옛 이름('기쁨'에 해

---

8. 이 고백은 8-9절에서 나오미가 며느리들에게 신적 축복을 청원하는 것이 겉으로 드러나는 의미와 완전히 같지 않을 수도 있다는 독자들이 이전에 품었던 의심을 확인시켜 준다.

당하는 단어와 말소리가 비슷하다)을 버리고, "마라"('괴로움')라는 새 이름
으로 부를 것을 요구한다. 마라는 죽음의 괴로움, 곧 자기 가족과 희망
이 죽어서 괴로움으로 영원히 점철된 새로운 정체성을 반영한다. 또다
시 나오미는 자기 괴로움의 원천으로 여호와를 지목한다. "나를 나오
미라 부르지 말고 나를 마라라 부르라. 이는 샤다이[전능자]가 나를 심히
괴롭게 하셨음이니라. 내가 풍족하게 나갔더니 여호와께서 내게 비어
돌아오게 하셨느니라"(20-21절). 나오미가 자신의 현재 상황뿐만 아니
라 삶의 궤적에 관한 자신의 해석을 되풀이하면서, 이야기 전체에 퍼
져 있는 텅 빔과 풍족함이라는 주제가 여기서 명시적으로 도입된다.

정당한 분노: 욥을 통해 나오미 보기

독자들은 나오미의 불평, 특히 그 많은 슬픔과 죽음과 현재의 고통에
대한 책임이 하나님께 있다는 나오미의 평가를 어떻게 받아들여야
할까? 성경을 주의 깊게 읽는 독자들은 욥의 슬픔과 그 슬픔의 원인
제공자인 하나님에 대한 원망이 나오미 이야기에서 되울리고 있음
을 볼 것이다.[9] 욥의 삶에 의미를 부여했던 모든 것이 없어졌고, 욥 또

9. 이러한 연결은 일찍이 미드라쉬 룻 랍바(2:10)에도 나왔고, 현대 주석가들이 종종 지
나가는 말로 언급하기도 했다. 커스틴 닐슨(Kirsten Nielsen)은 욥과의 평행점에 주
목하며 다음과 같이 말한다. "우리는 실제로 나오미가 무고하게 고난받는 자의 또 다
른 예가 아닌지 묻고 싶은 마음이 든다"(*Ruth* [OTL; Louisville: Westminster John
Knox Press, 1997], 52). 안드레 라코크(André Lacocque)는 이 둘 사이의 평행점
에 관해 두 단락을 할애하는데, 주로 신적 분배 정의에 대한 둘의 공통 관심사를 관
찰한다(*Le livre de Ruth* [Commentaire de l'Ancien Testament 17; Geneva:
Labor et Fides, 2004], 55-56). 또 다른 최근 연구로 *Reading Ruth: Contempo-*

한 하나님을 탓한다. 욥이 비탄하고 하나님께 따져 묻는 것은 인간의 조건에 대한 잊을 수 없는 표현으로 해석사에 남아 있다. 이 이야기와 욥기는 모두 인간이란 무엇인가에 관한 가장 심오한 사유를 다소간 구성하고 촉진해 왔다. 그렇다면 왜 하나님으로부터 비롯된 상실과 죽음과 슬픔에 관한 나오미의 이야기가 욥의 이야기와 평행하다고 인식되지 않는 것일까?

적어도 세 가지 이유가 곧바로 나온다. 첫째, 욥기를 읽으면 욥의 불행에 하나님이 관여하고 계심을 알 수 있지만, 룻기에는 하나님이 나오미의 불행을 조장하고 계신다는 내용이 명시되어 있지 않다. 비록 나오미는 그렇게 인지하고 있지만 말이다. 두 이야기 사이의 평행점이 보이지 않는 두 번째 이유이자 더 중요한 이유는 그들이 자기 고통을 언어로 표현하는 방식에 있다. 나오미가 하나님을 탓하는 대목은 욥이 하나님께 따져 묻는 만큼 강한 웅변조가 아니다. 나오미가 표현한 상실, 정의, 인간의 온전함에 관한 성찰은 욥의 표현과 양적으로도 질적으로도 다르다. 마지막 이유는 앞서 언급했듯이 책 제목 때문이다. 독자들은 이 이야기가 나오미에 관한 이야기가 아니라고—룻에 관한 이야기라고—생각하게 된다. 책 제목이 **룻**기다. 따라서 나오미는 간과되기 쉽다.

하지만 욥의 이야기와 나오미 이야기 사이에는 매우 뚜렷한 유사

rary Women Reclaim a Sacred Story (ed. Judith A. Kates and Gail Twersky Reimer; New York: Ballantine, 1994)에 실린 세 편의 논문은 욥과 나오미의 연관성을 명확하게 살핀다. 세 논문은 다음과 같다. Nehama Aschkenasy, "Language as Female Empowerment in Ruth," pp. 111-24; Patricia Karlin-Neumann, "The Journey Toward Life," pp. 125-30; Lois C. Dubin, "Naomi's Tale in the Book of Ruth," pp. 131-44.

점들이 있다. 둘 다 신적으로 비롯되었거나 적어도 신적으로 승인된 안전(부, 생계 수단)의 상실, 거의 모든 가족의 죽음(욥은 아내가 떠났고, 나오미는 며느리가 있었지만 처음에는 며느리에게서 진정한 희망을 볼 수 없었다)으로 시작된다. 나오미 이야기는 여러 면에서 욥 이야기와 비슷하지만, 나오미 이야기의 형식은 특히 여성으로서의 그녀의 삶과 관련된다. 욥의 자녀들이 죽는 동안 본문은 주로 욥이 상당한 부를 잃고 그에 따라 지위도 상실했음을 강조한다. 나오미의 삶에서 축복은 재산 자체보다는 가족으로 이루어져 있다. 그래서 본문은 그녀 남편과 아들의 죽음, 따라서 손주도 생길 수 없다는 점을 강조한다. '밥집'을 뜻하는 베들레헴에 양식이 없다는 도입 구절의 아이러니는 있어야 할 것―양식, 남자 가족, 삶―과 배고픔, 고립, 죽음이라는 현실 사이의 아이러니한 대조를 나오미에게 도입한다.

나오미는 자신의 삶이 비극적으로 전환된 것에 대해 명시적으로, 그리고 반복적으로 하나님을 탓하는데, 이러한 근본적인 면에서 욥과 매우 평행하다.[10] 그러므로 룻기에서 전개되는 신학적 핵심 쟁점 중 하나는 인간 고통의 문제와 그 고통에 대해 하나님은 어떻게 응답하시는가 하는 것이다. 하나님을 향한 나오미의 항의는 양적으로 욥의 항의에는 못 미치지만, 그녀의 원망은 거세고 거침없이 반복된다. 자켄펠드가 지적했듯이, 여기서 나오미의 발언은 룻기의 나머지 부분이 축복을 배경으로 하는 것과 대조적으로 "하나님이 돌보시지 않는 모습"이 두드러진다.[11] 하나님에 대한 그녀의 고발은 첫 장에서, 그

10. 알리시아 오스트라이커(Alicia Ostriker)는 이 평행점을 명확히 설명한다. "나오미는 … 욥의 여성판이다"("The Book of Ruth and the Love of the Land," *BibInt* 10 [2002]: 343-59).

리고 실제로 책 전체에서 그녀가 하는 발언의 상당수를 설명해 준다.

나오미는 1:13에서 처음으로 꺼냈던 "여호와의 손이 나를 치셨으므로"라는 말을, 1:21ᵃ에서는 여호와께서 이전에 누렸던 풍요를 거두셨다는 주장으로 반복한다. 그리고 21ᵇ절에서는 "여호와께서 나를 모질게 다루셨고[정벌하셨고]['아나'ענה] 전능자가 나를 괴롭게 하셨거늘 너희가 어찌 나를 나오미라 부르느냐?"라고 더 강하게 말한다. "모질게 다루셨다"[12]로 번역된 동사는 실제 히브리어로 "나에게 불리한 증언을 하셨다"로 읽히며, 법적 소송에서 불리한 증언을 한다는 일반적인 의미로 사법적 상황에서 자주 발견된다.[13] 히브리어로 읽으면,

---

11. Katharine Doob Sakenfeld, "Naomi's Cry: Reflections on Ruth 1:20-21," in *A God So Near: Essays on Old Testament Theology in Honor of Patrick D. Miller* (ed. Brent A. Strawn and Nancy R. Bowen; Winona Lake, IN: Eisenbrauns, 2003), 129-43, 여기서는 131). 자켄펠드의 글은 여기서 나의 읽기와 비슷한 방향으로 간다. 그녀는 나오미의 외침을 애가(哀歌) 또는 항의의 기도로 읽는 데 초점을 두고 있긴 하지만 말이다. 토드 리나펠트(Tod Linafelt)는 자켄펠드의 온화한 "돌보지 않음"보다 훨씬 더 직설적이다. "나오미는 악 또는 악한 행동을 전력으로 하나님 탓으로 돌리고 있는 것으로 보인다"(*Ruth* [Berit Olam; Collegeville, MN: Liturgical Press, 1999], 20).

12. NRSV는 여기서 칠십인역을 반영한다. 칠십인역은 히브리어 동사 피엘형의 의미로 '에타페이노센'(ἐταπείνωσέν; 겸손하게 하다, 굴욕감을 주다)으로 번역한다. 자켄펠드는 나오미의 발언에서 욥과의 연관성과 더불어 사법적인 함의를 관찰한다("Naomi's Cry," 135-36). 특히 미드라쉬 랍바는 이중 의미를 관찰한다(*Midrash Rabbah: Ruth* [trans. L. Rabinowitz; London: Soncino, 1983]).

13. Sakenfeld, "Naomi's Cry," 135. 또한 다음을 보라. Jack M. Sasson, *Ruth: A New Translation with a Philological Commentary and a Formalist-Folklorist Interpretation* (2nd ed.; Sheffield: JSOT Press, 1989), 35. 마이클 무어(Michael S. Moore)는 이 동사가 다의적(polysemantic)이며 다형적(polymorphous)인 것이 의도적이라는 사슨의 제안에 동의한다("Two Textual Anomalies in Ruth," *CBQ* 59 [1997]: 237).

재판이 지배적 은유인 욥기 전반에 이 동사가 만연해 있다는 점에서 욥기와 더욱 구체적으로 연관 지을 수 있다. 이 동사의 이러한 함의는 나오미가 느끼기에 하나님으로부터 매우 이해하기 힘든 기소를 당하고 있다는 점을 암시한다.[14] 재판 은유는 욥에게도 강렬한 것으로 드러났지만, 욥은 나오미와는 대조적으로 본인이 바로 잡는 식으로 하나님에 대해 불리한 증언을 하는 모습을 상상한다. 자켄펠드가 언급했듯이, "하나님의 행동이 욥의 삶에서 그러했듯이, 나오미의 삶에서도 완전히 설명될 수 없기 때문에 쓰고 괴롭다."[15]

　나는 욥기가 룻기에, 또는 룻기가 욥기에 문학적으로 의존한다는 주장을 전혀 하고 있지 않지만, 욥과 나오미가 자신의 곤경을 표현하

---

14. "나오미는 하나님이 자신에게 특히 불친절하다고, 다시 말해 그녀에 대해 사적인 복수심을 품고 계신다고 생각했을 수도 있다"(Sasson, *Ruth*, 27). 또한 다음을 보라. Robert L. Hubbard, *The Book of Ruth* (NICOT; Grand Rapids: Eerdmans, 1988), 113.

15. Sakenfeld, "Naomi's Cry," 136. 대부분의 현대 해석자들과 마찬가지로, 나도 본문에서 나오미의 상실을 나오미 탓으로 돌리거나 나오미가 본인이 잘못한 것으로 이해하고 있다는 함의를 발견하지 못했다(그러나 좀 더 양면적인 해석으로는 Fewell and Gunn, *Compromising Redemption*, 72, 121을 보라). 반면 몇몇 고대 및 중세 해석자들은 다음과 같은 탈굼의 선례를 따라 나오미에게 책임을 돌린다. "내 죄가 나에게 불리한 증언을 한다"(*The Targum of Ruth* [trans. D. R. G. Beattie; Aramaic Bible 19; Collegeville, MN: Liturgical Press, 1987); 또한 살몬 벤 예로함(Salmon ben Yeroham), 라시(Rashi), 이븐 에즈라(Ibn Ezra)의 주석을 보라. 이것들은 각각 D. R. G. Beattie의 *Jewish Exegesis of the Book of Ruth* (JSOTSup 2; Sheffield: JSOT Press, 1977), 60, 105, 138에서 볼 수 있다. 루라의 니콜라스(Nicholas of Lyra)도 같은 전통을 따르지만, 대부분의 중세 그리스도교 해석자들이 이 책을 알레고리로 읽었기 때문에, 나오미의 발언에 거의 또는 전혀 관심을 기울이지 않았다. 이를 보여 주는 예로는 다음을 보라. *Medieval Exegesis in Translation: Commentaries on the Book of Ruth* (trans. Lesley Smith; TEAMS Commentary Series; Kalamazoo, MI: Medieval Institute, 1996).

는 방식에는 언어적 유사성이 있다. 네하마 아쉬케나시가 관찰했듯이, "나오미가 욥과 같은 고난의 언어로 자신의 고충을 말함으로써, 그녀가 하나님께 책임을 묻고 있음을, 그녀가 하나님에 의해 박해의 대상으로 지목되었다고 보고 있음을 강력하게 시사한다."[16] 예를 들어, 샤다이께서 그녀의 삶을 괴롭게 하셨다는 나오미의 주장과 비슷한 표현을 욥기에서도 볼 수 있다. 특히 1:20에 나오는 나오미의 언어("샤다이가 나를 심히 괴롭게 하셨다['헤마르 샫다이 리 메오드' הֵמַר שַׁדַּי לִי מְאֹד]")는 욥 자신의 온전함이 하나님에 대한 진실을 말할 것을 요구한다는 내용으로 맹세를 시작하는 27:2-4에서 메아리처럼 되울린다. "나의 정당함을 물리치신 하나님, 나의 삶[영혼]을 괴롭게 하신 샤다이['베샫다이 헤마르 나프쉬' וְשַׁדַּי הֵמַר נַפְשִׁי]." 이 둘은 창세기와 욥기 외에는 비교적 드물게 나오는 하나님에 대한 호칭인 '샤다이'를 사용하는 놀랍도록 유사한 주장이다.[17]

두 본문 사이의 또 다른 언어적 유사성은 "여호와의 손"이라는 문구 사용에 나타난다. 구약성경 곳곳에서 "여호와의 손"은 사람들에게 불행과 고통을 가져다주어, 그들이 여호와의 손이 자신에게 닿았다고 생각하게 된다.[18] 1:13에서 나오미가 "여호와의 손이 나를 치셨으므로"라고 주장한 것은 욥이 하나님을 신랄하게 고발하는 것과 닮

16. Aschkenasy, "Language as Female Empowerment," 114.
17. 창세기와 욥기의 연관성에 관해서는 다음을 보라. J. Gerald Janzen, "Lust for Life and the Bitterness of Job," ThTo 55 (1998): 152-62. 예레미야 및 욥기와의 연관성에 관해서는 다음을 보라. Edward F. Campbell, Ruth (AB; Garden City, NY: Doubleday, 1975), 77, 83. 또한 특히 Sakenfeld, "Naomi's Cry," 132-40을 보라.
18. 예를 들어, 출 9:3; 신 2:15; 수 4:24; 삿 2:15; 삼상 5:6; 7:13을 비롯한 여러 곳을 보라. 좀 더 온화하지만 여전히 강력한 연관성이 왕하 3:15; 사 59:1; 66:14; 겔 1:3; 3:22; 37:1; 40:1에 나타난다. 더 자세한 논의로는 Sasson, Ruth, 26-27을 보라.

았다. 욥은 곳곳에서 확인되는 여러 극심한 불의가 문자 그대로 여호와의 손길이라고 고발한다. 모든 피조물이—심지어 물고기와 새들도—"여호와의 손이 이를 행하신 줄을", 이 모든 극심한 불공평을 만들어 내셨음을 안다는 것이다(욥 12:9).[19]

우리는 나오미와 욥이 매우 비슷한 상황에서 각자의 상황에 대해 놀라울 정도로 비슷한 평가를 내리고 있음을 분명하게 볼 수 있다. 그래서 의문이 계속 생긴다. 이 두 사람은 해석사에서 왜 그렇게 다르게 평가되는가? 욥은 인간의 조건의 격정과 노력과 비극을 탁월하게 표현한 인물로 여겨지는데, 왜 나오미의 항의에 대해서는 해석사의 주요 전통들이 대체로 한마디 말도 없이 그냥 지나치는가?

물론 나오미라는 인물 자체가 해석사에서 부정적으로 인식된 것은 아니다. 오히려 유대인 주석 전통에서는 나오미를 강하고 용감하고 신실하며, 룻의 롤 모델이라고 본다. "그녀는 조언과 모범으로 룻을 덕과 겸손의 길로 인도한 고귀한 성품의 여성이었다"라는 비티의 관찰은 나오미에 대한 전통적인 유대인의 이해를 잘 요약해 준다.[20] 나오미가 이렇게 긍정적인 평가를 받게 된 이유에는 기근이 잦아들자 유다로 돌아가기로 결심한 부분도 있다.[21] 하지만 유대인 해석자들은 그녀의 성품에 대해 이렇게 긍정적 평가를 내릴 뿐, 그녀가 자

19. 아이러니하게도, 신적 능력을 열망하며 사람들의 삶을 괴롭힌 것으로 고발당하는 또 다른 강력한 인물은 파라오다. 히브리인들은 파라오 치하의 쓰라린 삶을 기억하기 위해 쓴 나물을 먹어야 했다(출 1:14; 12:8).
20. Beattie, *Jewish Exegesis*, 189.
21. 일반적으로 유대인 해석자들은 엘리멜렉이 애초에 유다를 떠나 모압으로 가기로 결정한 것을 의심의 눈초리로 본다. 이러한 해석을 따르면 그가 이야기 초반에 죽는 것은 그리 놀랍지 않다. 실제로 그의 죽음은 이 믿음 없는 행위에 대한 형벌로 보통 해석된다. Beattie, *Jewish Exegesis*, 188을 보라.

기 문제에 대해 하나님을 탓하고 있는 부분을 대체로 그냥 지나쳤고, 그녀의 항의가 나타나는 지점에서 흔히 주석가들은 나오미의 삶에 일어난 엄청난 비극이 그녀 자신의 죄로 인한 결과라고 주장했다.[22]

나오미와 욥의 상황은 현저하게 비슷하지만, 한 가지 중요한 차이점에 주목할 필요가 있다. 하나님께서 나오미의 삶에서 충만하고 의미 있게 여겨지는 것들을 대부분 "비우시는" 행동을 하시는데, 이는 **과부**에게 하신 행동이다. 성경을 대강 읽어 본 사람들도 알다시피, 과부와 고아는 구약성경 전체에서 특별히 보호받는 부류의 사람이다. 당연히 율법에 이들에 대한 보호제도가 있으며("객이나 고아나 과부의 송사를 억울하게 하는 자는 저주를 받을 것이라"[신 27:19; cf. 출 22:21-23]), 선지자들은 이 가장 취약한 부류의 사람들에 대해 관심을 두는 것으로 잘 알려져 있다(예컨대 사 1:17).[23]

이스라엘 백성이 과부와 고아를 돌보아야 한다는 근본 원칙의 밑바탕에는 하나님이 그들에게 지극히 마음 쓰고 있다는 이해가 깔려 있다. 즉, 신적 관심이 인간 행동의 이유다. 이는 시편 146:9에 반영되어 있다. "여호와께서 나그네들을 보호하시며 고아와 과부를 붙드시고." 이러한 배경에서 볼 때, 하나님께서 그녀를 비우고 괴롭게 하셨다는 나오미의 항의—과부의 항의!—는 특히 안타깝게 들린다. 이러한 관점에서 여호와에 대한 나오미의 고발은 욥의 고발보다 더 심각한데, 왜냐하면 나오미는 자신이 사회에서 가장 낮고 취약한 계

---

22. 각주 15의 참고 문헌을 보라. 그리스도교 해석자들은 대체로 알레고리로 해석하는 경향 때문에 나오미의 항의를 간과하는 경향이 있다.

23. 신명기의 다양한 이삭줍기 법을 비롯하여 율법 및 예언 활동과 관련된 예들은 일일이 언급할 수 없을 만큼 많다.

층으로 전락했으며 그로 인해 자기 생명이 위태로워진 것이 신적 행위 때문이라고 믿기 때문이다.

아니나 다를까, 과부가 특별한 보살핌을 받아야 한다는 가정이 욥기 전체에 걸쳐 나타난다. 욥은 악인들이 "고아의 나귀를 몰아 가며, 과부의 소를 볼모 잡는" 동안 하나님은 아무 일도 하지 않는다고 항의한다(24:3; cf. 21절). 엘리바스는 욥이 그런 끔찍한 불행을 당한 것은 분명 큰 악행을 저질렀기 때문이라고 주장하며, 어느 순간에 욥이 과부들을 학대했다고 비난한다. "너는 과부를 빈손으로['레캄'רֵיקָם] 돌려보내며 고아의 팔을 꺾는구나"(욥 22:9). 여기서 특히 주목할 점은 욥의 혐의와 룻기 1:21에 나오는 나오미의 항의가 언어적으로 유사하다는 것이다. "여호와께서 내게 **비어**['베레캄'רֵיקָם] 돌아오게 하셨느니라"[24] 과부를 비게끔 대우한다는 발상은 히브리 성경 중 오직 이 두 본문에만 나온다—한 번은 여호와께서 과부를 비게 하시고, 한 번은 악인이 한다.

욥은 엘리바스가 자신을 과부를 비우고 고아를 꺾는 사람으로 평가한 것을 강력하게 거부한다. 욥기 29:13에서 그는 "과부의 마음이 나로 말미암아 기뻐 노래하였느니라"라고 주장하고, 31:16에서는 "내가 언제 가난한 자의 소원을 막았거나 과부의 눈을 실망하게 했다면…"이라는 말로 맹세를 시작한다.[25] 앞서 욥은 하나님께 과부를 악인에게서 보호하지 않으셨다는 혐의를 제기했다. 그리고 지금 본인은 그런 일을 행하는 악인 중 하나가 아니라고 단호하게 부인한다.

---

24. 히브리어 어순은 "비어"를 강조한다.
25. 맹세의 마무리는 22절에 나온다. "그러면 내 팔이 어깨뼈에서 떨어지고 내 팔뼈가 그 자리에서 부스러지기를"(NRSV).

이 점을 염두에 두면, 하나님에 대한 나오미의 항의는 더욱더 첨예하고 날카로워 보인다. 그녀는 암묵적으로 하나님이 악인 중 하나라는 혐의를 제기한다. 나오미는 과부에 대한 하나님의 보살핌이 무관심이 아니라 적대시였다고 대담하게 주장한다.

여기서 다시 원래의 물음으로 돌아가게 된다. 두 사람의 고발도 비슷하고 나오미는 하나님께 고통받는 과부라는 비극적 위치에 있었는데도 불구하고, 왜 나오미는 성경 해석사에서 욥과 같은 위상을 얻지 못했는가? 왜 이렇게 불평등할까? 앞서 언급했듯이, 독자들이 암묵적으로 하고 있는 가정, 즉 우리가 욥의 고통에는 하나님이 직접 관여하신다는 것을 알지만 나오미의 경우에는 불분명하다는 가정이 작동하고 있는지도 모른다. 어쩌면, 하나님께 책임이 있다는 것은 나오미의 **생각**일 뿐이지 실제로 그녀의 문제에 신적인 개입은 없었다고 추측해 볼 수도 있겠다. 이러한 관점은 나오미가 겪은 것과 같은 큰 불행에 신이 강하게 연루되었으리라 보는 고대 시대(실제로 오늘날에도 큰 불행에 대해서는 많이들 그렇게 보긴 하지만)보다 현대 시대에 더 설득력 있다.[26] 본문이 기록된 경험의 지평에서 보면, 사건에 대한 나오미의 인식이 정확하다고 가정하는 것—어떤 식으로든 나오미의 문제가 여호와께 기인한다고 보는 것—이 가장 현명해 보인다.

나오미와 욥에 대한 평가가 극명한 차이를 보이는 것은 해석자들이 두 인물을 바라볼 때 젠더 차이에 따른 기대치가 다르다는 점을 시사할 수도 있다. 서구 역사, 그리고 서구의 성경 해석 역사에서 남성이 하나님께 대항하여 주먹을 휘두르고, 자신의 운명에 격분하고,

---

26. 물론 성경의 세계에서 불행이 원수의 소행일 수도 있지만, 나오미의 경우에는 그렇지 않은 것이 분명하다.

하나님의 공의에 의문을 제기하는 것은 숭고하다고 여겨져 왔다. 욥의 덕을 극찬한 윌리엄 사파이어는 욥을 "감히 하나님의 공정하심에 의문을 제기한, 성경에서 가장 우뚝 선 인물 중 하나"로 묘사했고, "욥이 수천 년을 뛰어넘어 오늘날 불평등에 대한 현대 남성의Man's [원문 그대로임] 분노를 표현한다"라고 말했다.[27] 분노를 거침없이 표현하고 세상의 불의에 대응하기 위해 힘 있는 자들에게 공격적으로 도전하는 것은 남성적인 행동이다. 실제로 어떤 행동이 남성에게는 긍정적이지만 여성에게는 부정적으로 여겨지는 경우가 흔하듯이,[28] 하나님을 향한 욥과 같은 식의 분노가 나오미의 입에서 나오면 그녀가 여성이기 때문에 부정적으로 여겨질 수 있다. 여자가 신에게 분노하는 것은 안 좋아 보일 수 있으며, 그래서 여자는 자신에게 주어진 운명의 손을 온순하게 받아들여야 한다는 통념도 있다.

사실 나오미가 유다로 돌아가고자 한 것에 찬사를 보내는 고대 해석자들은 또한 여성의 '얌전함'modesty에 확연한 가치를 둔다. 따라서 자기를 내세우지 않는 룻의 겸손에서 높이 평가할 만한 것을 많이 보았을 것이다.[29] 여성의 유순함에 가치를 두는 해석자들에게 나오미

---

27. William Safire, *The First Dissident: The Book of Job in Today's Politics* (New York: Random House, 1992), xiii-xiv.

28. 이러한 점은 인류학자들이 잘 기록하였다(이에 대한 논의와 참고 문헌으로는 나의 저작인 다음을 보라. *Can These Bones Live? The Problem of the Moral Self in the Book of Ezekiel* [BZAW 301; Berlin: de Gruyter, 2000], 130-35). 이는 아마도 성생활 영역에서 가장 분명하게 드러나는데, 남자의 적극적인 성생활은 좋게 여겨지고, 여자가 그렇게 하면 매우 의심의 눈초리를 받는다.

29. "현자들은 룻의 얌전함이 특히 여성에게 매우 중요한 자질이라고 지적하고 강조한다"(Leila Leah Bronner, "A Thematic Approach to Ruth in Rabbinic Literature," in *Feminist Companion to Ruth*, 157). 많은 해석가에게, '얌전함'은 자신을 내세우지 않는 고분고분함을 나타내는 완곡한 표현(code word)으로 보았을 것이

의 항의는 징징거리는 것처럼 보일 수 있는데, 특히 불평하지 않는 충직한 룻과 대비되어서 그렇게 보인다(룻의 상황도 비슷하므로). 오히려 룻은 조용히, 눈에 띄지 않는 '여성적인' 방식으로 자기 상황을 바로 잡기 위해 행동한다. 수 세기 동안 해석자들은 나오미의 여성스럽지 못한 행동을 비난함으로써 칭찬받을 만한 그녀의 평판을 훼손하고 싶지 않았기 때문에, 그녀의 불만이 전체 서사의 중심축임에도 불구하고 대체로 지나쳐 왔다.

하지만 적극적인 여성에 대한 문화적 편견을 제쳐두고, 나오미를 욥처럼 대담하게 하나님을 향해 자신의 주장을 펼친 인물로 재평가한다면 어떨까? 나오미 이야기를 욥 이야기와 마찬가지로 신적 불의에 대하여 신으로부터 응답과 해결책을 구하는 이야기로 본다면 어떨까? 욥기라는 렌즈를 통해 나오미 이야기를 본다면 나오미에 관해서, 그리고 룻기 전반에 관해서 새로운 사고방식이 나올 수 있을 것이다. 하나님의 뜻에 따라 욥과 나오미는 모두 극심한 '환난'을 경험하지만,[30] 그러한 환난에 대해 본문이 반응하는 형태는 상당히 다르다. 욥은 하나님께 재판을 구하는 반면, 나오미의 경우 공동체가 나

다. 특히 룻이 타작마당에서 한 행동을 고려할 때(3장) 그녀를 성적인 의미에서 얌전한 인물로 특징지을 수 없기 때문이다.
30. 캐롤 뉴섬은 '로게즈'(רֹגֶז, 욥 3:26)를 '환난'(turmoil)으로 번역하고, 욥을 괴롭히는 것을 간략하게 설명하는 데 이 말을 사용한다. 욥이 자신의 환난을 길게 표현하는 능력은 지혜 대화라는 장르에 속한다. 나오미가 간결하게 표현한 데 비해 욥이 길게 표현했다고 해서 나오미의 고통이 덜하다는 의미로 해석되어서는 안 된다. 그럼에도 불구하고 욥이 자신의 환난을 표현한 것이, 룻기에서는 장르상 불가능한 방식으로 언어 자체의 한계와 충돌한다고 관찰한 것은 타당하다(Carol A. Newsom, *The Book of Job: A Contest of Moral Imaginations* [Oxford: Oxford University Press, 2003], 94, 130-68).

오미를 '헤세드'로, 사랑의 신실함으로 감싼다. 하나는 주로 지적인 해결책이고, 다른 하나는 관계적이고 공동체적인 해결책이다.

　이 논의는 초반에 제기했던 물음으로 돌아가게 한다. 룻기는 왜 나오미기가 아닌 룻기로 명명되었을까? 그 이유는 분명 복잡하지만, 젠더라는 렌즈를 통해 이 물음을 들여다보면 잠재적으로 도움이 될 만한 통찰을 얻을 수 있다. 아마도 이 책이 기록되었을(그리고 제목이 붙었을) 당시 널리 퍼져 있는 문화는 여성에게 파란만장한 고난이 닥쳤을 때 불평하지 말고 '참거나' 침묵하며 견뎌야 한다는 근현대 서구의 관점과 비슷했을 것이다(그래서 랍비들은 룻의 '얌전함'에 대해 칭찬했을 것이다).[31] 마찬가지로 이러한 관점에 따르면, 남성에게 파란만장한 고난이 닥쳤을 때 남성은 감동적인 웅변을 내뱉는 경지에 이를 수 있고, 인간의 조건에 관한 가장 심오한 진리를 표현할 수 있게 된다(카뮈의 실존주의 소설들이 떠오른다). 룻이 이 책의 제목이 될 자격이 없다는 말은 아니다. 오히려 그녀의 충직함은 모든 면에서 모범이 된다. 다만 해석사에서 나오미와 욥이 이해되는 방식의 차이가 나오미가 책(나오미의 파란만장한 고난과 그 해결을 이야기하는 책) 제목에 들어가지 않았다는 점과 어떤 상관관계가 있는지 관찰하지 않을 수 없다.

　이 장의 뒷부분에서 나는 내레이터의 관점과 욥기에 내재한 세계관을 비교하면 어떻게 이전에 나오미 이야기에서 가려진 측면이 조명되는지를 탐구할 것이다. 하지만 여성에 관한 성경 이야기를 읽기

---

31. 성경을 구성하는 각 책에 제목이 언제 추가되었는지는 대개 명확하지 않으며, 룻기도 마찬가지다. 제목이 나중에 추가되었을 가능성은 제목과 책의 관계에 대한 흥미로운 물음들을 불러온다. 제목 자체가 명백한 해석 행위로, 향후 이 책을 읽는 모든 방식을 형성하게 된다.

위한 두 번째 전략인 내레이터의 관점에 주목하는 방법을 먼저 검토해 보고자 한다.

두 번째 전략: 내러티브의 관점과 스토리텔링 윤리

많은 것을 공유하고 있을 때 차이를 통해 설명되는 것이 있으므로, 룻기 내레이터의 관점이 욥기 내레이터의 관점과 차이 나는 방식을 관찰하면, 룻기에서 내레이터가 이야기를 전달하는 방식에 더 명확한 초점이 생기게 될 것이다. 여기서는 욥기의 산문 부분(욥기 1-2장과 42장)이 룻기의 장르와 가장 유사해서 내러티브의 관점을 비교하기에 적합하므로, 산문 부분에 한정하여 관찰하고자 한다. 우리는 사사기 19-21장에 나오는 레위인의 아내 이야기에 관한 논의에서, 내레이터가 독자에게 특정한 윤리적 반응을 불러일으키는 방식을 관찰했다. 이는 룻기에서 내레이터의 관점에 관해 생각할 때도 중요한 요소이다. 하지만 우리가 처음에 주로 관심을 둘 점은 아니다. 그 대신 우리는 **스토리텔링 윤리** 자체에서 시작할 것이다.

내러티브 윤리학자 애덤 재커리 뉴턴은 스토리텔링 행위 자체가 윤리적으로 무엇을 **하는지** 묻는다. 뉴턴은 윤리적으로 **읽기**에 대해 말하는 대신, "윤리**로서의** 내러티브, 즉 이야기를 풀어내고 인물을 각색하는 일의 윤리적 결과와 그 과정에서 화자, 청자, 증인, 독자를 묶어 주는 상호 간의 요구들"에 관해 말한다.[32] 캐롤 뉴섬은 뉴턴의

---

32. Adam Zachary Newton, *Narrative Ethics* (Cambridge: Harvard University Press, 1995), 11.

"윤리로서의 내러티브"라는 이해를 욥기의 산문 부분에 적용하여, 관음증 및 욥을 대상화하는 것을 비롯한 침해의 윤리학을 발견한다.[33] 그녀는 전지적 시점의 독자인 우리가 아무것도 모른 채 고통당하는 욥을 멀찌감치 떨어져서 관찰하며 그가 어떻게 행동하는지 지켜보도록 내러티브가 부추기고 있다고 지적한다—욥은 마치 실험실의 쥐와 같으며 우리는 이를 지켜보기 위해 모여든 학생 같다. 그녀는 주장하기를, 우리의 "초점이 맞춰져 있는 '과학적' 관찰은" "연민으로 바라보는 것과 정반대"인데, 그 주된 이유는 욥이 실험의 조건을 모른 채로 있게끔 설정되어 있기 때문이다.[34]

이 이야기에서 지식은 가치들의 위계질서에서 최상위에 있는 동시에, 권력을 구성하는 요소다. 지식이 가치 중에서도 고가치인 것은 욥기 전체를 관통하는 핵심 물음, 즉 "욥이 까닭 없이 하나님을 경외합니까?" 하는 물음으로 증명된다. "알아야 한다는 내러티브적 필요성"에 따라 이 물음에 답하지 않을 수 없다.[35] 당연히, 지식이라는 가치가 지배하는 세계에서 지식은 곧 권력이며, 지식이 없다는 것은 무력하다는 의미다. 욥은 자신에게 실제로 무슨 일이 일어났는지, 자기 실존의 조건에 대해 알지 못하므로 무력하다. 따라서 이 이야기가 지식을 드높이고 욥에게 지식을 휘두르는 방식은 내러티브의 **수행적** 측면, 즉 내러티브가 윤리적으로 **작동하는** 방식을 가리킨다. 그리고 이러한 관점에서, 욥에게 행해진 일은 윤리적으로 문제가 된다.

33. 이 장 전체, 특히 이 지점부터 욥기에 대한 나의 이해는 뉴섬의 연구에 크게 의존하고 있다.
34. Newsom, *Book of Job*, 69.
35. 같은 책, 68.

그렇다면 욥기에서 작동하는 내러티브 윤리에 대한 이러한 이해를 바탕으로, 우리는 룻기에서 무엇을 볼 수 있을까? 먼저 우리가 즉각적으로 볼 수 있는 것은 지식이 가치들의 위계질서에서 최상위에 있지도 않고 권력을 구성하지도 않는다는 점이다. 독자들은 등장인물이 알고 있는 것만 알 수 있다―룻기에는 일부만 접근할 수 있고 다른 사람은 접근할 수 없는 비밀 지식 같은 것이 없으며, 욥기의 경우처럼 지식 자체가 지배적인 가치도 아니다. 내레이터는 나오미에게 닥친 여러 죽음과 재앙의 책임이 하나님께 있다는 나오미의 인식에 대해 아무런 논평도 하지 않는다. 나오미의 관점은 편집자의 논평 없이 제시되지만, 그렇다고 나오미에 대한 공감 없이 제시된 것은 아니다. 예컨대, 나오미의 마음속 사고 과정("그 여인이 여호와께서 자기 백성을 돌보셨다 … 함을 듣고", 1:6)을 제시한 것은 내레이터와 등장인물 사이에 어떤 공감적 친밀함이 있음을 보여 준다.[36] 앞서 논했듯이, 독자는 나오미의 이야기를 들을 때 즉시 사회에서 가장 취약한 구성원 중 하나인 과부의 이야기로 듣게 되고, 이는 독자의 동정심을 불러일으킨다. 욥기의 내레이터가 (과학자가 실험용 쥐를 대하듯이) 욥과 거리를 두고 행동하는 반면, 룻기의 내레이터는 3인칭 시점에 머물러 있으면서도 그 거리를 상당히 좁혀서 친밀하게 마음을 쓰며 이야기를 들려준다.[37]

---

36. 내레이터가 자녀들을 대신해서 희생 제사를 드린 욥의 마음속 이유(욥 1:5)를 제시할 때 비슷한 친밀감이 나타난다고 주장할 수 있지만, 욥이 자기도 모르게 참여하고 있는 '과학적 실험'이라는 맥락에서 볼 때 이는 오히려 불길함을 내비치는 어조를 띤다. 이는 욥의 행동과 성격을 설명하기 위해 내레이터의 '과학' 수첩에 기록된 또 하나의 관찰로 보인다.

37. 이는 화자가 정보를 드러내는 방식과 등장인물들이 서로에게 정보를 숨기는 방식 사이의 대조를 관찰한 캐롤 뉴섬의 덕택이다.

따라서 이 이야기의 수행적 윤리는 욥기의 경우보다 훨씬 덜 문제가 된다.

내레이터가 지식 접근성에 차등을 두지 않는다는 나의 주장에 대한 예외가 룻기 2:1에 있는데, 여기서 내레이터는 설명적 정보를 삽입하여 독자에게 제공하는 것으로 보인다. "나오미의 남편 엘리멜렉의 친족으로 유력한 자가 있으니 그의 이름은 보아스더라." 등장인물이 이런 정보를 알고 있는지가 불분명하기 때문에, 이 발언은 룻기의 내레이터가 특권적 지식을 갖는 청중을 만들어 내지 않는다는 앞선 나의 주장에 반하는 것으로 보인다. 그러나 스토리텔링 윤리에서 지식의 역할이 욥기와는 매우 다르다는 점을 시사하는 두 가지 요소가 있다. 첫째, 보아스의 가계에 관한 정보는 플롯에서 전적으로 긍정적인 요소로 드러난다―'과학적' 탐구 대상인 욥의 상태에 대한 지식은 도덕적으로 부정적인 함의가 있지만, 여기에는 그런 함의가 없다. 둘째, 3:2에서 나오미가 룻에게 "너와 함께하던 하녀들을 둔 보아스는 우리의 친족이 아니냐?"라고 말하며 더 안정적인 상황을 찾도록 돕는 맥락에서 보듯이, 이는 내레이터와 독자들만 알 수 있는 특권적 지식이 아니다. 독자는 나오미가 이 중요한 정보를 알고 있다는 사실을 알게 된다―나오미나 룻에게 허락되지 않은 지식이 아니다. 내레이터가 아는 것을 모두가 알고 있다.[38]

그러나 룻기의 내레이터도 전형적인 3인칭 내레이션처럼, 각기 다른 장면에서 일어나는 일에 대한 설명을 제공하므로 등장인물 모두에게 허용된 것이 아닌 정보를 독자에게 제공한 셈이다. 나오미와 룻,

---

38. 하지만 **등장인물들**은 서로에게 정보를 숨기는데, 이는 내레이터의 투명성과 대조되는 잠재적인 흥미 요소다.

룻과 보아스, 다시 나오미와 룻이 등장하는 장면으로 바뀌면서, 내레이터는 등장인물 모두에게 허용된 것이 아닌 지식을 특권적으로 가지고 있다. 그러나 욥이 있는 지상에서 하나님과 적 사이의 천상의 대화로 전환되는 유사한 장면은 불길한 성격을 띠지만, 룻기에서 내레이터는 완전히 상냥하고 심지어 자애로워 보인다. 실제로 내레이터는 등장인물들과 멀리 떨어져서 그들을 대상화하지 않고, 이야기가 전개될 때 등장인물들과 **함께** 있는 것처럼 보인다. 심지어 내레이터는 지식을 궁극적인 가치로 삼기를 거부함으로써, 혹은 등장인물들을 돕는 무기로 사용함으로써, 나오미와 룻이 처한 곤경이 긍정적으로 해결되기를 응원하고 있다는 느낌마저 든다.

따라서 독자들이 흔히 읽는 방식과 달리, '헤세드'를 구현하는 것은 등장인물뿐만 아니라 내레이터도 해당한다. 왜냐하면 그렇게 공감적으로 이야기를 풀어내는 행위 자체가 신실한 행위이기 때문이다. 그러므로 룻기에서 지식은 최고의 가치가 아니며, 지식과 무지가 권력/무력을 나타내는 지표로서 서로 대립하지 않는다. 그 대신 이 내러티브에서 가장 숭고한 가치는 나오미가 공동체와 가족생활로 회복되는 모습인 것 같다.

이는 세 번째 전략인 세계관의 문제로 우리를 이끈다.

세 번째 전략: 여성의 세계관과 내러티브의 해결

룻기에 암묵적으로 내재된 세계관이 여성의 가치관을 반영하는지 물을 때도, 룻기를 읽기 위한 비교 렌즈로 욥기를 염두에 두는 것이 도움이 된다. 두 책 모두 중심인물들의 삶에 신이 내린 '환난'이라는 핵심 문제로 시작한다. 또한 이 환난을 예술적 수단으로 다루려는 인간의 깊은 욕구가 두 이야기의 말과 행동을 추동해 가고, 두 이야기 모두 이를 다루기 위해 어떤 조치를 할 수 있을지 탐구한다. 그러나 두 책은 욥과 나오미를 괴롭히는 심각한 환난의 해결을 표현하는 **방식**에서 큰 차이가 난다. 내가 여기서 관심을 두는 것이 바로 이 차이다.

나오미의 환난은 이야기로 다루어지고, 이야기로 중요한 의미에서 해결된다. 가족과 공동체 생활이 다시 온전해짐으로써, 즉 자신의 결연한 노력과 주변 사람들(룻과 보아스)의 노력을 통해 다시 온전해짐으로써 해결된 것이다. 반면 욥의 환난은 (가운데, 곧 3:1-42:6에 위치한 중요한 대화에서) 지적인 싸움을 통해서만 다루어진다. 자신에게 일어난 일에 대한 지식과 하나님의 당혹스러운 성품에 관한 지식(두 경우 모두 하나님만이 주실 수 있는 지식)을 얻기 위한 지적 싸움을 통해서 말이다.

우리 논의와 밀접하게 관련된 두 이야기의 차이는 **장르**의 차이와 관련된다. 욥기 안에서 장르의 차이는 욥기 전체를 이해하는 데 의미 있고 중요한 부분이다. 이어지는 내용에서 나는 욥기와 룻기의 장르 차이가 어떻게 나오미 이야기와 그 안에 내포된 세계관의 중요한 특징을 조명하는지 고찰할 것이다. 나는 장르에 관한 논의와 규정하기 어려운 세계관이라는 개념(나오미 이야기와 관련하여 대략적으로 설명할 것이다) 사이에 연관성이 있다고 보는데, 먼저 이 점에 대해 좀 더 명확하게 설명하고자 한다. 요컨대 세계관은 장르와 어떤 관련이 있는가?

장르는 관행적으로 독자들이 갖고 있는 기대의 집합에 들어맞는 것이지만(문학적 관행은 내가 편지를 읽고 있는지, 이야기를 읽고 있는지, 식료품 목록을 읽고 있는지 등을 말해 준다), 여기서 내가 사용하고자 하는 장르에 대한 이해는 단순한 문학적 관행보다 복잡하다. 장르는 "현실의 측면들을 구별되는 방식으로 개념화하는 인식의 양식"이라는 말로 잘 이해될 수 있다. 장르는 "현실을 파악 내지 인식하는 수단, 말 그대로 **사고의 형식**"이다.[39] 따라서 본문의 장르(들)에 관한 연구는 본문이 제시하는 현실에 대한 시각을 엿볼 수 있는 중요한 창을 제공한다—따라서 '세계관'을 엿볼 수 있는 창을 제공한다.

나오미 이야기의 내러티브 장르는 갈등과, **관계** 회복을 통한 갈등의 해결을 보여 준다—나오미를 의미 있는 관계적 삶으로 회복시켜 주는 것이 그녀 주변 인물들의 임무다. 내러티브는 회복된 삶의 모습을 일종의 태피스트리(색실로 짠 그림 직물)로 제공한다. 나오미의 환난은 가족과 공동체적 삶이라는 올이 풀린 것이며, 각 등장인물(나오미도 포함된다)의 임무는 그 삶의 올들을 집어서 공동체 안에서 회복된 삶으로 다시 엮어 내는 것이다.[40] 회복은 등장인물들의 임무일 뿐만 아니라, 중요한 의미에서 내러티브 전체의 목표이기도 하다.

욥의 목표와 욥기 전체의 목표는 뚜렷한 대조를 이룬다. 욥기 자체는 "우주에서 도덕 질서의 존재를 탐구"하고자 하는 지혜 대화라는 장르가 지배적이다.[41] 따라서 욥은 세계와 세계 속에서 능력을 행사

39. Newsom, *Book of Job*, 12, 82.
40. 예를 들어, 보아스와 죽은 말론을 잇는 연결고리는 나오미의 옛 삶과 새 삶을 잇는 일종의 끈이다.
41. Newsom, *Book of Job*, 79 (Hans-Peter Müller, "Keilschriftliche Parallelen zum biblischen Hiobbuch: Möglichkeit und Grenze des Vergleichs," in *Mythos-Kerygma-Wahrheit: Gesammelte Aufsätze zum Alten Testament in seiner Umwelt und zur biblischen Theologie* [BZAW 200; Berlin: de Gruyter, 1991], 136–51을 인용하고 있다).

하시는 하나님을 이해하고자 한다. 산문 부분에서는 욥의 환란이 재산과 가족의 회복을 통해 이야기로 해결되는 것이 사실이지만, 중간에 있는 지혜 대화에서 욥 본인은 자신의 환란에 대해 서술^{이야기}하는 것에 저항한다—그는 "인간 실존의 서술 가능성 자체에 도전한다."[42] 운문 대화에서 욥의 환란은 지식 습득을 통해서만 해결될 수 있다 —그의 고통의 해결책은 주로 **지적인** 활동이다.

욥의 환란은 **논쟁**을 통해서 해결될 수 있지만, 나오미는 왜 이런 일이 자신에게 일어났는지에 대해, 이 환란으로 자신을 괴롭게 했을 법한 하나님의 성품에 대해 알려 하지 않는다. 두 인물 모두 하나님이 자신을 괴롭게 했다는 주장으로 시작하지만, 그 환란을 치유하기 위해 추구했던 방식은 극명하게 다르다. 욥에게는 관계 회복이 주된 목표가 아니다. 그 대신 지혜 대화라는 장르에 맞게, 우주의 질서에 대한 지식이 자신의 환란에 대한 일종의 해결책—비록 부분적인 해결책이더라도—이 된다. 나오미에게, 그리고 산문 장르로 된 다른 비슷한 이야기들에서, 하나님에 관한 지식과 우주의 도덕적 구조는 그야말로 관심사가 아니다.

나오미에게 지식은 회복 연고가 아니다. 나오미는 죽음과 이주로 인해 찢어진 가족과 공동체 생활이라는 직물이 회복되기를 바랄 뿐이다. 직물 이미지는 흔히 삶에 대한 비유로 쓰이며, 욥의 친구들이 하는 말 중에도 있다. 그러나 욥은 삶을 직물 내지 태피스트리로 비유하면 자신의 시간 경험이 부정되고 자기 삶의 서술 불가능성이 부정된다는 점에서 그런 비유를 거부한다.[43] '삶이 직물'이라는 비유는

42. Newsom, *Book of Job*, 132.
43. 같은 책, 134.

시간이 정합적으로 이어진다는 관점과 삶의 서술 가능성이 아직 손상되지 않았을 때만 작동한다. 이러한 비유는 욥에게는 맞지 않지만, 나오미에게는 맞다. 나오미에게는 여전히 서술 가능성이 있기 때문이다.[44] 나오미에게 필요한 것은 그녀의 이야기를 이어받아서 다시 세상과 엮어 낼 사람이다.

법적 분쟁을 통해 자신의 환난을 해결하고자 하는 욥의 욕망은 **해석학적** 지향성을 띤다. "즉, 분쟁 상황에 대한 진실을 찾는 만큼 설명을 우선시한다."[45] 욥은 기도해 보라는 친구들의 거듭된 권유에도 불구하고 기도를 통한 해결을 명백히 거부한다. 친구들에게 있어 기도는 "기도가 언급하는 질서와 안전에 대한 경험을 만들어 내는" **모방적인** 기능을 한다.[46] 그러나 기도의 모방적 기능은 법적 분쟁과 달리 **알고자** 하는 욥의 욕망을 해결해 주지 못한다. 욥이 선호하는 법적 토론에서는 과거와 현재를 지향하는 진실이 주된 가치이지, 미래의 변화 가능성을 지향하는 희망은 주된 가치가 아니다.[47] 우리는 룻기에서 이러한 가치가 완전히 뒤바뀌는 것을 본다. 과거를 이해하고자 하는 관심은 미래에 대한 희망에 비하면 사소한 것에 불과하기 때문이다. 룻기는 확고하게 미래의 희망을 지향한다.

각각의 책에서 이렇듯 서로 다른 환난을 해결하는 방식을 자세히 살펴보는 것은 여기서 설명할 수 있는 범위를 넘어서지만, 룻기의 예는 두 책 사이의 근본적인 세계관 차이를 보여 주는 데 유용할 것이

---

44. 룻기에 태피스트리/직물 이미지가 명시적으로 나와 있지는 않지만, 삶은 분명 서술 가능하므로, 이 이미지는 발굴될 수 있는(heuristic) 가치가 있다.

45. Newsom, *Book of Job*, 158.

46. 같은 곳.

47. 같은 책, 159.

다. 룻기에서는 다른 사람을 향해 하나님의 축복을 청원하는 것이 주된 주제 중 하나다. 다양한 등장인물이 다른 사람을 위해 하나님께 인애를 베풀어 주시기를 요청하는 장면이 반복적으로 나온다. 나오미도 1:8에서 이러한 패턴으로 룻과 오르바를 위해 말 문을 연다. "여호와께서 너희에게 '헤세드'[인애]를[48] 행하시길 원하며." 그리고 9절에서는 "여호와께서 너희에게 허락하사 … 안전을 찾게[위로를 받게] 하시기를 원하노라" 하고 말한다. 앞서 언급했듯이, 나오미가 하나님의 축복을 청원하는 것은 여호와에 대한 은근한 비판을 반영할 수도 있지만('신의 손이 너희를 대할 때는 나를 대할 때보다 '헤세드'가 더욱 반영되기를 정말로 바란다'), 나오미의 진심은 의심할 여지가 없다. 기도와 마찬가지로 축복 청원도 모방적 기능을 수행하여, "그것이 언급하는 질서와 안전의 경험을 만들어" 내기를 추구한다.[49] 욥과는 매우 대조적으로, 룻기 등장인물들에게 축복의 모방적 기능은 올이 풀린 세계를 깁는 역할을 할 수 있다.

하나님께 다른 사람을 축복해 달라는 호소는 사람과 마주할 때 관습적으로 하는 말이기도 하다. 보아스는 수확하는 이들에게 "여호와께서 너희와 함께 하시기를 원하노라"라는 말로 인사를 건넨다. 그리고 수확하는 이들은 "여호와께서 당신에게 복 주시기를 원하나이

---

48. 자켄펠드는 이 중요한 신학 용어가 다음 세 가지 상황이 충족될 때만 한 사람이 다른 사람을 향한 행동을 묘사하는 데 사용된다고 설명한다. 누군가의 생존이나 안녕이 위태로울 때, '헤세드'를 발휘하는 사람이 도울 위치에 있는 유일한 사람일 때, '헤세드'가 기존의 긍정적인 관계의 맥락에서 수행될 때. 다음을 보라. Sakenfeld, *Ruth*, 24; 그리고 더 자세한 논의로는 다음을 보라. Sakenfeld, *The Meaning of Hesed in the Hebrew Bible: A New Inquiry* (HSM 17; Missoula, MT: Scholars Press, 1978).

49. Newsom, *Book of Job*, 158.

다" 하고 화답한다(2:4). 이는 미국에서 "안녕하세요, 잘 지내시죠?" 하고 인사하는 우리의 관습과 비슷하게 버릇처럼 나오는 말로 들릴 수 있다. 이러한 관습에 익숙하지 않은 사람이라면 정말로 이 물음에 대해 답을 하고자 멈춰 서고, 때로는 길게 대답하기도 하는데, 그러면 질문한 사람이 당황할 수도 있다. 하지만 히브리 산문은 대개 낭비가 없다. 보기에는 평범한 이 인사말은 보아스에 관한 중요한 점을 우리에게 말해 준다. 즉, 보아스는 다른 사람을 향해 하나님의 축복을 간구할 수 있을 만큼 하나님과 관계 맺고 있는 사람이라는 점이다. 그리고 일꾼들의 입에서 나오는 동일한 언어도 마찬가지로 보아스를 좋게 비추고 있다. 대부분의 사람이 신적 돌봄의 맥락에서 타인의 안녕을 생각하도록 환경을 조성한 사람이 여기 있다는 것이다.

이것만으로는 설득력 있는 증거가 아닐 수도 있겠지만(특히 보아스가 나중에 일부 일꾼들이 룻을 건드릴까 염려하므로), 하나님의 돌봄과 축복을 다른 사람의 삶에 가져오고자 하는 욕망은 반복적으로 나타난다. 보아스가 룻에게 하나님의 축복blessing이 있기를 빌 때(2:12), 나오미가 보아스를 위해 빌 때(2:19와 2:20), 보아스가 룻을 위해 빌 때(3:10), 그리고 조금 다른 방식이긴 하지만 여인들이 나오미를 친척 없이 두지 않은 것에 대해 "여호와를 찬미할 때"bless YHWH(4:14)가 그렇다. 이 인물들 모두가 하나님께서 타인을 축복하시기를 시종일관 청원하는 것은 그들 존재의 근본적 측면, 곧 그들이 하나님 중심의 삶을 영위해 나간다는 점을 드러낸다. 하나님과의 관계를 중심에 두는 것은 다른 사람을 위해 축복을 구하고, '헤세드' 행위를 통해 다른 사람을 향한 축복을 실천할 능력을 준다. 이것은 욥기와 현저히 다른 점이다. 룻기에서는 이 인물들의 삶에 하나님이 중심적인 의미가 있지만, 하나님께 직접적으로 말을 건네거나 하나님의 직접적인 응답을 바란다고 표현하는 사람은 없다. 반면 욥기에서는 이렇게 하나님께 말을 건네고 직접적 응답을 바라는 것이 절대적으로 중요하다. 룻기의 마지막에서 나오미가 공동체 생활에 다시 편입되는 것은 룻과 보아스의 '헤세드' 행위로 인한 것이다. 이러한 행위는 그들이 나오미에게 내려지기를 빌었던 신적 축복이 진정으로 구현된 것이다.[50]

이 책 사이사이에 있는 이러한 신적 축복을 청원하는 일과, '헤세드' 행위를 통해 그러한 축복을 구현하는 일은 이 이야기의 등장인물들이 얼마나 타자 지향적인지를 강조한다. 이들은 주로 자신의 안녕이 아니라 타인의 안녕에 관심을 두고 있다. 이러한 특성의 경건은 사사기 마지막에 만연한 이스라엘의 경건과 날카롭게 대조된다. 앞서 언급했듯이(188면) 영어 성경에서는 정경 배치상 사사기가 룻기 바로 앞에 있다. 사사기의 추악한 이야기가 끝날 무렵, 하나님과 백성들 사이에는 거대한 틈이 벌어지는데, 이 틈은 백성들이 이기심과 절제 없는 열망에 따라 행동하는 경향이 커지면서 생긴 것이다. 사사기의 마지막에서는 아무도 살아계신 하나님을 중심으로 자기 삶의 방향을 맞추지 않는데, 그것이 요지다. 사사기의 마지막은 모든 존재자의 마땅한 지향점으로부터 하나님의 백성이 단절될 때, 공동체의 삶에 어떤 일이 일어나는지에 관한 그림을 보여 준다. 사사기를 다 읽은 후 룻기를 읽는다는 것은 어두운 방에 오래 갇혀 있다가 신선한 공기를 확 들이마시는 것과 같다. 사사기에서 그토록 고통스럽게

---

50. 그렇다고 엘리멜렉, 기룐, 말론에 대한 상실감이 줄어드는 것은 아니다. 나오미도 욥처럼 자신의 이야기가 시작될 때 겪은 상실을 짊어지고 세상을 사는 법을 배워야 한다.

부재했던 하나님과 깊이 이어질 때 삶과 공동체의 회복이라는 명백한 결과가 나타난다―사사기 21장의 폭력적인 혼란과 정반대다. 공동체의 건강은 하나님과 함께하는 사람들의 건강에 매우 직접적으로 의존한다.

롯기와 사사기의 또 다른 미묘한 평행점을 면밀히 살펴보면 이 차이를 이해하는 데 도움이 된다.[51] 사사기 19장은 폭력배가 먼저 레위인을 위협한 후 그 집의 젊은 여인들을 위협하는 악명 높은 사건을 이야기한다. 레위인은 자신이 폭도에게 당하는 대신 자신의 이차적 아내를 폭력배에게 던져 준다(19:25). 이와 대조적으로 롯기는 매우 평화롭고 목가적으로 보인다.[52] 그러나 이 비교적 차분한 환경 속에서도 사사기 19장에 나오는 폭력 같은 것이 잠재적 현실로 도사리고 있다. 보아스가 룻에게 처음으로 말을 건넬 때, 이삭을 줍는 동안 자신의 소녀들과 함께 있으라고 조언했고(2:8), 젊은 남자 추수꾼들에게 룻을 건드리지 말라고 명령했다고 기록되어 있다(2:9). 보아스는 사사기 19장에서 일어난 것과 같은 폭력이 발생하지 않도록 예방 조치를 했고, 내러티브는 독자들에게 보아스 성품의 강인함을 보여 줄 강력한 증거를 제공하고자 주의를 기울인다. 레위인은 레위인이기 때문에 종교적 의무가 철저히 몸에 배어 있어야 하지만, 약자에 대한 폭력을 막고자 적극적으로 생각하고 행동하는 사람은 보아스뿐이다. 보아스가 자신의 일꾼들을 위해 하나님의 축복을 청원한 후(2:4) 곧

---

51. 제레미 쉬퍼가 나에게 이 평행점을 알려 주었다.
52. 이는 실제로 약간 현혹적이다―이야기가 목가적인 전원 풍경처럼 보이지만, 기근과 죽음에 관한 이야기이며, 경제적·사회적 실패의 경계선에 있는 두 여인에 관한 이야기다.

이어 룻에게 하나님의 축복을 실천하는 행위가 뒤따라 나온다. 레위인이 누구를 위해서도 하나님의 축복을 기원하지 않았고, 실제로 하나님에 대해서 일언반구도 하지 않은 것은 우연이 아니다.

나오미는 사람들의 행동을 통해 치유받는 반면, 욥은 주로 말을 통해 해결의 실마리를 찾는다. 하지만 욥과 나오미 이야기의 차이를 내용적인 차원에서만 이해해서는 안 된다. 내러티브 윤리학자 마사 누스바움은 다음과 같이 지적한다. "스타일은 그 자체로 주장을 담고 있고, 중요한 것에 대한 그 고유의 의식을 표현한다."[53] 욥기에서 회복은 주로 지적인 것이지만 룻기에서는 관계적이며, 각 책의 독특한 장르는 "중요한 것"에 관한 이러한 차이를 드러낸다. 하지만 장르의 힘은 이보다 훨씬 깊은 데까지 영향을 미친다. 나오미 이야기를 들려주는 일은 청중에게도 강력한 영향을 미칠 수 있다. 이렇게 특별한 방식으로 풀어낸 나오미 이야기를 듣는 것은 청중이 자기 자신의 환난 이야기를 이해하고 풀어내는 방식에도 영향을 미친다. 마찬가지로 욥기는 욥기의 청중이 자기 삶에서 겪었거나 겪게 될 환난을 이해하고 표현해 내는 방식을 형성한다. 다시 말해, 이 본문들은 중요하지만 상당히 다른 사회화 기능을 수행하며, 독자들이 세계를 경험하는 방식을 현격히 대조되는 형태로 형성한다.[54]

53. Martha C. Nussbaum, *Love's Knowledge: Essays on Philosophy and Literature* (New York: Oxford University Press, 1990), 3.
54. 많은 학자들이 여성 또는 여성들 집단이 룻기를 제작했을 수 있다고 제안한다. 예를 들어 포켈리언 반 디크-헴스는 "룻과 나오미 이야기는 여성 전문 이야기꾼의 레퍼토리에 속한다"고 제안한다("Ruth: A Product of Women's Culture?" in *Feminist Companion to Ruth*, 138). 또한 다른 여러 책 중에서도 다음을 보라. Campbell, Ruth, 21-23; 그리고 Carol Meyers, "Returning Home," 같은 책, 85-114; Irmtraud Fischer, "The Book of Ruth: A Feminist Commentary on the Torah?"

여성의 가치들?

출애굽기 앞부분과 마찬가지로, 본문이 암시하는 세계관에 젠더 가치들을 부여하는 것은 상당한 주의를 기울여야 하는 일이다. 본질주의를 피해야겠지만, 그럼에도 룻기처럼 여성의 존재가 지배적인 책(룻과 나오미뿐만 아니라, 책의 시작과 끝에 모인 여성들도 있다[1:19; 4:17])에서는 회복이 관계적인 측면으로 구성되는 반면, 논란의 여지 없이 남성적인 욥기는 회복을 근본적으로 지적인 일로 이해하는데, 이는 놀랍도록 도발적이다.[55] 이것이 구약성경에서 여성이 생명을 주는 관계만 점유하고 있다는 말은 아니다. 반례로 사라와 하갈의 관계를 생각해 볼 수도 있고, 폭력적인 방법으로 영웅적 지위를 얻은 여러 여성을 떠올려 볼 수도 있다(예컨대 야엘, 드보라).[56]

in *Ruth and Esther* (ed. Athalya Brenner, FBC 2/3; Sheffield: Sheffield Academic Press, 1999), 24–49. 이 이야기는 반 디크-햄스와 브레너의 용어를 사용하자면 "F 텍스트"일 수 있다(*On Gendering Texts: Female and Male Voices in the Hebrew Bible* [Leiden: Brill, 1993]).

55. 젠더 차이에 관한 글은 여기서 인용하기에는 너무 많지만, 이 주제에 관한 몇몇 중요한 작품은 다음과 같다. Carol Gilligan, *In a Different Voice: Psychological Theory and Women's Development* (Cambridge: Harvard University Press, 1982). 『침묵에서 말하기로: 심리학이 놓친 여성의 삶과 목소리』, 이경미 옮김(파주: 심심, 2020); Mary Field Belenky, et al., *Women's Ways of Knowing: The Development of Self Voice, and Mind* (New York: Basic Books, 1986); Nancy Rule Goldberger, et al, eds., *Knowledge, Difference, and Power: Essays Inspired by Women's Ways of Knowing* (New York: Basic Books, 1996); Deborah Tannen, *Gender and Discourse* (New York: Oxford University Press, 1994); Judith V. Jordan, ed., *Women's Growth in Diversity: More Writings from the Stone Center* (New York: Guilford, 1997).

56. 이 점을 상기하게 된 것은 필리스 트리블 덕분이다. 성경 속 여성들이 폭력적인 행동

하지만 출애굽기 앞부분처럼, 룻기도 여성이 축복의 세계에서 찢어진 틈을 조용하지만 강력하게 고치는 것과 관련되는 만큼 여성이 할 수 있지만 항상 하고 있지는 않은 것에 대해 강력하게 암시한다. 물론 룻기에서 이 천천히 세심하게 하는 노동은 여성들뿐만 아니라 보아스도 수행한 것이기 때문에, 그러한 활동을 여성에게만 한정하려는 시도가 모두 전복된다. 그러나 룻기에서 강조하는 점은 남성과 여성 모두에게 '헤세드' 행위를 통해 세상을 새롭게 꿰매는 원동력은 바로 하나님과의 관계라는 것이다.

속삭이는 말씀: 항의의 신학

앞서 욥기와 룻기를 비교한 것은 욥의 추구에 암시된 가치들을 폄하하려는 것이 아니다. 앞서 논했듯이, 욥은 찢어진 축복의 직물이라는 은유와 기도(더 나아가 축복)의 모방적 기능을 거부했고, 이러한 거부는 그 책이 가진 힘의 한 부분이다. 그러나 룻기는 욥기와 같이 환란의 문제를 마주하고 있지만 이에 대해 반대되는 목소리를 낸다. 여성들로 가득 찬 이 책은 조용하나 적극적인 믿음으로 환란의 문제에 답한다. 개인과 공동체의 삶에 하나님의 축복을 현현시킬 궁극의 가능성을 신뢰하는 믿음으로 말이다. 룻기가 시사하는 환란에 대한 답은

을 할 때 남성의 가치들을 모방했다고 주장할 수도 있겠지만, 이러한 주장은 분명 본질주의와 어떤 순환논리를 받아들이고 있다. 1980년대에 많은 페미니스트 친구들이 마거릿 대처가 페미니즘에 제기한 '문제'를 다루며 때때로 반농담조로 그녀는 실제로 남자라고 주장했던 것이 기억난다.

자신의 이익을 부정하지 않으면서도 다른 사람들과 우리 자신을 위한 축복의 세계를 창조함으로써 우리의 에너지가 다른 사람을 향하게 하는 것이다.

나오미의 반문화적 항의는 어떠한가? 그녀는 세상의 불의에 대해 하나님께 대항하여 주먹—여성의 주먹—을 휘두르는 것이 정당하고 의로움을 성경에서 증언하고 있다. 여기서 속삭여진 말씀은 문화 규범이 여성의 행동을 제한하려 한다고 해서 여성의 의로운 항의의 외침이 거부되어서는 안 된다는 것이다.

이 책에서 제안한 읽기 전략들을 채택할 때, 핵심은 여성이 중요한 역할을 하는 구약 본문의 신학적 증거를 더 잘 이해하고 알아보는 것이다. 마지막 장에서는 특히 이 전략들로부터 신학적 조명에 이르는 길이 복잡하게 돌아가는 길로 보일 수도 있다. 욥기와 내러티브 윤리를 거치는 여정이 우리를 곧고 좁은 길에서 벗어나게 하는 것처럼 보일 수 있다. 그러나 나는 이 전략들 자체가 욥기의 측면에서 나오미에 대해 생각하게 했다는 점과(나오미의 발언과 같은 말을 어디서 들어 본 적 있는가?), 내러티브 윤리에서 수행한 작업이 내레이터의 관점과 본문의 세계관을 조명했다는 점을 보여 주고자 했다. 나오미 이야기를 욥의 이야기와 비교한 젠더화된 분석의 신학적 함의는 여기서 설명할 수 있는 것보다 훨씬 더 많지만, 그래도 그 궤적의 윤곽이 충분히 나타났기를 바란다.

물론 내가 식별한 읽기 전략의 유용성은 구약의 여성 이야기에만 국한되지 않으며, 그 전략들을 사용하면 여러 성경 본문을 읽는 데 도움이 될 수 있다. 하지만 이 전략이 요구하는바 세부 사항에 특별히 주의를 기울이는 일은 여성의 이야기를 읽을 때 특히 적절한데,

그 이유는 종종 그런 본문의 말씀이 ─ 신앙인에게 신학적으로 중요한 의미가 ─ 우리가 일반적으로 듣는 소리만큼 큰 소리로 들리지 않기 때문이다. 우리는 본문이 속삭이고 있는 말씀을 듣기 위해 우리의 귀를, 우리의 주의력을 조정해야 한다.

언급한 문헌

Ackerman, James S. "The Literary Context of the Moses Birth Story (Exodus 1-2)." Pages 74-119 in *Literary Interpretations of Biblical Narratives*. Edited by Kenneth R. R. Gros Louis with James S. Ackerman and Thayer S. Warshaw. Nashville: Abingdon Press, 1974.

Ackerman, Susan. *Warrior, Dancer, Seductress, Queen: Women in Judges and Biblical Israel*. New York: Doubleday, 1998.

Ackermann, Denise. "Tamar's Cry: Re-Reading an Ancient Text in the Midst of an HIV/AIDS Pandemic." Paper presented at the annual meeting of the Society of Biblical Literature. Denver, 19 November 2001.

Acocella, Joan. "Little People: When Did We Start Treating Children Like Children?" *The New Yorker*. August 18 and 25, 2003, 138-42.

Alter, Robert. *The Art of Biblical Narrative*. New York: Basic Books, 1981. 『성서의 이야기 기술』, 황규홍·박영희·정미현 옮김(서울: 아모르문디, 2023).

Amit, Yairah. "Literature in the Service of Politics: Studies in Judges 19-21." Pages 28-40 in *Politics and Theopolitics in the Bible and Postbiblical Literature*. Edited by Henning G. Reventlow, Yair Hoffman, and Benjamin Uffenheimer. JSOTSup 171. Sheffield: Sheffield Academic Press, 1994.

_____. *The Book of Judges: The Art of Editing*. Translated by Jonathan Chipman. BIS 38. Leiden: Brill, 1999.

Armstrong, Karen. *In the Beginning: A New Interpretation of Genesis*. New York: Knopf, 1996.

Aschkenasy, Nehama. "Language as Female Empowerment in Ruth." Pages 111–24 in *Reading Ruth: Contemporary Women Reclaim a Sacred Story*. Edited by Judith A. Kates and Gail Twersky Reimer. New York: Ballantine, 1994.

Auerbach, Erich. "Odysseus' Scar." Pages 3–23 in idem, *Mimesis*. Princeton: Princeton University Press, 1953.

Augustine. *The City of God against the Pagans*. Cambridge Texts in the History of Political Thought. Cambridge: Cambridge University Press, 1998. 『신국론』(번역본 다수).

Bach, Alice. "Rereading the Body Politic: Women and Violence in Judges 21." *BibInt* 6 (1998): 1–19.

Bakhtin, Mikhail. *Problems of Dostoevsky's Poetics*. Theory and History of Literature 8. Edited by Caryl Emerson. Minneapolis: University of Minnesota Press, 1984.

———. "From Notes Made in 1970–71." Pages 132–58 in *Speech Genres and Other Late Essays*. University of Texas Press Slavic Series 8. Edited by Caryl Emerson and Michael Holquist. Austin: University of Texas Press, 1986.

Bal, Mieke. *Lethal Love: Feminist Literary Readings of Biblical Love Stories*. Bloomington: Indiana University Press, 1987.

———. *Death and Dissymmetry: The Politics of Coherence in the Book of Judges*. Chicago: University of Chicago Press, 1988.

———. "Tricky Thematics." *Semeia* 42 (1988): 133–55.

———. "A Body of Writing: Judges 19." Pages 208–30 in *A Feminist Companion to Judges*. Edited by Athalya Brenner. FCB 4. Sheffield: Sheffield Academic Press, 1993.

Beattie, D. R. G. *Jewish Exegesis of the Book of Ruth*. JSOTSup 2. Sheffield: JSOT Press, 1977.

———, trans. *The Targum of Ruth*. Aramaic Bible 19. Collegeville, MN: Liturgical Press, 1987.

Belenky, Mary Field, Blythe McVicker Clinchy, Nancy Rule Goldberger, and Jill Mattuck Tarule. *Women's Ways of Knowing: The Development of Self, Voice, and Mind*. New York: Basic Books, 1986.

Bellis, Alice Ogden. *Helpmates, Harlots, and Heroes: Women's Stories in the Hebrew Bible*. Louisville: Westminster John Knox Press, 1994.

Bellis, Alice Ogden, and Joel S. Kaminsky, eds. Jews, *Christians, and the The-*

ology of the Hebrew Scriptures. SBLSymS 8. Atlanta: Society of Biblical Literature, 2000.

Bird, Phyllis A. "The Authority of the Bible." Pages 33–64 in vol. 1 of *The New Interpreter's Bible Commentary.* Edited by L. Keck, et al. Nashville: Abingdon Press, 1994.

Bledstein, Adrien Janis. "Is Judges a Woman's Satire of Men Who Play God?" Pages 34–53 in *A Feminist Companion to Judges.* Edited by Athalya Brenner. FCB 4. Sheffield: Sheffield Academic Press, 1993.

Block, Daniel. "Echo Narrative Technique in Hebrew Literature: A Study in Judges 19." *Westminster Theological Journal* 52 (1990): 325–41.

Blount, Brian K. *Then the Whisper Put on Flesh: New Testament Ethics in an African American Context.* Nashville: Abingdon Press, 2001.

Boecker, Hans Jochen. "Überlegungen zur sogenannten Familiengerichtsbarkeit in der Frühgeschichte Israels." Pages 3–9 in *Recht und Ethos im Alten Testament - Gestalt und Wirkzmg: Festschrift für Horst Seebass zum 65. Geburtstag.* Edited by Stefan Beyerle, Günter Mayer, and Hans Strauss. Neukirchen-Vluyn: Neukirchener Verlag, 1999.

Bohmbach, Karla. "Conventions/Contraventions: The Meanings of Public and Private for the Judges 19 Concubine." *JSOT* 83 (1999): 83–98.

Boling, Robert G. *Judges.* AB. Garden City, NY: Doubleday, 1975.

Booth, Wayne C. *The Company We Keep: An Ethics of Fiction.* Berkeley: University of California Press, 1988.

Bowman, Richard G. "Narrative Criticism: Human Purpose in Conflict with Divine Presence." Pages 17–44 in *Judges and Method: New Approaches in Biblical Studies.* Edited by Gale A. Yee. Minneapolis: Fortress Press, 1995.

Brenner, Athalya. *The Intercourse of Knowledge: On Gendering Desire and 'Sexuality' in the Hebrew Bible.* BIS 26. Leiden: Brill, 1997.

Brenner, Athalya, and Fokkelien van Dijk-Hemmes. *On Gendering Texts: Female and Male Voices in the Hebrew Bible.* BIS 1. Leiden: Brill, 1993.

Bronner, Leila Leah. "A Thematic Approach to Ruth in Rabbinic Literature." Pages 146–69 in *A Feminist Companion to Ruth.* Edited by Athalya Brenner. FCB 3. Sheffield: Sheffield Academic Press, 1993.

Brueggemann, Walter. *Genesis: A Bible Commentary for Teaching and Preaching.* Interpretation. Atlanta: John Knox Press, 1982. 『창세기』, 강성열 옮김 (서울: 한국장로교출판사, 2000).

Bush, Frederic W. *Ruth, Esther*. Word Biblical Commentary 9. Dallas: Word Books, 1996. 『룻기·에스더』, 정일오 옮김(서울: 솔로몬, 2007).

Callicott, J. Baird. "Genesis and John Muir." Pages 107-40 in *Covenant for a New Creation: Ethics, Religion, and Public Policy*. Edited by Carol S. Robb and Carl J. Casebolt. Maryknoll, NY: Orbis, 1991.

Campbell, Edward F. *Ruth*. AB. Garden City, NY: Doubleday, 1975.

Cassuto, Umberto. *A Commentary on the Book of Exodus*. Jerusalem: Magnes Press, 1967.

Childs, Brevard S. *The Book of Exodus: A Critical, Theological Commentary*. OTL. Philadelphia: Westminster Press, 1974.

Coats, George W. *Moses: Heroic Man, Man of God*. JSOTSup 57. Sheffield: JSOT Press, 1988.

Coxon, Peter W. "Was Naomi a Scold? A Response to Fewell and Gunn." *JSOT* 45 (1989): 25-37.

Crossette, Barbara. "Living in a World without Women." *New York Times*, Sunday, 4 November 2001, sec. 4.

Davidson, Robert. *Genesis 12-50*. CBC. Cambridge: Cambridge University Press, 1979.

Davis, Colin. *Lévinas: An Introduction*. Notre Dame, IN: Notre Dame University Press, 1996. 『처음 읽는 레비나스: 타자를 향한 존재론적 모험』, 주완식 옮김 (파주: 동녘, 2014).

Davis, Ellen F. "Critical Traditioning: Seeking an Inner Biblical Hermeneutic." *ATR* 82 (2000): 733-51.

―――. "Losing a Friend: The Loss of the Old Testament to the Church." Pages 83-94 in *Jews, Christians, and the Theology of the Hebrew Scriptures*. Edited by Alice Ogden Bellis and Joel S. Kaminsky. SBLSymS 8. Atlanta: Society of Biblical Literature, 2000.

Derrickson, Scott. "Behind the Lens." *Christian Century* 119, no. 3 (Jan. 30-Feb. 6, 2002): 20-24.

Draffkorn, Anne E. "*Ilāni-Elohim*." *JBL* 76 (1957): 216-24.

Dubin, Lois C. "Naomi's Tale in the Book of Ruth." Pages 131-44 in *Reading Ruth: Contemporary Women Reclaim a Sacred Story*. Edited by Judith A. Kates and Gail Twersky Reimer. New York: Ballantine, 1994.

Dumbrell, W. J. "'In Those Days There Was No King in Israel; Every Man Did What Was Right in His Own Eyes.' The Purpose of the Book of Judges Reconsidered." *JSOT* 25 (1983): 23-33.

Eco, Umberto, with Richard Rorty, Jonathan Culler, and Christine Brooke-Rose. *Interpretation and Overinterpretation*. Edited by Stefan Collini. Cambridge: Cambridge University Press, 1992. 『작가와 텍스트 사이』, 손유택 옮김(파주: 열린책들, 2009).

Exum, J. Cheryl. *Fragmented Women: Feminist Subversions of Biblical Narratives*. JSOTSup 163. Sheffield: Sheffield Academic Press, 1993.

_____. "Second Thoughts about Secondary Characters: Women in Exodus 1.8-2.10." Pages 75-87 in *A Feminist Companion to Exodus to Deuteronomy*. Edited by Athalya Brenner. FCB 6. Sheffield: Sheffield Academic Press, 1994.

_____. "'You Shall Let Every Daughter Live': A Study of Exodus 1.8-2.10." Pages 37-61 in *A Feminist Companion to Exodus to Deuteronomy*. Edited by Athalya Brenner. FCB 6. Sheffield: Sheffield Academic Press, 1994.

_____. "Feminist Criticism: Whose Interests Are Being Served?" Pages 65-90 in *Judges and Method: New Approaches in Biblical Studies*. Edited by Gale A. Yee. Minneapolis: Fortress Press, 1995.

Fewell, Danna Nolan. "Judges." Pages 73-83 in *The Women's Bible Commentary: Expanded Edition*. Edited by Carol A. Newsom and Sharon H. Ringe. Louisville: Westminster John Knox Press, 1998. 『여성들을 위한 성서주석』(구약편), 이화여성신학연구소 옮김(서울: 대한기독교서회, 2015).

Fewell, Danna Nolan, and David M. Gunn. *Compromising Redemption: Relating Characters in the Book of Ruth*. Louisville: Westminster John Knox Press, 1990.

_____. *Gender, Power, and Promise: The Subject of the Bible's First Story*. Nashville: Abingdon Press, 1993.

_____. "Is Coxon a Scold? On Responding to the Book of Ruth." *JSOT* 45 (1989): 39-43.

_____. "'A Son Is Born to Naomi!': Literary Allusions and Interpretation in the Book of Ruth." Pages 233-39 in *Women in the Hebrew Bible: A Reader*. Edited by Alice Bach. New York: Routledge, 1999.

Fischer, Irmtraud. "The Book of Ruth: A Feminist Commentary on the Torah?" Pages 24-49 in *Ruth and Esther*. Edited by Athalya Brenner. FBC 2/3. Sheffield: Sheffield Academic Press, 1999.

Fishbane, Michael. "Exodus 1-4: The Prologue to the Exodus Cycle." Pages 63-76 in *Text and Texture: Close Readings of Biblical Texts*. Edited by Michael Fishbane. New York: Schocken, 1979.

Fontaine, Carole. "The Abusive Bible: On the Use of Feminist Method in Pastoral Contexts." Pages 84-113 in *A Feminist Companion to Reading the Bible: Approaches, Methods and Strategies*. Edited by Athalya Brenner and Carole Fontaine. Sheffield: Sheffield Academic Press, 1997.

Fretheim, Terence E. *Exodus*. Interpretation. Louisville: John Knox Press, 1991. 『출애굽기』, 강성열 옮김(서울: 한국장로교출판사, 2001).

Fuchs, Esther. "Who Is Hiding the Truth? Deceptive Women and Biblical Androcentrism." Pages 136-44 in *Feminist Perspectives on Biblical Scholarship*. Edited by Adela Yarbro Collins. SBLBSNA 10. Chico, CA: Scholars Press, 1985.

_____. "'For I Have the Way of Women': Deception, Gender, and Ideology in Biblical Narrative." *Semeia* 42 (1988): 68-83.

_____. "A Jewish-Feminist Reading of Exodus 1-2." Pages 307-26 in *Jews, Christians, and the Theology of the Hebrew Scriptures*. Edited by Alice Ogden Bellis and Joel S. Kaminsky. SBLSymS 8. Atlanta: Society of Biblical Literature, 2000.

Gilbert, Sandra M., and Susan Gubar. *The Madwoman in the Attic: The Woman Writer and the Nineteenth-Century Imagination*. New Haven: Yale University Press, 1979.

Gilligan, Carol. *In a Different Voice: Psychological Theory and Women's Development*. Cambridge: Harvard University Press, 1982.

Goldberger, Nancy Rule, Jill Mattuck Tarule, Blythe McVicker Clinchy, and Mary Field Belenky, eds. *Knowledge, Difference, and Power: Essays Inspired by Women's Ways of Knowing*. New York: Basic Books, 1996.

Gowan, Donald E. *Theology in Exodus: Biblical Theology in the Form of a Commentary*. Louisville: Westminster John Knox Press, 1994.

Green, Barbara. *Mikhail Bakhtin and Biblical Scholarship: An Introduction*. Atlanta: Society of Biblical Literature, 2000.

Greenstein, Edward. "Notes to Exodus." Pages 77-150 in *the HarperCollins Study Bible*. Edited by Wayne A. Meeks. New York: HarperCollins, 1993.

Gunkel, Hermann. *Genesis*. Translated by Mark E. Biddle. Macon, GA: Mercer University Press, 1997.

Houten, Christina van. "The Rape of the Concubine." *Perspectives* 12, no. 8 (Oct. 1997): 12-14.

Hubbard, Robert L. *The Book of Ruth*. NICOT Grand Rapids: Eerdmans, 1988.

Isbell, Charles. "Exodus 1-2 in the Context of Exodus 1-14: Story Lines and Key Words." Pages 37-59 in *Art and Meaning: Rhetoric in Biblical Literature*. JSOTSup 19. Edited by David J. A. Clines, David M. Gunn, and Alan Hauser. Sheffield: JSOT Press, 1982.

Jacob, Benno. *The First Book of the Torah: Genesis*. Edited by E. I. Jacob and W Jacob. New York: Ktav, 1974.

Janzen, J. Gerald. "Lust for Life and the Bitterness of Job." *ThTo* 55 (1998): 152-62.

Jay, Nancy. *Throughout Your Generations Forever: Sacrifice, Religion, and Paternity*. Chicago: University of Chicago Press, 1992.

Jeansonne, Sharon Pace. *The Women of Genesis: From Sarah to Potiphar's Wife*. Minneapolis: Fortress Press, 1990.

Jones, Serene. *Feminist Theory and Christian Theology: Cartographies of Grace*. Minneapolis: Fortress Press, 2000.

Jones-Warsaw, Koala. "Toward a Womanist Hermeneutic: A Reading of Judges 19-21." Pages 172-85 in *A Feminist Companion to Judges*. Edited by Athalya Brenner. FCB 4. Sheffield: Sheffield Academic Press, 1993.

Jordan, Judith V., ed. *Women's Growth in Diversity: More Writings from the Stone Center*. New York: Guilford, 1997.

Kamuf, Peggy. "Author of a Crime." Pages 187-207 in *A Feminist Companion to Judges*. Edited by Athalya Brenner. FCB 4. Sheffield: Sheffield Academic Press, 1993.

Karlin-Neumann, Patricia. "The Journey toward Life." Pages 125-30 in *Reading Ruth: Contemporary Women Reclaim a Sacred Story*. Edited by Judith A. Kates and Gail Twersky Reimer. New York: Ballantine, 1994.

Keefe, Alice A. "Rapes of Women/Wars of Men." *Semeia* 61 (1993): 79-97.

Kertzer, David I., and Marzio Barbagli, eds. *Family Life in Early Modern Times, 1500-1789*. Vol. 1 of *The History of the European Family*. Edited by David I. Kertzer and Marzio Barbagli. New Haven: Yale University Press, 2001.

Kidner, Derek. *Genesis: An Introduction and Commentary*. TOTC. London: Tyndale, 1967.

Kimelman, Reuven. "The Seduction of Eve and the Exegetical Politics of Gender." Pages 241-69 in *Women in the Hebrew Bible: A Reader*. Edited by Alice Bach. New York: Rout ledge, 1999.

Klein, Lillian R. *The Triumph of Irony in the Book of Judges*. JSOTSup 68. BLS

14. Sheffield: Almond, 1988.

Koosed, Jennifer L., and Tod Linafelt. "How the West Was Not One: Delilah Deconstructs the Western." *Semeia* 74 (1996): 167-81.

Korte, Anne-Marie. "Significance Obscured: Rachel's Theft of the Teraphim; Divinity and Corporeality in Gen. 31." Pages 157-82 in *Begin with the Body: Corporeality, Religion and Gender*. Edited by Jonneke Bekkenkamp and Maaike de Haardt. Leuven: Peeters, 1998.

Kutler, Laurence. "Features of the Battle Challenge in Biblical Hebrew, Akkadian and Ugaritic." *Ugarit-Forschungen* 19 (1987): 95-99.

Lacocque, André. *Le livre de Ruth*. Commentaire de l'Ancien Testament 17. Geneva: Labor et Fides, 2004.

Lancaster, Sarah Heaner. *Women and the Authority of Scripture: A Narrative Approach*. Harrisburg: Trinity Press International, 2002.

Lapsley, Jacqueline E. "The Voice of Rachel: Resistance and Polyphony in Genesis 31:14-35." Pages 233-48 in *Genesis*. Edited by Athalya Brenner. FCB 2/1. Sheffield: Sheffield Academic Press, 1998.

———. *Can These Bones Live? The Problem of the Moral Self in the Book of Ezekiel*. BZAW 301. Berlin: de Gruyter, 2000.

Lasine, Stuart. "Guest and Host in Judges 19: Lot's Hospitality in an Inverted World." *JSOT* 29 (1984): 37-59.

Levenson, Jon D. *The Hebrew Bible, the Old Testament, and Historical Criticism*. Louisville: Westminster John Knox Press, 1993.

Lévinas. Emmanuel. *Otherwise Than Being: or, Beyond Essence*. Translated by Alphonso Lingis. Pittsburgh: Duquesne University Press, 1998. 『존재와 달리 또는 존재성을 넘어』, 문성원 옮김(서울: 그린비, 2021).

———. *Totality and Infinity: An Essay on Exteriority*. Translated by Alphonso Lingis. Pittsburgh: Duquesne University Press, 1998. 『전체성과 무한: 외재성에 대한 에세이』, 김도형·문성원·손영창 옮김(서울: 그린비, 2018).

Linafelt, Tod. *Ruth*. Berit Olam. Collegeville, MN: Liturgical Press, 1999.

Lindars, Barnabas. "A Commentary on the Greek Judges?" Pages 167-200 in *VI Congress of the International Organization for Septuagint and Cognate Studies, Jerusalem, 1986*. Edited by Claude E. Cox. SBLSCS 23. Atlanta: Scholars Press, 1987.

Macchi, Jean-Daniel. "Genese 31, 24-42. La dernière rencontre de Jacob et de Laban." Pages 144-62 in *Jacob: Commentaire à plusieurs voix de Gen. 25-36: Mélanges offerts à Albert de Pury*. Edited by Jean-Daniel Macchi and Thomas Römer. Geneva: Labor et Fides, 2001.

Matthews, Victor. "Hospitality and Hostility in Genesis 19 and Judges 19." *BTB* 22 (1992): 3-11.

McCann, J. Clinton. *Judges*. Interpretation. Louisville: Westminster John Knox Press, 2002.

McKay, Heather A. "On the Future of Feminist Biblical Criticism." Pages 61-83 in *A Feminist Companion to Reading the Bible: Approaches, Methods and Strategies*. Edited by Athalya Brenner and Carole Fontaine. Sheffield: Sheffield Academic Press, 1997.

Meyers, Carol L. *Discovering Eve: Ancient Israelite Women in Context*. New York: Oxford University Press, 1988.

_____. "Returning Home: Ruth 1 :8 and the Gendering of the Book of Ruth." Pages 85-114 in *A Feminist Companion to Ruth*. Edited by Athalya Brenner. FCB 3. Sheffield: Sheffield Academic Press, 1993.

Milne, Pamela J. "Toward Feminist Companionship: The Future of Feminist Biblical Studies and Feminism." Pages 39-60 in *A Feminist Companion to Reading the Bible: Approaches, Methods and Strategies*. Edited by Athalya Brenner and Carole Fontaine. Sheffield: Sheffield Academic Press, 1997.

Moi, Toril. *Sexual/Textual Politics: Feminist Literary Theory*. London and New York: Routledge, 1985.

Moore, Michael S. "Two Textual Anomalies in Ruth." *CBQ* 59 (1997): 234-43.

Müller, Hans-Peter. "Keilschriftliche Parallelen zum biblischen Hiobbuch: Möglichkeit und Grenze des Vergleichs." Pages 136-51 in idem, *Mythos-Kerygma-Wahrheit: Gesammelte Aufsätze zum Alten Testament in seiner Umwelf und zur biblischen Theologie*. BZAW 200. Berlin: de Gruyter, 1991.

Müllner, Ilse. "Lethal Differences: Sexual Violence as Violence against Others in Judges 19." Pages 126-42 in *Judges*. Edited by Athalya Brenner. FCB 2/4. Sheffield: Sheffield Academic Press, 1999.

Newman, Richard. *Go Down, Moses: A Celebration of the African-American Spiritual*. New York: Clarkson Potter, 1998.

Newsom, Carol A. *The Book of Job: A Contest of Moral Imaginations*. Oxford: Oxford University Press, 2003.

Newsom, Carol A., and Sharon H. Ringe, eds. *The Women's Bible Commentary: Expanded Edition*. Louisville: Westminster John Knox Press, 1998. 「여

성들을 위한 성서주석』(구약편/신약편), 이화여성신학연구소 옮김(서울: 대한기독교서회, 2015/2012).

Newton, Adam Zachary. *Narrative Ethics*. Cambridge: Harvard University Press, 1995.

Niditch, Susan. "The 'Sodomite' Theme in Judges 19-20: Family, Community, and Social Disintegration." *CBQ* 44 (1982): 365-78.

_____. "Genesis." Pages 13-29 in *The Women's Bible Commentary: Expanded Edition*. Edited by Carol A. Newsom and Sharon H. Ringe. Louisville: Westminster John Knox Press, 1998. 『여성들을 위한 성서주석』(구약편), 이화여성신학연구소 옮김(서울: 대한기독교서회, 2015).

Nielsen, Kirsten. *Ruth*. OTL. Louisville: Westminster John Knox Press, 1997.

Nussbaum, Martha C. *Love's Knowledge: Essays on Philosophy and Literature*. New York: Oxford University Press, 1990.

_____. *Poetic Justice: The Literary Imagination and Public Life*. Boston: Beacon Press, 1995. 『시적 정의: 문학적 상상력과 공적인 삶』, 박용준 옮김(서울: 궁리출판, 2013).

_____. *Upheavals of Thought: The Intelligence of Emotions*. Cambridge: Cambridge University Press, 2001. 『감정의 격동: 누스바움의 감정철학 3부작』, 조형준 옮김[서울: 새물결, 2015]).

Olson, Dennis T. "The Book of Judges." Pages 723-888 in vol. 2 of *The New Interpreter's Bible*. Edited by Leander Keck, et al. Nashville: Abingdon Press, 1998.

Osiek, Carolyn. "The Feminist and the Bible: Hermeneutical Alternatives." Pages 93-106 in *Feminist Perspectives on Biblical Scholarship*. Edited by Adela Yarbro Collins. SBLBSNA 10. Chico, CA: Scholars Press, 1985.

Ostriker, Alicia. "The Book of Ruth and the Love of the Land." *BibInt* 10 (2002): 343-59.

Pardes, Ilana. *Countertraditions in the Bible: A Feminist Approach*. Cambridge: Harvard University Press, 1992.

Plaut, W. Gunther. *The Torah: A Modern Commentary*, vol. 1: *Genesis*. New York: Union of American Hebrew Congregations, 1974.

Polzin, Robert. *Moses and the Deuteronomist: A Literary Study of the Deuteronomic History*, Part One: *Deuteronomy, Joshua, Judges*. Bloomington: Indiana University Press, 1980.

Propp, William H. C. *Exodus 1-18*. AB. New York: Doubleday, 1998.

Rabinowitz, L., trans. *Midrash Rabbah: Ruth*. New York: Soncino, 1983.

Rad, Gerhard von. *Genesis*. Rev. ed. OTL. Philadelphia: Westminster Press, 1972. 『창세기』, 박재순 옮김[서울: 한국신학연구소, 1981]).

Ringe, Sharon H. "When Women Interpret the Bible." Pages 1–9 in *The Women's Bible Commentary: Expanded Edition*. Edited by Carol A. Newsom and Sharon H. Ringe. Louisville: Westminster John Knox Press, 1998. 『여성들을 위한 성서주석』(구약편), 이화여성신학연구소 옮김(서울: 대한기독교서회, 2015/2012).

Roberts, J. J. M. "Does God Lie? Divine Deceit as a Theological Problem in Israelite Prophetic Literature." Pages 123–31 in idem, *The Bible and the Ancient Near East: Collected Essays*. Winona Lake, IN: Eisenbrauns, 2002.

Russell, Letty M. *Household of Freedom: Authority in Feminist Theology*. Philadelphia: Westminster Press, 1987.

Safire, William. *The First Dissident: The Book of Job in Today's Politics*. New York: Random House, 1992.

Sakenfeld, Katharine Doob. *The Meaning of Ḥesed in the Hebrew Bible: A New Inquiry*. HSM 17. Missoula, MT: Scholars Press, 1978.

———. "Feminist Biblical Interpretation." *ThTo* 46 (1989): 154–67.

———. *Ruth*. Interpretation. Louisville: Westminster John Knox Press, 1999. 『룻기』, 민경진 옮김(서울: 한국장로교출판사, 2004).

———. *Just Wives? Stories of Power and Survival in the Old Testament and Today*. Louisville: Westminster John Knox Press, 2003.

———. "Naomi's Cry: Reflections on Ruth 1:20–21." Pages 129–43 in *A God So Near: Essays on Old Testament Theology in Honor of Patrick D. Miller*. Edited by Brent A. Strawn and Nancy R. Bowen. Winona Lake, IN: Eisenbrauns, 2003.

Sasson, Jack M. *Ruth: A New Translation with a Philological Commentary and a FormalistFolklorist Interpretation*. 2nd ed. Sheffield: JSOT Press, 1989.

———. "Oracle Inquiries in Judges." Paper presented at the annual meeting of the Society of Biblical Literature. Toronto, 25 November 2002.

Satterthwaite, P. E. "Narrative Artistry in the Composition of Judges 20:29ff." *VT* 42 (1992): 80–89.

Schenker, Adrian. "Le tribunal des femmes et un vol légitime: Gn 31, 1–25 et Ex 21, 7–11." Pages 137–43 in *Jacob: Commentaire à plusieurs voix de Gen. 25-36: Mélanges offerts à Albert de Pury*. Edited by Jean-Daniel Macchi and Thomas Römer. Geneva: Labor et Fides, 2001.

Schneider, Tammi J. *Judges*. Berit Olam. Collegeville, MN: Michael Glazier, 2000.

Schneiders, Sandra M. *The Revelatory Text: Interpreting the New Testament as Sacred Scripture*. San Francisco: HarperSanFrancisco, 1991.

Schottroff, Luise, Silvia Schroer, and Marie-Theres Wacker. *Feminist Interpretation: The Bible in Women's Perspective*. Minneapolis: Fortress Press, 1998.

Schüssler-Fiorenza, Elisabeth. "The Will to Choose or Reject: Continuing Our Critical Work." Pages 125–36 in *Feminist Interpretation of the Bible*. Edited by Letty M. Russell. Philadelphia: Westminster Press, 1985.

Showalter, Elaine. *A Literature of Their Own: British Women Novelists from Bronte to Lessing*. Princeton: Princeton University Press, 1977.

Siebert-Hommes, Jopie. "But If She Be a Daughter … She May Live! 'Daughters' and 'Sons' in Exodus 1–2." Pages 62–74 in *A Feminist Companion to Exodus to Deuteronomy*. Edited by Athalya Brenner. FCB 6. Sheffield: Sheffield Academic Press, 1994.

Smith, Lesley, trans. *Medieval Exegesis in Translation: Commentaries on the Book of Ruth*. TEAMS Commentary Series. Kalamazoo, MI: Medieval Institute, 1996.

Soggin, J. Alberto. *Judges*. Translated by John Bowden. OTL. Philadelphia: Westminster Press, 1981.

Spanier, Ktziah. "Rachel's Theft of the Teraphim: Her Struggle for Family Primacy." *VT* 42 (1992): 404–12.

Speiser, E. A. *Genesis*. AB. Garden City, NY: Doubleday, 1964.

Stanton, Elizabeth Cady. *The Woman's Bible*. New York: European Publishing, 1898. Steinberg, Naomi. *Kinship and Marriage in Genesis: A Household Economics Perspective*. Minneapolis: Fortress Press, 1993.

Stone, Ken. *Sex, Honor, and Power in the Deuteronomistic History*. JSOTSup 234. Sheffield: Sheffield Academic Press, 1996.

Strawn, Brent. "*y'šh* in the Kethib of Ruth 1:8: Historical, Orthographical, or Characterological?" Unpublished paper.

Swarns, Rachel L. "South Africa's AIDS Vortex Engulfs a Rural Community." *New York Times*, Sunday, 25 November, 2001, sec. A1.

Tannen, Deborah. *Gender and Discourse*. New York: Oxford University Press, 1994. Thompson, John L. *Writing the Wrongs: Women of the Old Testament among Biblical Commentators from Philo through the Reformation*. Oxford: Oxford University Press, 2001.

Tolbert, Mary Ann. "Protestant Feminists and the Bible: On the Horns of a Dilemma." Pages 5-23 in *The Pleasure of Her Text: Feminist Readings of Biblical and Historical Texts*. Edited by Alice Bach. Philadelphia: Trinity Press International, 1990.

Trible, Phyllis. *God and the Rhetoric of Sexuality*. OBT. Philadelphia: Fortress Press, 1978. 『하나님과 성의 수사학』, 유연희 옮김(서울: 알맹e, 2022).

_____. *Texts of Terror: Literary-Feminist Readings of Biblical Narratives*. OBT. Philadelphia: Fortress Press, 1984. 『공포의 텍스트: 성서에 나타난 여성의 희생』, 40주년 기념판, 김지호 옮김(고양: 도서출판 100, 2022).

_____. "Bringing Miriam out of the Shadows." Pages 166-86 in *A Feminist Companion to Exodus to Deuteronomy*. Edited by Athalya Brenner. FCB 6. Sheffield: Sheffield Academic Press, 1994.

_____. "Not a Jot, Not a Tittle: Genesis 2-3 after Twenty Years." Pages 439-44 in *Eve and Adam: Jewish, Christian, and Muslim Readings on Genesis and Gender*. Edited by Kristen Kvam, Linda Schearing, and Valarie Ziegler. Bloomington, IN: Indiana University Press, 1999.

van Dijk-Hemmes, Fokkelien. "Ruth: A Product of Women's Culture?" Pages 134-39 in *A Feminist Companion to Ruth*. Edited by Athalya Brenner. FCB 3. Sheffield: Sheffield Academic Press, 1993.

Vawter, Bruce. *On Genesis: A New Reading*. Garden City, NY: Doubleday, 1977.

Vera, José Loza. "La b^{e}rît entre Laban et Jacob (Gn 31.43-54)." Pages 57-69 in *The World of the Aramaeans*, vol. 1: *Biblical Studies in Honour of Paul-Eugène Dion*. Edited by P. M. Michèle Daviau, John Wevers, and Michael Weigl. JSOTSup 324. Sheffield: Sheffield Academic Press, 2001.

Washington, Harold C., Susan L. Graham, and Pamela Thimmes, eds. *Escaping Eden: New Feminist Perspectives on the Bible*. Sheffield: Sheffield Academic Press, 1998.

Watson, Francis. *Text, Church, and World: Biblical Interpretation in Theological Perspective*. Edinburgh: T & T Clark, 1994.

Webb, Barry G. *The Book of the Judges: An Integrated Reading*. JSOTSup 46. Sheffield: JSOT Press, 1985.

Weems, Renita J. "The Hebrew Women Are Not Like the Egyptian Women: The Ideology of Race, Gender and Sexual Reproduction in Exodus 1." *Semeia* 59 (1992): 25-34.

Welker, Michael. *Creation and Reality*. Minneapolis: Fortress Press, 1999. 『창조와 현실』, 김재진 옮김(서울: 대한기독교서회, 2020).

Westermann, Claus. *Genesis 1-11: A Commentary*. Translated by John J. Scullion. CC. Minneapolis: Augsburg, 1984.

_____. *Genesis 12-36: A Commentary*. Translated by John J. Scullion. CC. Minneapolis: Augsburg, 1985.

Williams, Rowan. *Writing in the Dust: After September 11*. Grand Rapids: Eerdmans, 2002.

Willis, John T. *Genesis*. Living Word Commentary on the Old Testament. Austin: Sweet, 1979.

Yee, Gale A. "Ideological Criticism: Judges 17-21 and the Dismembered Body." Pages 146-70 in *Judges and Method: New Approaches in Biblical Studies*. Edited by Gale A. Yee. Minneapolis: Fortress Press, 1995.

_____. *Poor Banished Children of Eve: Woman as Evil in the Hebrew Bible*. Minneapolis: Fortress Press, 2003.

Yoo, Yani (유연희). "*Han*-Laden Women: Korean 'Comfort Women' and Women in Judges 19-21." *Semeia* 78 (1997): 37-46.

Zakovitch, Yair. "The Woman's Rights in the Biblical Law of Divorce." *Jewish Law Annual* 4 (1981): 28-46.

옮긴이의 말

이 책과의 인연은 박사과정 당시 논문 프로포절을 제출할 때로 거슬러 올라간다. 히브리 성경에 등장하는 인물을 묘사하는 방식이 일정하지 않다는 점과 내레이터가 어떤 인물에 대해서는 외모(특히 여성의 아름다움에 대한 묘사)에 관심이 집중되어 있다는 것을 발견하여 그것에 대한 논문을 준비하며 우리 학교(토론토 대학교 위클리프 칼리지) 구약 교수님과 이야기 나누면서 소개받은 책이 바로 본서이다. 나의 박사 논문과 이후의 여러 후속 연구에 본서가 엄청난 영향을 끼쳤다는 것은 두말할 필요도 없다. 그렇기에 본서를 우리말로 번역하여 독자에게 소개할 기회를 주신 것에 도서출판 100에 감사하며, 이 책을 읽는 독자도 나와 같은 경험을 하기를 소원해 본다.

이 책의 저자 랩슬리 교수는 페미니스트 성경학자다. 그리고 그녀의 여성 관련 본문에 대한 해석은 여성이어야만 분석해 낼 수 있는 통찰이 있다. 여성만이 경험할 수 있는 일들, 즉 생리와 출산에 관련된 사건을 남성이 제대로 해석할 수 있다고 가정하는 것은 지적 만용일지 모른다.

랩슬리 교수가 이 책에서 언급하고 있는 네 부류의 여인들에 대한 이야기에서 소위 가부장적 사회에서 약자일 수밖에 없었던 그녀들을 구출하기 위한 하나님의 명시적 개입은 없는 것처럼 보인다. 그러나 남성의 길, 남성의 방식으로 둘러싸인 당시의 삶 속에서 그녀들을 위하여 여성의 길, 여성의 방식을 열어 놓으신 분도 여호와 하나님이라는 사실을 간과해서는 안 된다. 오늘의 상황도 그 시대의 그것과 별반 달라 보이지는 않는다. 가부장적 사회 제도의 억압이 나아졌다 하더라도 처한 자리에 따라 여전히 강력하다고 느낄 수 있으며, 또 다른 모습의 유사한 사회 제도도 약자들을 억압하고 있다. 따라서 이 책은 어쩌면 현시대의 성경 해석이 당시의 사회 제도에서 소외받았던 여성들을 오늘에 투영해 이 시대를 살아가는 라헬, 레위인의 아내, 십브라와 부아, 그리고 나오미에게 도전하고 있는 것이기도 하다. 그러므로 역자인 나는 과감하게 성별과 관련없이 다음과 같은 그(녀)들에게 이 번역서를 바친다.

- 무너지지 않을 것 같은 현재의 사회제도에 당당히 맞서는 이름 모를 수많은 라헬에게
- 감정 없는 사회 속에서 마음으로 말해 주기를 간절히 바라는 사랑스러운 아버지의 딸(레위인의 아내)들에게
- 생명을 살리는 데 자신의 안전 마저도 돌보지 않았던 알려지지 않은 하나님의 사람들인 십브라들과 부아들에게
- 자신의 아픔을 하나님께 당당히 항의할 수 있는 이 시대의 나오미들에게

남성인 역자의 번역으로 저자의 의도와는 다르게 왜곡되었을지도 모른다는 생각을 가지는 독자가 있을지도 모르나, 나는 책의 원제목

이 의미대로 히브리 성경 가운데서 세미한 소리를 들으려고 저자가 노력했던 것처럼 그녀들(저자와 히브리 성경의 그녀들)의 세미한 목소리를 놓치지 않으려고 애썼다.

어쩌면 이 글을 지금 읽고 있는 독자는 이미 이 책을 모두 읽고 난 후일 수도 있지만 그럼에도 이 책을 읽는 방식에 대해 간략하게나마 언급하려 한다. 히브리 성경을 해석하는 저자의 방법론을 다루는 이론적인 부분이 부담스럽고, 그녀의 실제적인 히브리 성경 해석을 경험하고 싶다면, 1장을 건너뛰고 2장부터 5장 사이 어디에서 읽기를 시작해도 좋다(그럼에도 5장은 가장 나중에 읽기를 바란다). 하지만 저자의 세밀한 의도를 인지하려면 약간은 부담스럽더라도 1장부터 꼼꼼하게 읽기를 부탁드린다.

이 책 읽기라는 여정을 끝낸 독자는 저자의 방법론을 토대로 히브리 성경에 등장하는 성별을 초월한 또 다른 라헬의 이야기, 이름 없는 여인(레위인 아내)의 이야기, 출애굽기에 등장하는 여성들의 이야기, 그리고 나오미의 이야기에 도전하기를 권면한다. 그(녀)들의 이야기는 에훗의 이야기, 입다의 딸 이야기, 아비가일 이야기, 밧세바 이야기, 므비보셋 이야기, 다말 이야기, 에스더 이야기, 호세아 아내의 이야기 등으로 히브리 성경에 산재해 있다. 그리고 그 이야기들을 읽다 보면 오늘을 살아가는 우리의 이야기와 다르지 않다는 것을 금세 느낄 수 있을 것이다. 여호와 하나님은 히브리 성경 시대와 마찬가지로 오늘 우리의 시대에 그와 같은 방식으로 속삭이며 말씀하시고 계시기 때문이다.

찾아보기

성경 및 고대 문헌

구약성경

랍비 문헌

주제